本刊获得浙江敦和慈善基金会资助

东方哲学与文化

第四辑

徐小跃 主编

Eastern Philosophy
and Culture

中国社会科学出版社

图书在版编目(CIP)数据

东方哲学与文化. 第四辑/徐小跃主编. —北京：中国社会科学出版社，2021.7
ISBN 978 - 7 - 5203 - 8948 - 8

Ⅰ.①东… Ⅱ.①徐… Ⅲ.①东方学—丛刊 Ⅳ.①K107.8 - 55

中国版本图书馆 CIP 数据核字(2021)第 172396 号

出 版 人	赵剑英
责任编辑	郝玉明
责任校对	张爱华
责任印制	王 超

出　　版	中国社会科学出版社
社　　址	北京鼓楼西大街甲 158 号
邮　　编	100720
网　　址	http://www.csspw.cn
发 行 部	010 - 84083685
门 市 部	010 - 84029450
经　　销	新华书店及其他书店
印　　刷	北京君升印刷有限公司
装　　订	廊坊市广阳区广增装订厂
版　　次	2021 年 7 月第 1 版
印　　次	2021 年 7 月第 1 次印刷
开　　本	710×1000　1/16
印　　张	16.5
插　　页	2
字　　数	246 千字
定　　价	89.00 元

凡购买中国社会科学出版社图书，如有质量问题请与本社营销中心联系调换
电话:010 - 84083683
版权所有　侵权必究

《东方哲学与文化》编委会

学术委员会(按姓氏笔画排序)：

卢国龙　朱越利　刘笑敢　杜维明（美国）
李丰楙（台湾）　李　刚　李远国　胡孚琛
施舟人（法国）　洪修平　姚卫群　徐　新
傅有德　楼宇烈　赖永海　詹石窗　熊铁基

编辑委员会(按姓氏笔画排序)：

戈国龙　刘固盛　刘鹿鸣　李建欣　杨维中
何建明　沈文华　宋立宏　张广保　陈　霞
郑志明（台湾）　徐小跃　郭　武　盖建民
彭国翔

主　　编：徐小跃

执行主编：沈文华

主办单位：老子道学文化研究会
　　　　　　南京大学道学与东方文化研究中心

目　录

专稿

教节关系：从"圣教"到道教的马来西亚
华人节俗观 …………………………………… 李丰楙（1）

道学研究

论原始道教与仰韶文明的关系 ………… 李远国　李黎鹤（37）
道教黄帝信仰的再考察 ……………………… 张泽洪（64）
试论道教起源兼论老子与道教的关系 ………… 萧登福（88）
剥卦的龟卜文化与生命关怀 ………………… 郑志明（111）
历代真武灵应文献编纂史考 ………………… 王　闯（143）
冥府图像：关于十王信仰的历史考辨 ………… 张作舟（165）

佛学研究

从"体用"到"体相用"
　　——《大乘起信论》"三大"说思想渊源考 ……… 张文良（190）
《金刚经》的解释与佛教中国化 ……………… 闵　军（203）

儒学研究

先秦儒家的工夫与本体 ……………………… 崔海东（220）
略论梁漱溟对"直觉"的使用 ………………… 王若曦（236）

《东方哲学与文化》稿约 ……………………………（259）

专稿

教节关系：从"圣教"到道教的马来西亚华人节俗观[*]

李丰楙

摘 要：自有马来西亚建国后，漂泊南洋的华人面对多种族的文化冲击，对于民族节庆也赋予新意，形成了"教节一体"的"节俗信仰"。早期，马来西亚华人以"圣教"之名彰显了清明节的义山扫墓与重阳节的祠堂祭祖的神圣性，这是马来西亚华人社会第一次模糊且不明确的宗教意识。在马来西亚建国二十余年后，马来西亚华人以"道教"之名，联合地方神庙，通过中元节、九皇斋节、福德文化节等，将节庆与宗教结合，兼具游乐性与信仰性，形成了马来西亚华人社会"国族"认同的文化标志。

关键词：马来西亚；华人；节庆；道教；宗教自觉

作者简介：李丰楙，台湾政治大学名誉讲座教授（台湾台北11601）。

---

[*] 本篇初稿作为《从圣教到道教：马华社会的节俗、信仰与文化》（台北：台湾大学出版中心2018年版）的"导论"。唯在此已有相当程度的调整、改写，特此说明。

在马来西亚华人聚居的城市，其边缘地带常可看到义山，在清明节、中元节期间就会出现扫墓、普度景象。在多种族、多宗教的多元文化处境中，华人的节庆与宗教关系发生微妙了的变化。在华人世界一般视为民族节日，但在马来西亚所面对的友族与友教时，其性质则近于宗教节日。类似槟城在初期既有义山，且在公塚条规中提出"圣教"的规范入葬资格，这种情况未曾出现在其他华人世界中。"圣教"的含义虽则模糊，却显示出当时已有宗教意识的自觉。其后此一名称并未持续运用，直到马来西亚建国二十余年后，才又以道教的名义联合神庙成立总会，此乃第二次的宗教自觉。其成立时机所遭遇的，刚好在当地兴革调查中，认为传统信仰者参与节庆的比例高达85.00%，而又统计佛教信仰者的比例多达68.30%，二者之间存在什么关系？与马来西亚华人社会又有何关联？在此选择"从圣教到道教"切入，既可观察二者与节庆的渊源，也可以思考佛教占有什么位置？在三教中，哪个教的教义和仪式与节俗关系较大？为了厘清这些问题，乃将焦点置于三个：一即马来西亚建国后官方以"国族"主义融汇各种族，却对宗教与文化较为宽容，其他种族与节庆呈现"教节一体"现象，然则华人节庆是否也可作为文化标志；二则华人面对友族与友教的同一性，其节庆是否亦属宗教的一体，从而展现作为文化主体性的意义；三则从节庆中选择实例，既可考察其宗教文化渊源，也可与神庙信仰相对照，在传承与改造后何者具有全华民性？根据这些指标观察其中有哪些节日，会有机会朝向"教节一体化"衍变。故论证这些节庆在华人历史的发展、变化，相较于友族与友教，其信仰成分有何特殊的价值。

一 从离散到入籍："圣教"与道教的提出及其社会处境

在马来西亚的多宗教多文化的社会情境中，华人也和其他种族一样，乃以民族节庆作为非日常的社会生活，根据杨庆堃对中国宗

教节关系：从"圣教"到道教的马来西亚华人节俗观

教体系的归类，节俗信仰因缺少教义，就会被归属综摄性而非制度化宗教。晚近的分类则要加以修正，认为可以归类为"组织性宗教"，其中保存的信仰成分具有全华民性，其推动的力量则与神庙有密切的关系。华人既面对异族和友族的过节，又将"宗教节庆"等同于民族节庆，从而渲染"教节一体"的现象。华人习惯称其为"民族节日"，然则与宗教是否也可联结？在三教中哪种宗教元素较多？这个问题似小实大！主要是早期华工、华商南下，其原因即基于"拉力与推力"原则，被认为经济因素大于其他因素。① 当时从移民出外到后来定居，这种生存情境当地学者曾经援引离散理论（Diaspora）进行解读，王赓武也将其称为"散居者"②。这种理论涉及犹太人的漂泊经验，但犹太民族有犹太教支持，其节庆即为文化载体；然则华人既大量迁移南下，在多种族、多宗教的社会文化处境中，是否也需要宗教作为文化载体？在三教中又以何者为主？面对此一古今历史之变亟须重建，才能理解节俗信仰到底承担什么？在"文化主体性"有何功能及意义？

从离散现象解释"海外华人"的早期处境，非仅是当代学界所受到的理论激发，其实早期知识分子已有类似的观察，即可选取两个实例作为例证：一则为知识精英，另一则为民间知识人。前者就像黄遵宪（1848—1905年），作为清廷派驻南洋的使节，在1800年就写入《番客篇》中，即将当时华人的处境"譬彼犹太人"，由于漂泊南洋而陷于苦状，面对祖国轻忽被夸称为"无国"状态。③相较之下，犹太民族虽则离散，却始终坚持犹太教作为精神力量，借以维系其节庆保存其历史、神话，以标志种族的流离与困顿，其种族文化乃得以延续，最终方能建立国家。早期华人在马来西亚的生存处境，既被夸拟为犹太人，是否由此可以重新理解民族节日，

---

① 参见［澳大利亚］颜清湟《新马华人社会史》，粟明鲜等译，中国华侨出版公司1991年版。
② 参见王赓武《中国与海外华人》，香港：商务印书馆1994年版；王赓武《离乡别土：境外看中华》，台北："中央研究院"历史语言研究所2007年版。
③ 参见黄遵宪《人境庐诗草》，台北：台湾商务印书馆1968年版。

其中与宗教有何关系？是否会被激发出来？在使节眼中的"化外民"，已远在"王化"之外，乃因应所需而仿效王化，故此时此际提出的"圣教"，是第一次宗教意识的自觉。

第二个例证出现于生命礼俗中。在闽粤道教斋仪的移植中，有丧葬的济度仪式，借由通过仪式超拔亡魂，俗称为"做功德"。丧葬仪式的本质就偏于悲伤，何况身在异乡，经过一辈子努力打拼后亡故，早期是归葬故土，后来则在地安葬。在道士斋仪中所用的科仪本，都会根据原乡旧本，在细节上微调，以此反映先民的情感变化。这种真实的悲伤情绪仍遗存至今，在各籍的道坛写本中，配合仪式的唱念召唤亡魂。其中客籍道坛依附客家人聚居区，目前延续下来的旧本即可作为历史见证，例如麻坡老坛陈石吉的写本，历经传抄，正能反映这段历史。① 其中既增补一些当地神祇，也反映了早期移民的情感纪录，标记其漂泊生涯的共同经历。相较于集体的"离散"经验，每一个死亡案例累积一次人生经验，将生命终结的悲伤浓缩于一场死亡仪式中，故道士及其科仪本即为情感代言者。

在拔度仪中通常以科介配合唱念，依例都先要召请亡魂到坛前，借听经闻忏以求忏悔，此即道坛通行的招魂科。在一批写本中既有《哀坛拾遗·孤魂科》，其中有一段香花召请辞，乃以哀调召唤亡魂。在歌词中将其漂泊一生予以浓缩，叙述其南洋经历终以死亡告终。

> 鳏寡孤独好凄怆，流离失所遭饥寒。离乡背井出南洋，无亲无戚自飘零。
> 天涯海角音频绝，不日归期葬异乡。义山坟茔唯纪念，悲缺招魂返家堂。
> 花街柳巷风流院，游手好闲悔已晚。足跛手歪行于难，五体不全乞丐亡。

---

① 道教写本及相关讯息由梁陈安所提供，乃其家中长辈以往所用，后捐给麻坡客家文化馆珍藏，特此致谢。

教节关系：从"圣教"到道教的马来西亚华人节俗观

在道教斋仪中一般招魂辞，同样表达悲切的情绪，所夸说的从做苦力的辛苦，到期间的孤独与发泄，而终结于死后的孤单。这种经历在学者的研究中，就像颜清湟，所关注的是理性的论述。而从终极关怀的宗教视角加以理解，在丧葬仪式中则关注其死亡情绪，其离乡背井下南洋的片段：到胶园种植、下锡矿开采，凡此种种均不脱生前寂寞、老来孤独、死后孤单。这种忏悔情绪在歌词中流露不已，即通过花街柳巷、鸦片烟馆的流落异乡，折射移民出外的孤单。道经语言难免浮夸，其实这种生存经历就像青年叶亚来，在到吉隆坡开埠前，也曾经历浮沉、成败，即可佐证这段招魂香花辞。①

这种经历非仅在丧葬仪式所见，是早期移民的生活片段，较诸前述使节譬喻的犹太人，才更贴近华人的所经所历，故死后如何入土为安，成为"圣教"所关怀的焦点。人类的孤独感一在生前，即被放逐于族群之外；另一则在死后，不得与族人族群同葬。这种情况虽非家族的族葬却是华族的另一族葬，移民若是"族葬"，亡灵就不再漂泊。故从离散视角反观当初的马来西亚华人社会，所出现的公冢虽非家族之葬，而只是华人之葬，"义山"意即公共的埋葬之地，此乃华人死后聚居之所，故马六甲有义山、槟城也有各籍义山；其后各地均仿此成为华人的公共葬地。在这种情况下埋入义山会有资格的限定，此一规范是当地公司制定了公冢条规。以华人居多的槟城为例，以概其他的城市、新村，在资本主义经营方式出现前，较少见私人墓园或私营墓园，而公冢的葬地成为唯一的选择。在此一阶段出现的公冢条规，目的即区隔于其他种族，族群之间彼此不相混淆。也是在此一情况下出现了"圣教"的名称，其标志华人葬地的宗教化，此一经验异于其他华人世界的葬俗。

公冢条规即槟城存在的著例，外在区隔于"异族/异教"，内则用于各籍属相互识别。在方言群中福建省人特别多，故在光绪丙戌（1886年）制定《峇抵眼东公冢条规》，其中第29条先后出现两次

---

① 参见〔马来西亚〕李业霖主编《吉隆坡开拓者的足迹：甲必丹叶亚来的一生》，吉隆坡：华社研究中心1997年版。

"圣教"，既强调纵使娶别种妇女为妻妾，若"遵我圣教"也能葬此塚；相反，"如我圣教中人有入异端者"，则不能葬此塚。条规当时所指的异端，即"入异教之人"，一旦改信其他宗教既被视为忘本，而非属"圣教"中人。在公塚条规中创用了"圣教"，其用意显然是为了区别于"异教"，才不至于死后混葬在一起。这种文化冲击始于丧葬，其原因在于华人原本并非自觉，而是受内外因素的影响：内即不再归葬原乡，亟须妥善安排丧葬事宜；外则面对各种族的死亡，其埋葬仪式乃属宗教之一体，乃获得教义的支持，凡英国新教或兴都教，其信仰者的生命仪礼，在通过仪式中均属"教节一体"，各种族各有其族群的仪式与葬地。然则早期华人既移居于新地，即面临如何区隔的问题。此一隐藏的宗教意识被激发出来后，亟须一个神圣符号，故"圣教"的出现即为了解决这一难题。

在华南地区家族社会中祖先祭祀，其文化象征即建宗祠奉祀牌位，此一礼制原为儒家官僚与士大夫阶层所掌控，但从明中叶以后到清代，家族兴建祠堂的风气已经普遍化。① 故当时移民下南洋，纵使缺少士大夫的知识阶层，华工、华商仍可移植此一理念，其象征是各姓兴建祠堂奉祀的牌位。正因儒家阶层的缺席，佛、道二教得以填补此一社会空间，故"圣教"一词的创用即出于华工、华商之手，方便涵盖、涵融三教于一，不必讲究是否有传统载籍为据。这个"圣教"之"圣"如何理解？义山的性质乃属"神圣用途"，故将"圣教"与"神圣用途"合而观之，这种神圣感背后隐然存在着的宗教意识，虽则模糊且不明确，却是集体的真实感受。只要对照其他华人世界从未出现此一名义，即彰显马来西亚华人社会早期既有的宗教心态，即可视为第一次意识到"以教之名"，相较之下，所谓"华人宗教"或"民间信仰"都显得过于肤泛而不实在。

"圣教"之名在马来西亚华人社会既未被持续运用，致使后来学者并不重视此名称，也忽略了第一次的宗教自觉。由此一视角重新审

---

① 参见［英］科大卫《皇帝和祖宗：华南的国家与宗族》，卜永坚译，江苏人民出版社 2009 年版。

视两个节日:清明扫墓和重阳祭祖,既是季节性节庆,也均与生命礼俗有关。同样是多种族各有其死亡仪式,异族、友族在异教、友教仪式支持下,各有教义神圣化其生命终极的人生价值,从死亡到埋葬均属宗教的一部分。然则华人与死亡仪式的意义,在传统文化下是否具有宗教性?在回应这个问题前,要先换个角度观察其象征物:义山,在传统礼俗中常将死亡视为污秽不洁的,先秦礼经的经注既已如此,何况民间禁忌颇多。这种现象的背后有其传统依据,即相信"入土为安"而不予干扰,在此一文化传统下,平常公塚形似荒山,祠堂相对于阳庙也被视为阴祠,此即像金门俗谚所谓的"红宫黑祖厝"。在祭扫、祭拜期间才会重新整理,如上山扫墓或祠堂整洁后春秋二祭,这种差异乃基于阴阳相对的时间观,从而形成"常与非常"的文化结构。但这种千年不变的传统习俗,置于多种族、多宗教的社会情境中,则因文化冲突而引发大小问题。可见华人节庆处于多宗教、多文化中,既有误解而亟须化解,此一与神圣有关的圣事,无论隐或显均不可被取代。

在"圣教"提出之后虽沉寂,却无妨于扫墓、祭祖持续的存在,还有其他季节性节庆活动延续至今,这种节俗信仰是否仅属扩散性宗教,抑或也有教义支持?在三教中又是何种宗教?由于马来西亚华人社会根据调查统计所显示的,佛教呈现超高的比例(详后),唯从节庆文化来看,既未见于其他华人世界,也不符合历史事实,但为何会出现这种特殊的情况?此一疑问亟待厘清,既需根据节庆与宗教组织的实践经验,也可从历史渊源探索三教与节庆形成的关系,以免依据刻板印象做出推论。故先确定宗教传统与民族节庆的关联,而后聚焦于第二次宗教自觉的出现,在三教中以何种宗教作为归属,从而接续"圣教"成为"以教之名"的案例。

节庆与宗教组织的关系,虽以个人、家户为基本单位,但真正发挥推动力的是民间团体。相较于制度化宗教,这种宗教形态可被视为"组织性宗教"。先不计街坊的组织,可分为四类,其组织方式虽异,但都各自承担其社会文化功能。首先为地缘团体所建的"神庙",下南洋初期既已出现,马来西亚建国后快速增加达数万之众。彼此之间各自发展，分散且不统一，与各民系存在着纽带关系，成为推动节庆的主力，福建话谓之为"公司"。其次则为"联谊会"，各单一信仰所组织的，在晚近时纷纷出现，其名既称"联谊"，重在强化彼此的交往关系，如保生大帝联谊会之类。此一团体能发挥组织的力量，有助于推动节庆的"教节一体化"，其著名者例如"福德文化节"，组织联谊会后由马来西亚东部扩及马来西亚全境，推动全国性的组织；又有斗姆宫、信仰团体所组织的九皇大帝信仰总会，每年轮流主办，马来西亚道教总会也在争取合作。

直接以道教为标志的团体有两个：道士工会与马来西亚道教总会，规模虽然一小一大，成立时间也有早晚，但都是道教发展的两个标记。闽粤道教属于正一道坛，随移民南下依附于民系，并与神庙、祠堂及私家合作主持公、私仪式，在节庆活动中以仪式专家身份出场。各籍道士根据家传、师受立坛，其受箓资格早期在龙虎山嗣汉天师府，近期则到江西龙虎山；组织工会的时间早于马来西亚道教总会，各自在各籍生活圈内活动，一直维持工会团体的组织形态。

马来西亚建国二三十年后成立的道教组织，乃以道教的名义称为"马来西亚道教总会"（Federation of Taoist Associations Malaysia, FTAM，1994— ），对应佛教"马来西亚佛教总会"，成立时间较早，乃为了组织各寺院，不管南传、汉传佛教，甚或藏传佛教，均被纳入同一组织，其内部的节庆各有步行者义支持。① 相较于此，马来西亚道教总会成立时间较晚，重在"联合"神庙成立的组织与官方沟通。道教与节日的关系，渊源既深，文化影响亦大，民众依俗而行只需动作正确，不必注重教义的"思想正确"。但厘清此一事实，关系道教如何接续"圣教"，有助于推进教节关系，由于节庆活动的推动有赖于神庙，但每一神庙各有其自主性，如何合作成立组织，在过程中数易其名，乃决定采用"联合"名义称为"马来西亚道教联合总会"，此即运用语言艺术表明合作关系，而所标

---

① 当初从事东南亚的调查计划，佛教部分由陈美华教授主持，故在此与佛教相关的调查较略，特此说明。

举的名称需要于史有据，道教的名义就成为最大公约数，原因即适合内外因素：对内方便定位神庙的宗教属性，在马来西亚佛教总会的佛教之外，只有道教可以作为认同标志；对外则方便参与华人世界的宗教活动，华人地区都各有道教名义的民间组织，马来西亚华人社会不自外于此，则以道教为名成为唯一的选择。

马来西亚建国后执政者倡导"国族"主义作为政治认同，唯文化认同难以一致的原因则在宗教，马来西亚人既被规定信仰自己的宗教，也需容许各种族以各宗教作为文化载体，印度人（泰米尔）信仰兴都教（Hinduism，或译为印度教）、锡克教；华人如何统一于唯一的宗教？有助于解决文化归属问题，其间一度使用"佛教"，如在国民登记局的宗教栏中，华人唯一的选项就是"佛教"。在这种习以为常的情况下，其影响即见于一次大规模的问卷调查，就是国民阵线（National Front，简称国阵）在总理马哈迪（Tun Mahathir bin Mohamad，1925— ）提出"2020宏愿"后，华人社会也配合邀请学界进行兴革调查，在1998年结案后有些数据值得注意：其一传统信仰者（佛、道教等信仰），参与节庆活动的比例高达88.30%，表示华人节庆具有全华民性；其二就是数据显示，华人自以为信仰佛教的，其比例多达68.30%，又预测此后十年佛教徒比例还会再升高。即可解释民族节日中三教孰轻孰重？有助于道教在华人节日中的自我定位，并与各联谊会合作有效地推动教节关系。

在关于马来西亚华人思想兴革与节庆的关联调查中发现，关涉华人精英所认定的兴革目标，有社会、经济、政治及华人团体等项，这些项目直接关联华人三大种族，在社会资源上如何分配、创造，另外两项则属于软件：文化与宗教礼俗，同样也牵涉内外因素，即在"国族"主义建立国家的蓝图下，面对"文化融合"的难题，其中之一即面对友族的宗教，而节庆即为外显的文化指标，就像马来西亚族群在歌词中，即将宗教的重要性排在政党、国家之前，其神圣性远在世俗性的政党、政治之上。面对国家权力操作下的宗教政策，华人的宗教与节庆如何合为一体，即在与友族或友教的对应中凸显出来。在兴革调查中所列出的节庆,从中选取中元节一类,又补上未列却有地方特色的,如九皇节、福德节等,总共八九个。根据"从圣教到道教"前后分作四部分:"圣教"的发现、南土的下巡、理念的移植、联合的艺术。有关义山、宗祠即归属"圣教",故列于第一部分,最后一部分则殿以道教,标志两个以"联合"之名所组织的行动,象征华人如何借信仰凝聚力量。每一部分各有两个实例,一则较为宏观,另一则属专题,彼此之间既用于对比以资互补:如王爷信仰的送王舡对照九皇爷信仰的送九皇船,又以仙师爷对比拿督公,重点在论述"教节一体化"与"圣教"、道教的关系。

有关华人节庆的重要性,国外学者的研究所关怀的,是将族群生活与文化归属作为焦点,并未限于政治、经济等现实面,而扩及社会生活中集体的文化、节庆活动。被调查过的九皇大帝,溯源于道教的九皇星君,从少数几间老庙到马来西亚建国后遍及全马来西亚华人社区[1];中元节也遍于华人世界,在马来西亚同样在七月举行,也遍及华人聚居区的街区、无神庙,较特别的是槟城的华人居多,华校("华小")也特多,乃组成"联合会"劝导节约而募捐建校,此一情况在华人世界亦属罕见[2];福德信仰在华人世界亦属常见,其神格虽卑却更能接近庶民,在马来西亚同样是庙数多而普遍,因不需神像、香火袋一类物质媒介,也不依赖分香即可依理念而移植。通称"大伯公"既挪用客家的伯公之称,在槟城则暗喻会党领袖;真正受关注的拿督公则为斯土斯神的明证,二者合称"唐

---

[1] 参见〔日〕原田正己《マレーシアの九皇信仰》,《东方宗教》第53号,东京:日本道教学会1979年版;Cheu Hock Tong,"An Analysis of the Nine Emperor gods Spirit-Medium Cult in Malaysia", Ph. D. Diss., Ithaca: Cornell University, 1982; *The Nine Emperor Gods: A Study of Chinese Spirit-Medium cults*, Singapore: Times Books International, 1988;〔日〕田仲一成:《中国乡村祭祀研究:地方剧の环境》第二篇第七章"南洋泉、漳侨九皇大帝神诞祭祀",东京:东京大学出版会1989年版;〔马来西亚〕王琛发《国殇:隐藏在马来西亚九皇信仰背后的洪门天地会意识》,《第五届台湾东南亚文化文学国际学术研讨会——台湾东南亚文化文学的发展与思路论文集》,宜兰:佛光大学2008年版。

[2] 参见〔日〕渡边欣雄《汉民族的宗教:社会人类学的研究》,东京:第一书房1991年版;Jean Debernardi, *Rites of Belonging: Memory, Modernity, and identity in A Malaysian Chinese Community*, Stanford: Stanford University Press, 2004。

番土地"。① 较诸华人世界表面相近，实则随自然、人文环境而有细节变化，故需将其置于当地的社会脉络中方能理解。

学者根据理论所做的社会诠释，特重马来西亚建国后所发生的变化，认为华人面对多种族的文化冲击，赋予了民族节庆新意。就像 Jean Debemardi 的书名明确标出"identity"，认为其关系华人社会的文化认同，所移植的节庆彰显其社会功能，作为种族识别的文化标记。马来西亚建国迄今已逾半个世纪，当前所见的节庆活动已浑然一体，故需细究其所以变，即显示族群的融合经验。就像当地使用的共通语言，亟须华语的教育使之一致，但日常用语则历经融合而形成混搭式语言，引起语言学者的兴趣。节庆图像亦复如是，同样也是历经融合、混搭，而后成为浑然一片，故需经由对照才能知悉如何变。一即以仙师爷对比唐番土地，二者均属理念移植，前者的信仰形成及其分香现象，关系马来西亚西部锡矿产业的发展，所建神庙亦限于此一区域内②，反而不像唐番土地、拿督公般普遍。二则以王爷送王舡对比九皇大帝送九皇船，槟城与马六甲均曾历经瘟疫流行的恐怖经验，马来西亚建国后两地各有选择，目前马六甲恢复了送王舡，却仅限于一地；而槟城则不再送王舡，所着重的九皇信仰及送九皇船则遍及全马来西亚华人社会。③ 这种变化来源非一，既有族群内部的内在因素，又有友族宗教所带来的文化冲击外部因素，在短短五十年间加速其变化。为了回应友族或友教的"教节一体"，论述焦点所集中的主题：华人节俗能否"教节一体化"？此一现象遍及全马来西亚，而实地调查则仅能选择部分地区，马来西亚

---

① 参见［马来西亚］陈志明《东南亚华人的土地神与圣迹的崇拜——特论马来西亚的大伯公》，载林富士、傅飞岚主编《遗迹崇拜与圣石崇拜》，台北：允晨出版社 2000 年版；［马来西亚］吴诗兴《传承与延续：福德正神的传说与信仰研究——以马来西亚华人社会为例》，砂拉越：砂拉越诗巫永安亭大伯公庙 2014 年版。

② 参见［马来西亚］陈嵩杰《寻根：森美兰华族先民的足迹》，吉隆坡：星洲日报与森美兰中华大会堂联合 1992 年版；石沧金《叶亚来与仙四师爷庙关系考察》，《东南亚纵横》2006 年第 4 期；［马来西亚］郑文泉、傅向红编《黏合与张力：当代马来西亚华人的族群内关系》，雪兰莪：新纪元学院马来西亚族群研究中心 2009 年版。

③ 参见［马来西亚］苏庆华《代天巡狩：马六甲勇全殿池王爷与王船》，马六甲：马六甲怡力勇全殿 2005 年版。

西部华人居多的城市如马六甲、槟城、吉隆坡及怡保等地，并未遍及华人新村；大伯公信仰则选择马来西亚东部，乃因当地特别重视福德信仰，并推动"福德文化节"，故可验证"教节一体化"的可能性。

二　义山墓碑与祠堂牌位：节俗信仰中的"圣教"

"圣教"在马来西亚华人宗教史上具有里程碑的意义，即与生命仪礼有关的两个节日：清明与重阳，其物质文化表征为义山墓碑与祠堂牌位，可以作为早期华人参与马来西亚开发的文化遗迹。在马六甲的时间甚早，槟城也早已落地生根，当时移民即面临丧、祭大事，解决之道即建立义山（公塚）与宗祠，在海外延续了华南地区的宗族文化。① 当时虽远在王法所不及之地，却移植祭祖仪式而呈现"王化仿效"，其墓碑、神主牌等物质文化的背后，既存在儒家或儒教的义理，也掺杂佛、道二教，故在槟城的发展中创用了"圣教"之名。这种宗教意识虽隐性且模糊，并非属于杨庆堃所称的普化性宗教，其义理乃根源于儒家之礼。清明节、重阳节等节俗遍见于全马来西亚华人社会，马六甲既为华人较早移居之地，其文化遗存有三个象征：青云亭、三保祠与马六甲义山，均被视为华人参与开发的古迹。在联合国教科文组织将其列入世界非遗之前，曾有一段长时间被称为"睡城"，显示当时处于停滞状态，此一义山与青云亭有密切的关系，先有今堀诚二与郑良树教授发掘了青云亭史料，而后曾衍盛得以运用。② 在先后两次义山搬迁事件中，均激发了华人媒体的论辩与捍卫行动，其汇编资料集即题名为华人"历史跫音"③。晚近沈墨义将义山墓碑的

---

① 参见〔英〕科大卫《皇帝和祖宗：华南的国家与宗族》，类似论点普遍见于华南学派的论述中，亦可参考。
② 参见〔马来西亚〕曾衍盛《马来西亚最古老庙宇——青云亭个案研究》，马六甲：罗印务有限公司2011年版。
③ 笔者在调查期间曾撰《效忠与留根：马华在义山事件中的修辞表现与政治困境》，载李丰楙等《马来西亚与印尼的宗教认同：伊斯兰、佛教与华人信仰》，台北："中央研究院"人文社会中心亚太区域研究专题中心2009年版，第327—383页。其后修正收于注①前引书，第33—92页。

教节关系：从"圣教"到道教的马来西亚华人节俗观

调查资料捐给拉曼大学，而后黄文斌予以复察补充后出版。① 在这次论争中显示了华人使用政治语言的修辞术，而最后解决之道并非较完整的历史文化古迹，而是根据青云亭的文献档案确定义山作为"神圣用途"。

在事件中掌握发言权的华人媒体与全国华商总会，其围绕的课题，不外乎历史古迹、文化认同及观光旅游价值，主要集中于历史、文化课题。相对的马来西亚精英领导的州政府，表面的理由虽是城市的繁荣，而潜在的原因则难免政治疑虑，即将华人的"文化中国"扭曲为政治化。当时马哈迪总理力倡爱国主义，将事件上纲为效忠问题，显示义山事件在多种族之间，一旦碰触族群和谐就涉及政治敏感。值得注意的是最后双方下台阶都是"宗教"专家根据青云亭法令，表明义山乃华人使用的葬地，搬迁即关涉"神圣用途"，就触犯了宪法保障的基本人权：宗教平等。此一概念参照槟城先贤所订的公塚条规，即可将丧葬事宜归属"圣教"，两相对应即可发现：马来西亚华人社会中潜在的宗教意识，乃在该事件中被唤醒，其葬地同属神圣场所，若强行搬迁即侵犯宗教的神圣事务，违反共同建立国家所议定的宪法人权。由此一视角认定清明节，乃关联华人生死的丧葬事宜，并非仅是传统礼俗而理应归属神圣事务。

"圣教"发现的第二个例证，始于视觉经验的祠堂印象，在马六甲、槟城等地随处可见各姓"公司"所建的祠堂。在华南研究中强调宗祠与宗族的关系，科大卫（David Faure）等认为明代中叶以后，帝制王朝下的儒家官僚与知识精英，面对地方民众也有建立祠堂的需求，无论是平民的士大夫化或士大夫的平民化，均符合先秦礼制的基本理念：宗祠的凝聚力具有"收族"效应。清代中末叶闽粤人下南洋，从落叶归根到落地生根，也从归葬、入祀祖祠衍变为就地埋葬、晋祠奉祀，各家族竞相建立宗祠，作为光宗耀祖的孝义

---

① 参见［马来西亚］黄文斌主编《马六甲三宝山墓碑集录（1614—1820）》，吉隆坡：华人社会研究中心2013年版。

表现。在神龛上奉祀神主牌位，两边墙壁上则挂满族内有成就者的照片，以标记宗族全体的荣耀。在槟城既有堂皇的邱氏等大宗祠，其豪华逾于神庙，祠堂用于祭祀先祖，有的也兼及原乡神祇，故春秋二祭的神圣活动即可视同"圣教"。此类祠堂虽以儒家或儒教为本，其仪式则复合佛、道二教，以重阳节的祭祖仪节最为隆重。其他地区的华人移民社会，同样亦需借祠堂达到"收族"效果，均可视为同属"圣教"的例证，却未见"圣教"之名。

为了论证其为普遍化现象，乃选择中小型的王氏宗祠加以观察，重在考察其生存处境在槟城的变化，早期在宗族、会党与民众间存在着复杂关系，小族姓在开发过程中历尽艰辛，即面临强宗大族的逼压。① 由此即可理解王姓采取"联宗"的目的，正是为了扩张人数以壮大声势。在祭祖活动中借仪式来联宗王姓，其家礼既祭祖也祭拜原乡神明，这种程序合祭祖与敬神为一，马来西亚建国后已不像早期由知识阶层职司其仪，甚至还有知识女性参与，打破全属男性的刻板印象。现代社会既已多元而开放，大小宗族的竞争已成为历史，但宗族以祠堂"收族"的伦理精神仍在。由此观察马来西亚华人社会虽则历经社会变迁，家族组织的形式虽已解体，但透过祭祖活动以资聚族，其价值及意义则始终不变。有一段时间中原之礼既废，而南方之野则犹能坚持，这种文化实验场证明"圣教"的存在，就是设教仍用神道以体现孝义，将其义理保存于民族形式中，此一礼仪实践即彰显"圣教"的宗教意识。

从公众义山到私营花园墓园、从观光景点的大宗祠到任人参观的小祠堂，在华人中之所以存在，即作为稳固宗族的文化之力，故义山与宗祠两个场所、清明节与重阳节两个节日，被视为华人的民族宗教，其中实有信仰因素存焉。在多种族、多宗教的对照下，其宗教意识虽是隐性的、潜伏的，一旦遭逢事件就会"被唤醒"，故华人文化传统中的神道，其设教作用非仅是教化，而是与时俱进的

---

① 参见李丰楙《马六甲、槟城华人在宗祠、义山祭祀中的圣教观》，《成大历史学报》2010年第39号，台北：台湾大学出版中心2018年版。

宗教意识。可证中土遗失之礼，仍可求诸南土之野！从清明与重阳的节庆图像，受激于友族或友教，其"教节一体化"隐然可见；在宗教学上虽与"教节一体"仍有些距离，唯借此神道而体现宗教性，先贤既已自觉为"圣教"，后来也被华人精英肯定其"神圣用途"，然则丧葬是否重污染秽！公冢是否荒山！异地而处竟发生微妙的变化。就像马六甲义山在搬迁事件后，华人发心将其整理美化，后来就作为"华人文化节"点燃圣火的圣山，从其中之变与不变即可知悉所透露的隐微消息。

三 九皇下巡：代巡南邦对照下的"王化仿效"

根据"王化仿效"观念选择的对照组，即以王爷信仰对照九皇大帝信仰，后者的送九皇船即仿效送王舡，在华人世界也未曾有，可见是下南洋后才改造成功的，其关键有二。

其一，两种信仰均同样见于道教神谱，王爷隶属瘟部众神之一，故仅见于"道封"，"朝封"则不予认可，故在福州曾被视同淫祀而遭禁毁，其后历经礼生的改造，依据道教旧仪而仿效"王化"：巡狩礼；五瘟主在瘟部原本低于洞渊大帝等高阶神尊，但在当地则被尊为五帝的帝级，并采用"代天巡狩"的名义予以掩饰，后来福建即通称王爷为代天巡狩。九皇大帝原称"九皇星君"，乃属道教神谱上的星部，原本既有禳星仪式，通称为"九皇斋"，而与祭祀南斗六星的"六皇斋"并称。由于瘟、星二部或二府各有神格，在道教神谱上位阶分明，不相涉；但在马来西亚为何彼此交流并发生变化？关键的对象就是船舡，其仪式也相近如绕境、迎送之类，这种交流何时发生难以究诘，但可清楚地确定在马来西亚建国前既已如此。①

---

① 参见李丰楙《九皇船与九皇爷——华人在马来西亚的文化认同》，载陈益源主编《2011 成功大学闽南文化国际学术研讨会论文集》，台北：乐学书局 2013 年版；后收于李丰楙《从圣教到道教：马华社会的节俗、信仰与文化》，台北：台湾大学出版中心 2018 年版。

其二，一般认为九皇大帝信仰及其仪式，较早出现的地点一说先在马来西亚，另一说则在泰国，原因是两地均有锡矿的开采，矿业主也相同，早期矿工在恶劣的环境中导致疫病连连，矿主为了安抚乃引进九皇信仰。但在神话、仪式形成的过程中，何者较早使用以船送瘟的仪式，其原型是王爷代天巡狩后，请其押送瘟神疫鬼离境，才会有送王舡仪式。而九皇斋活动在闽粤地区，乃至在江西，虽不排除也有送船，但在福建并不普遍，故早期在泰国、槟城是否已有送九皇船，其实难以确定。重要的是在马来西亚建国后的变化，两个节日都同样有送船仪，但相较之下，其发展情况却迥然有异。王爷与送王舡活动限于马六甲等地，仅有少数地区举行；相较之下则送九皇船被接受而普遍化，从少数斗姆宫扩散到全马来西亚华人聚居区，甚至分香至新加坡，并筹组九皇大帝联谊会，既可联谊也能排出轮值掌玺之序。这种文化资源既然是相互仿用，为什么会形成不同的发展？即可从民族节日的需求加以解释。

王爷信仰在东南亚的华人社会，非仅遗存于马六甲、槟城两地，连同印尼苏门答腊等地皆有。在此一闽粤遗俗中隐含着道教的文化遗迹，早就存在于宋朝的送船仪中，目的是将神王送返洛阳，此一帝都象征即属王朝或国家隐喻，所送的神王即仿效"王化"：王爷代天（天子或天公）巡狩各地，最后即被送返京城述职。① 后来在福州曾遭遇官方禁止，礼生乃仿巡狩礼加以包装，掩饰其行瘟神的神格，五瘟主改称五帝，而福建各地送瘟也仿称王爷代天巡狩。这种信仰习俗虽屡禁屡起，即反映"亚洲型霍乱"的世界大流行，从明末至清东南沿海地区既面临大航海时代，因此遭遇世界性"亚洲型霍乱"的肆虐，广东、福建、台湾及浙江诸省俱有。② 东南亚地区也在同一流行区域内，马六甲、槟城等港口既有船只进出，就同时会带来新型瘟疫，导致感染而死的人数过多，才

---

① 参见李丰楙《礼祝之儒：代巡信仰的神道观》，《中正汉学研究》2014年第23期。
② 参见魏嘉弘《日治时期台湾"亚洲型霍乱"研究（1895—1945）》，台北：台湾政治出版社、"国史馆"2017年版。

教节关系：从"圣教"到道教的马来西亚华人节俗观

会移用闽粤旧俗的做法，借送瘟船仪式来化解集体心理的焦虑。其后第二次世界大战期间曾经中断，等战后卫生条件逐渐改善，两地也出现差异；马六甲晚近才恢复送王舡，唯仪式则偏重于祈福性质。① 槟城亦曾一度恢复，因为对瘟疫采取选择性记忆，最终停办送王舡，从而扩张了送九皇船之俗。即以弯岛水美宫为例，所供奉的朱、池、李三府王爷，战后亦曾恢复过送王舡，但随着社会气氛的变化，决定停办送王舡而改送九皇船，即采用道教仪式。同一情况，全马来西亚华人社区也纷纷仿行，都在斗姆宫迎送九皇大帝，也将九皇船送到水边。不论老庙如香港巷斗姆宫、安邦南天宫，或新斗姆宫如槟城北海等，均按照年例送九皇船，此一习俗已经遍及全马来西亚各地。

九皇诞虽是移植于闽粤的旧俗，从形式到功能、意义则屡有变化，若以建立独立国家作为分水岭，此后大为盛行的原因，就是信仰已被节俗化。从九月初一到初九在各地斗姆宫，都会举行送九皇船，此一信仰仪式即合九皇星君与斗姆为一。当前九皇斋仪虽已浑然一体，唯其形成时间不长，仍可从细节中理解其改造机制。在前一阶段九皇信仰源于锡矿产业，而马来西亚与泰国两地均历经会党时期，也就出现了会党化的变相，等到去会党化之后才又恢复道教的本相。在一些老庙中犹存其细节，就像安邦南天宫坚持在手腕上系白布。但在大势所趋下，九皇大帝联谊会的共同服饰仅标记白衣裤，九皇斋活动有道教教义的支持，回归星君信仰的本相后，才方便传布到全马来西亚华人的聚居区。以此对照王爷代巡，马来西亚建国后才随形势而逐渐被淡化。这种"王化仿效"遗迹犹见于马六甲王爷庙，正殿门上高悬的匾额上，清华宫既有"威震南蛮"，勇全殿也有"威显南邦"，"邦"字尤可意会，而"蛮"字则有古今异解。对照黄遵宪在《番客篇》中交互使用"蛮、夷"诸字，"蛮"字语意时移境迁乃有改变，从文化优越感转而指称其地蛮荒。比较两种信仰的原始意涵，即可知

---

① 参见李丰楙《巡狩南邦：东南亚地区代巡信仰的传播及衍变——以马六甲勇全殿 2012 年送王舡为例》，《东亚观念史集刊》2013 年第 5 期。其后收于李丰楙《从圣教到道教：马华社会的节俗、信仰与文化》，台北：台湾大学出版中心 2018 年版。

九皇信仰超越王爷信仰的盛行原因。马来西亚建国后政治形势剧变，华人选择融入马来西亚的种族中；其"威显"的下巡思想随之萎缩，而九皇下巡的祈福需求则取而代之。故从两种信仰更迭起伏，祈福性方便满足华人当前的需求。

九皇节乃华人改造成功的"准民族节日"，乃以一个节日兼具两个节日的信仰文化功能，在九皇大帝的荫护下，王爷的职能被兼取，表层意义虽是消灾祈福，深层则可含送瘟除厄，致使其能全华民化。九皇爷神格在不同阶段适时地变化，即反映华人的不同需求，就像杜赞奇（Prasenjit Duara）解释关帝形象的多变性，纵使变化也仍保有连续关系。① 九皇信仰铭刻着历史标志，即可从"本相与变相"解释其多面性，纵使万变仍不离其本（相）。其会党化变相如九海盗、九义士等，都只是一时暂用的版本；而九皇星君本相能够延续的动力，乃因道教的经义所支持，就像香港巷斗姆宫珍藏的一部《九皇经》，道士在迎请仪式中反复念诵，既延续了道教的祈福传统，也支持九皇节的信仰行动：斋食与斋居象征斋洁，这种仪节即"标准化"。故定型化的节庆在道教教义的支持下，成为朝向"教节一体化"推进中的一个明证。

四 "唐番土地"：与仙师爷对照的"理念移植"

马来西亚华人的节日中真正推向"教节一体化"的不多，却绝对不能欠缺"唐番土地"，此一组信仰虽是位阶卑下的小神，却是华人亲近南土的神道象征，就是大伯公与拿督公，故一直引发学者研究的兴趣。其实可以将焦点置于"理念移植"，论证在南方土地上生存，形成此一信仰乃是依据理念，而非依据分香的物质性媒介。在地习称"唐番土地"，理念在唐土地，实质则在番土地，虽照古例统称"福德正神"，其实不仰赖王朝"朝封"制下的敕封，

---

① 参见［美］杜赞奇《刻画标志：中国战神关帝的神话》，陈仲丹译，《中国大众宗教》，江苏人民出版社2006年版。

反而依赖的是民众官方并不在意的"道封"制,道教在仪式中反复行文"当境土地",此一理念方便实践于南方土地。这种"理念移植"的神道或宗教典范,即可取用与仙师爷相互对照,均同属"斯土斯神"的在地性质,仙师爷信仰仅盛行于马来西亚西部,唐番土地反而全马来西亚都有,使之成为全华民性的神祇。此一对照组有不变的信仰理念,其神格化都是由人而成神,这个例证都与会党社会有关。这种"会党"名称可能不符合儒家"祭法"礼制的祀典原则,其精神甚至会触犯官僚体制;但远在"王化"之外,槟城早期开荒的张理,马来西亚西部地区开采锡矿的盛明利或参与吉隆坡之战的叶四或钟炳、钟来,其身份虽说是会党领袖,却又有甲必丹一类的头衔,即可移植义烈的理念而成为英烈神明,缺少此一文化机制,大伯公与仙师爷则无由成神,而称"公"称"爷",此二名目则有暧昧性,既是人伦中对于男性的尊称,亦属敕封制"公侯伯"中的最高公级,模糊二者而一律称公,即民虽在南土而理念则(属)唐,故将此一文化现象视为"王化仿效",并非仅符合历史的真实,实乃善巧活用而由礼而俗。

类似"理念移植"与"王化仿效"的历史事实,将其实践于仙师爷与大伯公的这种神格化成于何人之手?既然槟城张理与芙蓉(双溪乌绒,Sungei Ujong)盛明利,其身份均为会党领袖,会党中人虽非知识阶层,但不缺传统的信仰理念。同样将其崇奉为神的推动力量,虽说来自华工与华商阶层,虽非尽属知识阶层,但仍然能够运用礼仪的文化资源,将崇德报功的理念付诸实践。故这组对照的神明,即可仿效义烈而推尊为神,既不计其会党出身,也不在意其对象乃属非汉之"番",都一律仿照传统的祀典礼制,在南方之下形成其祭祀体制。故先民移植这些"理念"使仙师爷在地成神,日比野丈夫就指称其神格为"华侨独特之神",分香于马来西亚西部一带,能反映此一区域乃属锡矿产业区,亟须信仰也有分香,此一现象非仅移植了义烈的理念,而是真实表达了矿工集体的心理需求。只是神庙信仰仍有区域之限,纵使马来西亚建国后思考并建立跨越民系与地区的节俗，终未能遍及华人全体。① 相较之下，"福德正神"信仰则逐渐节俗化，未受到民系或族群的限制，其普遍性并无任何地缘性神明可以超过，可证明民族节日可以朝宗教节庆逐步衍化。

　　在调查报告中传统信仰的儒、道二教，所占的比例却不高，此一数据并不符合华人世界的普遍现象，原因在于难以理解节庆与信仰的关系！故亟须认识何谓"敬天祀地"？这种信仰源于传统礼制，在王朝体制下既有祭天之礼，也有祀地之仪；这种信仰也同时作为民众生活中的节俗，既有正月初九的天公诞，也有春秋二祭的福德信仰。在帝制中国的"王化"体制下，在政治上特别强调天的唯一性，以此使俗世的皇权合法化，即所谓的"神道设教"。在宋元时期新儒家重理学的思辨，因此所留下的文化空间乃由道教补足，其道坛体制配合神谱，其中确定玉皇上帝为万神之主，尊称为玉皇大天尊；同时也将"城隍—土地"纳入仪制，所祭土地称为"土地真官"。民间社会也回应这种儒、道文化资源，在节俗信仰中援用古例祭拜天地，皇天后土俗称为天公与土地公，此一理念被移植于南天之下，正月初九祭拜天公以祈庇护。同一情况也将祀地之仪在地化，在春秋二祭中仿用崇德报恩之意，祈谢"当境土地"而仍称为"福德正神"，而全马来西亚华人平常则习称为"大伯公"。祭天祀地之仪虽远在南天之下南土之上，仿效"王化"而理念犹在，故建立马来西亚华人社会中一套完整的祭祀体制，始终不脱"王化仿效"的文化机制，否则连"譬彼犹太人"多有不足，此即华人宗教观下的华人信仰。

　　提出"斯土斯神"作为观察移民社会的原则，其基本的理念就是如何落实"当境土地"，即将报谢的对象因地而制宜，在地名义的标准化之称就是"拿督公"。其名称的起源并非一种，虽有诸说却都承认语音与语意的拼装，既有闽南音的拿督或提督，又融合了

---

① 参见李丰楙《跨越与整合：仙师信仰在大马社会的在地性神话》，载李丰楙等《马来西亚与印尼的宗教与认同：伊斯兰、佛教与华人信仰》，台北："中央研究院"人文社会中心亚太区域研究专题中心2009年版；《从圣教到道教：马华社会的节俗、信仰与文化》，台北：台湾大学出版中心2018年版。

教节关系：从"圣教"到道教的马来西亚华人节俗观

当地的圣墓观："科拉迈"（Keramat）①。在此一"当境土地"的理念下，在斯土则敬拜斯神，乃有"唐番土地"之称："唐"即唐山之"唐"，象征原乡土地的"理念移植"；而"番"字则指"番"邦土地。早期移民难免会有离散、无国感，从落地生根到选择落籍，而后将他乡转为我土的神道象征，其实舍"土地"而别无其他信仰可资比拟。福德神格不在大小，而在于能否赋予其新意，所要报谢的是"斯土斯神"，故"唐番土地"作为认同的信仰标志，其重要性远超过所有的原乡土神，其感恩之心彰显于斯土所敬的斯神。此为马来西亚华人社会独有的信仰特性。这种文化创意含藏于文字细节中，连前后安排皆有隐意，即先唐后番的排序，将"唐"字置于前而"番"字居后，一为理念另一则为实地；而物件则从唐人圣像（牌位）到拿督公圣像，俱落实于物质文化上；而奉祀空间也寓含微意：屋内屋外、村内村外，仍然在前后、内外之分中，遗存着华人的文化主体性。使节之眼所见的漂移与无国，若非只是诗人的情感，则落实于当境，从一家之微到一地之广，这种宜居感既需依靠人文，又有赖于"神道"，才能真正落实于新天地上。

在马来西亚的华人宗教中，随处可见的许多细节中，均铭刻着不同地区的移民经验，其时空差异展其丰富性，就像槟城大伯公与会党张理的关系，仅可解释一时一地；不能扩及马来西亚西部全部，尤其马来西亚东部的开发就亟须去会党化，才能在当地扎根以求生存。故土地、伯公信仰普遍仍尊称为"福德正神"，但如何理解当地习称的"大伯公"？由于其他华人社会所未见，其语义变化就是在地赋予其新意；客家话的"伯公"属于民系专称，关键在前加一"大"字的语境，并非单属一时一地，其语义因时空而制宜，其扩大者既有公共意，也有相对区别于私家的供奉意，故伯公之称不需标示为"小"，但关键在"神道"的理念，虽经移植却仍不脱其原始意义，故可从社会功能重新定义，许倬云曾从历史对古

---

① 参见［马来西亚］吴诗兴《传承与延续：福德正神的传说与信仰研究——以马来西亚华人社会为例》，砂拉越：砂拉越诗巫永安亭大伯公庙2014年版。

"社"之意加以定位:"小区原群"①;其后历经明初洪武初年的定制,而后"城隍—土地"成为王朝体制,可联结大小境域,作为帝国的治理象征。当时曾以里社坛的牌位取代土地祠的土偶像,但后来仅能行于公府,而在基层聚落中始终存在土地公信仰,作为聚落共同体的信仰象征。此一理念同样被移植于南土,在王法不及之地,城隍信仰固着于城池,阶位虽高反而不容易分香,而"福德正神"或土地信仰则方便在新地上移植,其职能乃兼具城隍、土地的双重性,所凝聚之民即为"小区新群"。小区的理念不变,而群体则因地而变。② 而华人在马来西亚土地上,则需与多种族杂错而居,如是小区就呈现多样性,既有槟城,也有马六甲的海峡移民地,其他多在苏丹治下,何况是马来西亚东部的另一天地。

　　福德信仰普遍存在于马来西亚西部,作为华人聚居区的文化指标,数量既多,分布又广,远逾于任一乡土神,在地学者中从事田野调查者很多,从一地到跨地俱有。故特别选择马来西亚东部加以观察,到底其"小区新群"如何形成?此一区域的特色,则其小区既已逐渐扩大,且具体可见其"新群"的形成,即以诗巫永安亭为例。③ 其名曰亭,原义表示区域不大,其后区域虽扩张却一仍旧称,此处有一福德庙即濒临于拉让江(SungaiRajan);马来西亚东部还有另一个以亭为名的古晋寿山亭,昔日同样也位于古晋河畔(Sungai Ku ching),同样都以亭为名,标志当初先民建祠的规模都不大,但择地则契合地理风水,由此理解其中蕴含多重的意义。首先,从自然地理言,滨河即便利交通,扼守河口作为据点,由此沿河深入开发内地,货物方便通运。其次从信仰习俗观察其卜地兴建福德庙,即建庙之地,前临大江,河水环抱,在风水意涵上则有水主财,江水滚滚即象征财运;故永安亭不远处就有市场,人货交往带

---

① 许倬云:《中国古代社会与国家之关系的变动》,《文物世界》1996年第2期。
② 参见李丰楙《斯土斯神:春祈秋报的土地信仰——以桃园市为例的综合考察》,《世界宗教学刊》2013年第21期。
③ 参见李丰楙《从圣教到道教:马华社会的节俗、信仰与文化》,台北:台湾大学出版中心2018年版。

来财利。此外还有另一种道教含义，虽隐晦却不可忽视，就是根据宋元时期《女青天律》一类教义，"福德正神"既坐镇在此，职司卫护，避免邪祟侵入、住民永安，则亭名"永安"，当初应该含着隐微之意。

永安亭内的文字标记，其字大小则暗藏玄机，即以大字标明"福德庙"，而"大伯公"字样则略小，可见古例今名仍有差别。这种差异也显示于庙貌上，马来西亚东部福德庙的雄伟冠于全马来西亚，就像永安亭背后耸立高塔，前面临河建立凉亭以供眺望，而庙前同样专设拿督公小亭，彰显同时敬祀"当境土地"，此为同一理念。当地头人所发起的将节日命名为"福德文化节"，既联合全马来西亚各地的大伯公庙，先成立马来西亚福德信仰联谊会，而后再扩大至其他华人地区，形成跨区域的联谊组织。这种团体借内外的双重力量，其目标就是促成华人共同的节庆，如此感恩土地则不分南北、不计节气，唯春祈秋报的意义始终不变。缘于神格较卑、活动规模也不大，当初在调查项目中就未列入，这种情况在华人世界皆然。但在马来西亚则另有深意，即将民族节日推向宗教节日，由于信仰成分本就较为明显，在官方列为节祀，表示属于春秋例祭；而民间在同一时间祭拜，其神格既属自然神，也为人格神，正因如此，将其理念移植南土后，同样兼有双重神格，才有机会扩大为番土地、拿督公。这个节日在当代社会，可赋予马来西亚现代的自然生态理念并有助于在马来西亚持续推动，故先将节日节俗化为华人节日，而后又可回应友族或友教的"教节一体"，故在教节关系上也有较多机会。

五 联合的艺术：槟城与马来西亚道教联合总会的两个实例

上元节与中元节，属于道教三元节的前两个，另一个十月十五水官解厄日则未列入，故整体的节日框架乃属三节一组，也可容纳佛教初入汉地后的盂兰盆节。在中古时期原本仅属道教教团的内部节日，到李唐王朝因帝王崇道才被定型化，从此以后成为全民性节庆。① 这种闽粤节庆在马来西亚地区，有正月十五日天官赐福与七月十五日地官赦罪，尤其后一节日乃与佛教盂兰盆节并列，这种节庆图像：庆赞中元与盂兰盛会，在街区、神庙中经常并用，其祭棚的对联上也是二者并举。在七月一整月佛、道二教既各有普度活动，且分散于各个街区、神庙，这种力量如何团结在一起，开端在"联合"各个祭祀单位，此即槟城"槟州中元联合会"的缘起。将此一情况扩而大之，寺院、神庙作为华人宗教的基本组织，同样是分散的两种力量，一先一后将其凝聚在一起，后者即联合神庙组成"马来西亚道教联合总会"。两个团体在名义上均采用"联合"一词，虽然一属地区性、一属全国性，其组织也是一小一大，却都关系"华人宗教"的团结，只要比较泰国、印度尼西亚等东南亚国家，即可省思其文化认同的价值及意义。

在槟城的中元联合会所组织的，主要是各个街区与神庙。在中元普度活动中，从彼此竞争转向合作，其转折点正是在马来西亚建国后，乃因华人所占的比例特别大，华人对宗教的需求也特别强烈。这种形势激励街区、神庙必须团结，因此这种情况早就引起调查者的兴趣。在1984年渡边欣雄从人类学视角所做的田野调查，从130余个街区（祭区）中选定第10区第7号——升旗山脚暨海客园区，在深描仪礼活动中分析其宗教世界观，即在人与神、鬼之间交流。其副标题为"福建系华人的宗教礼仪"，即将鬼魂观与普度仪式视为汉族信仰习俗的组成部分。其后 Jean Debernardi 对于"鬼节"（the Hungry Ghosts Festival）的研究，将槟城的中元普度现象视为"宗教振兴"（Religious Revitalization），从马来西亚的国家观念加以观察，认为其兼具宗教与政治的双重意涵。两位均关注华人的募捐活动，联系中元庆典与华人社区的族群，从信仰的普遍性解释华人的生存处境并关注华人的集体心理需求，借社区的社群活

---

① 参见李丰楙《严肃与游戏：道教三元斋与唐代节俗》，载钟彩钧主编《传承与创新："中央研究院"中国文哲所十周年纪念论文集》，台北："中央研究院"中国文哲研究所筹备处1999年版。

动凝聚民众,实现跨越方言群的限制。这种原本分散、独立的力量能够团结在一起,即可谓"联合的艺术"的具体表现。

在此也将调查目标确定为一个个案,即2008年经槟城中元联合会选出的"华小":浮罗崇德小学,目标是陈旧校舍的改建。此一个案可以验证"联合"的力量,乃因当年举行普度活动前,当地巫统升旗山区部主席公开说华人在马来西亚只是"寄居",此论一出即引发华人媒体的争议,激起华人群体的不满情绪。这种反弹就在捐款活动中表现出来,为了募捐捐助"华小"改建校舍,在七月底举行了一场募捐餐会,照例安排所有捐赠物的"竞标"活动,在喊标中除了8(谐音"发"),一再出现的得标数字就是"916"或"619";乃因不久9月16日有一场国会议员补选,安华即以反对党身份参加竞选,槟城人的支持是"华人寄居论"的反弹,故先以竞标的方式捐献"华小",成为展现团结的明证。① 在槟城能够"联合"街区、神庙的力量,并非华人宗教所本有的,早期的习惯是在普度活动中形成的,这种人力、物力的花费相当可观,一再被媒体批评为浪费、迷信②;乃因街区、神庙之间的竞比,是节庆的狂欢气氛,而真正遗存的是方言群的竞争习气,直到马来西亚建国初仍旧如此③;但有识之士痛感此风不可长,思考只有将其转变为竞比捐款,才能捐助华人学校维系"华教"(华语教学),此乃缘于教育资源分配并不合理,亟须将社会力量团结起来。故这个组织即以"联合"的名义,方得以凝聚街区、神庙,此一行动的背后有佛、道二教惯用的功德观的支持。此一观念虽然沉隐,但一旦亟须"华人宗教"的教义作为精神支柱,即发挥一种幽微而不可测的力道,故在中元普度的仪式中,原意在将"普度"化为人间的济度。槟城

---

① 参见李丰楙《从圣教到道教:马华社会的节俗、信仰与文化》第七章"普度:槟城中元联合会与华校华教",台北:台湾大学出版中心2018年版。
② [马来西亚]戴晓珊:《社会舆论与南洋华人民俗——以〈槟城新报〉之政论为例》,收于陈剑虹、黄贤强主编《槟榔屿华人研究》,槟城:韩江学院华人文化馆、新加坡:新加坡国立大学中文系2005年版,第93—111页。
③ 麦留芳:《方言群认同:早期星马华人的分类法则》,台北:"中央研究院"民族学研究所1985年版。

社会即巧用了节庆的力量，转变了原本的拼斗方向后，成为马来西亚华人社会，甚至华人世界都罕见的联合力量即华教。

在马来西亚同样采用"联合"名义成功组织的另一案例，就是马来西亚道教联合总会，目标为分散而独立的神庙，而神庙在华人生活圈是推动节庆的主力，故关系"教节一体化"的教节关系。道教与神庙的联结关系，在华人社会中始终复杂难解，神庙既杂且多，又分散而不统一，在马来西亚建国前既已如此，英国海峡殖民地与马来苏丹都觉得不便治理，解决之道是设甲必丹加以领导，就像著名古迹青云亭即由甲必丹治理即亭主制，形成以华治华的管理方式；马来西亚建国后依旧如是，国阵政府就执行现代主义式的管理，对于基督新教或佛教还可了解，对神庙则难以有效地管理。在这种情况下由民间团体出面组织，作为与政府沟通的中介。各地均已累积了相当的经验，也同样使用道教之名加以组织。如此一致就说明有其必要性，并非学界根据学理将其视为"民间信仰"就可解决，这种情况在马来西亚也不例外。在华人思想兴革调查中所呈现的佛教信仰者高达68.30%的数据，既不符合闽粤原籍，也未见于任何华人世界，究其原因何在？

这个问题困扰神庙与道教学者久矣，既需处理神庙与政府的关系，也涉及与道教的分合问题。因其作为推动基层社会的主要动力，既真实存在于民间社会，又有一定的组织方式，但移植于马来西亚后，这种神道或宗教形式既有传承，也有适合在地的生存形态。在此尝试转用詹姆斯·斯科特（James. C. Scott）的"Zomia"，此一观念原用于解释东南亚山民，即选择逃避于国家权力外，不愿接受统治者的国家治理，面对政府，虽有被保护的权利，也应尽诸多义务，如征税、劳役，尤其受到战争、瘟疫之害，选择避居于碎片带，在深山幽谷中流动生存，不接受谷地农民的稻米生产与居住方式，故被称为"逃避统治的艺术"[①]。以此观察神庙则有异同，

[①] 参见［美］詹姆斯·斯科特《逃避统治的艺术：东南亚高地的无政府主义历史》，王晓毅译，生活·读书·新知三联书店2016年版；［美］詹姆斯·斯科特：《弱者的武器》，郑广怀等译，译林出版社2007年版。

其坐落地点并非深山,反而是尘世可以隐避,大小神庙分散于各地华人聚居区,这种零散的存在方式方便逃避统治。故将此一现象拟称为"Religious Zomia",其成因复杂且有阶段性,当初是为了逃避清政府的统治:政治严苛与经济衰败;到南土后所经历的统治,从荷兰、英国海峡殖民或是马来苏丹,神庙不想受到太多的管理,选择依附于华人聚居区,可自在活动却也是自生自灭。

神庙的生存方式有其历史渊源,王朝体制下从社祠到地方祠庙(或香火庙),民众奉祀的神祇及其组织,宗教属性难定,表面上为王朝体制所控制,其实都由民间自行组织结社,才呈现零散而不统一的状态,在闽粤如此,何况远在"化外"。政府想将其纳入管理体制,其组织既松散,又难以找到适当的代表。故在国民登记局的宗教字段中,华人的选项仅有"佛教"一项,而马来西亚道教联合总会以道教之名联合神庙,已经迟至马来西亚建国后的二十余年,其成立时机约在兴革调查前后。由此即可以理解在调查统计中,华人的信仰比例中佛教为何高达68.30%,远超过其他传统信仰的总和。在这种情况下,若要将宗教属性模糊的神庙"联合"在一起,道教就成为唯一的选择,故可视为华人社会第二次的宗教自觉,此一民间团体即"以教之名"命名。在马来西亚宪法上规定宗教平等,佛教与道教组织的成立,可以被视为"华人宗教"的历史标志。

在道教的名义下道坛道士与神庙组织合作,才能有效地推动节庆活动,其中既有民间团体主导,也不缺仪式专家出场,在单一信仰联谊会还未出现前,此一全国性的组织有助于推动教节关系。故从节日与道教的关系言,乃属华人世界共有的文化渊源,此问题在其他华人世界并无迫切性,节庆仅作为民众与神庙的年例行事。在马来西亚关注教节关系则有必要性,乃因友族均以宗教作为文化载体,则节俗信仰则可维系民族文化,故其象征性大于现实性。缘于马来西亚建国后道教、神庙人士常与华人世界接触,即意识到马来西亚华人社会不能外于华人世界,在比较友族的文化经验后,就会发现道教也有相近的祖廷:江西龙虎山针对海外接受商务活动,北京白云观也恢复受戒。故道教实为道坛与神庙的综合体，既无其他名义可以取代，"圣教"之后"道教"的提出，即可视为马来西亚华人宗教史的另一里程碑。

在联合神庙后团结于道教名下，马来西亚道教联合总会成立后积极扩大，其数量越多就越有代表性，出面与官方协调解决共同的难题：如土地利用、拨款权益等。各种族有宗教组织，可针对政府的宗教政策提出咨询，也可维护本身应有的权益。① 这种"代理者"角色，可说是甲必丹、亭主制的现代版，当时国阵政府基于行政管理的需求，认为宗教组织越清晰化就越方便管理，最后将其纳入国家管理体制下。只是华人信仰乃属多神教，政府不便管理，才鼓励马来西亚道教联合总会作为中介者，负责沟通双方使之明晰化、公开化。而神庙在基层是马来西亚道教联合总会推动节庆的主力，虽与佛教也有关系，如中元节佛教寺院称为盂兰盆节，就文化渊源言大多与儒、道二教有关，故马来西亚道教联合总会成立即可发挥协调、强化作用。这个民间团体与神庙的关系较为松散，其推展成效并非一蹴而就，何况当前的社会既多元又开放，神庙自主性也相对较高，参与总会的动机也各有考量；政府基于现代主义的管理原则，并不希望总会的权力太大，也开放单一信仰自行组织联谊会：如九皇大帝、保生大帝乃至"福德正神"等，均属民间团体而各自运作。在这种情况下，马来西亚道教联合总会会选择道教议题，尤其是与节庆有关的，建立彼此合作的关系，有助于"教节一体化"的推动，此乃就团体成员而论。

马来西亚道教联合总会还有另一种针对个体的，即面对主观的宗教认知，就像问卷调查所反映的，自认为佛教信仰的比例超高，这种态势由来已久，乃基于宗教情感与文化认知，并非短时间即可改变。总会亟须采取象征性的行动，以期调整华人的宗教观念，故尽量借由华人媒体反复传播。其代表性行动即发起"道教改正运

---

① 参见郑庭河《宗教对话与个体——于马来西亚语境的一个探讨》，《玄奘佛学研究》2016 年第 26 期。

动",目标在鼓励改正宗教字段,不再模糊选填"佛教"一项,扩大正名隶属道教名下,避免"佛教"偏多的现象。这种运动虽说颇具意义,但几经推动后也感觉并非易事,这种正名行动难以短时间见效,此一运动虽是象征性大于实质效益,但在马来西亚华人社会仍是具有意义的行动。①

自马来西亚道教联合总会成立后迄今已有多年,在国际化交流部分明显增多,历任理事长参与华人世界的道教活动,其中与教义传播有关的,符合当初创会的宗旨,目标在推动道教知识,在现代社会才能与时俱进。在马来西亚是多宗教的社会处境,友族或友教的教育机制相当完整,华人颇认同佛教,在兴革调查预测的十年间,佛教团体所发挥的影响力,既吸引有兴趣者前往深造、进修,又可以传播全马来西亚各地华人聚居区。然则道教的知识教育与教义传布,面对中华道教文化圈的急剧变化,总会需应变而与之互动;类似的活动各联谊会已跨出马来西亚,向华人世界持续推进,对推动节庆的教节关系大有助益,如保生大帝、福德文化节之类的跨国活动。马来西亚道教联合总会必须面对的,就是从神庙扩大到联谊会,此乃当前及未来的发展趋势,也是总会创会之初各界所期待的:传布教义、导正观念。此一问题既是华人世界所共同,而"教节一体化"将教节关系显题化,从总会到联谊会、从神庙到个人,亟须不断地"再联合",才能将多方的力量联合在一起。

从民族节日到宗教节日的发展,在马来西亚已形成不可挡的趋势,马来西亚道教联合总会如何持续发挥"联合"的力量,在华人节庆中都关系其发言权的问题。类似槟城一地的联合案例,而马来西亚道教联合总会则是全国性的代表,如何才能团结力量代表华人宗教,在国内可与友教交流,而在国外则参与华人世界的宗教活动。类似九皇节与福德文化节渐成气候,这些行动的发动者虽非马来西亚道教联合总会,但其整体成果可以共享。槟城既能联合中元

---

① 在陈和洲理事长任内展开,其推动成效不如预期,这一看法在访问中获得证实,原因在于华人社会并不觉得具有急迫性。

节的社会力量，经久之后又已浸润华人宗教，可见道教作为华人宗教的一部分，也是属于文化核心的部分。同样的情况，马来西亚道教联合总会受限于形势，对内、对外亟须强化其联系网络，在开展华人节庆的教节关系上，才能结合其他团体扩大其影响力。当前，危机即是转机，道教在华人世界也是如此，何况在马来西亚形势愈加严峻，如何突破历史的限制？马来西亚道教联合总会仍需持续发挥"联合的艺术"，这种行动不能止于神庙与个人，目前亟须与各联谊会进一步联合，才有机会推进教节关系，这种经验未见于其他华人世界，进而考验马来西亚华人社会的集体经验与智慧。

六　南方另有天地

西方学界所提出的"庆典"理论，包括生命礼仪与季节性庆典，宗教学、社会学及人类学等各有所取，显示出此一理论具有普世性，以此观察华人节日在马来西亚的相关表征。各种族各有节庆，按照宪法的宗教平等而力求均衡，只要列入公共假期的即三族共享。就像华人的年节根据黄历，因而具有宇宙更新性质，其经验既来自华人（汉人）社会，故被视为民族节日。马来西亚人的过年节庆，其性质则属宗教节日，为马来西亚族群所共有，却形成"教节一体"现象。而华人节日则不尽然，经常游移于民族节日与宗教节日之间，难免浮现一个根本问题：教节关系是否亦属一体？类似疑问不会出现于其他华人世界，而马来西亚华人社会在南方则是另有天地，即可赋予过节的新意，故有些节日会被适时改造，其节庆性质就会发生微妙的变化，故可用于检验"教节一体化"的可能性。

在华人兴革调查中列出的"传统节日"，按时序排出先后之序，总共七个：新年、元宵节、清明节、端午节、中元节、中秋节和冬至，此一文化传统相较于友族的教节关系，就有一个问题特别值得关注：华人节庆中所占的宗教成分比重如何？三教中又以何教为重？将节庆视为文本，置于马来西亚的社会语境中，所出现的语意变化就颇有意义。故从七个节日中选取部分，再加上另外两个（九皇斋节与福德节），将其全部重新排列，其两极按照传统用语就是"人文化成"与"神道设教"，而根据现代观念则是"人文或神道"与"文化或宗教"，可列出五项指标作为教节关系的标准：信仰成分轻重、进行时间长短、举办规模大小、参与人数多寡，以及受重视程度高低。可将九个节日分为三组：文化性、人文性较强的一组，即为元宵节、端午节及中秋节，原本仍有些信仰成分，但在现代化社会随着社会变迁，宗教性也逐渐淡化。如元宵节为上元节，原属道教三元日的天官赐福的节日，该日常有祈福仪式，但目前仅存在于道观、神庙内，民众则重视灯节赏灯，其活动性质偏重于娱乐。在马来西亚的华人聚居区内，届时可见各家各户仍悬挂灯笼，从挂灯笼与否即可友族相区别。显示挂灯为华人的节庆图像，配合五脚基的柱上常见"天官赐福"的牌位，可证其宗教性尤被重视。而端午与中秋这两个节日，其活动即龙舟竞赛与中秋赏月，历经衍变后也偏重竞技性与游乐性，其文化意涵均重于信仰成分，但均可列入民族节日。

　　清明节、重阳节及冬至则为另一组，新年也可列入，其神圣性又增强一些，乃属祭祀祖先的生命礼仪，其节日性质归属"圣教"，其孝义精神所具有象征意始终不变，纵使时序、节气变化，无妨其春秋二祭的祭祀礼仪，在节庆中彰显民族文化的旨趣，不忘本。这种礼仪实践的信仰成分，在调查报告中虽说"三教不分"，但其实其祭礼仍然偏重儒家。明清以来华南地区盛行宗族社会，在硬件上重视祠堂，礼仪即属软件，此一家礼的核心就在孝义。故在南方之野传承古意，正是所谓的"礼失而求诸野"，清明扫墓可与重阳祭祖并列，既显扬敬祖追远的祖德，又借礼制达到"收族"的效果，其凝聚宗族从初下南洋到落籍南土，祭祖的礼仪始终如一，故义山与祠堂作为民族根源，这种文化象征无法被取代。在多种族、多文化的社会情境中，可维系其人文意；而从多文化、多宗教言，二者作为文化遗存，故"神圣用途"的义山不至于被搬迁，祠堂也是作为"圣教"的宗教或文化象征，在光谱上这一组作为民族节日，兼具了文化面与宗教面。

相较之下，宗教性较强的一组也有三个，就是在中元节外，另外还要加上九皇节与福德节，其节庆时间既长，规模又大，尤其信仰成分较高，且均与道教有密切的关系。这三个节日在马来西亚华人社会所发生的微妙变化，就是宗教感被激发出来，彰显华人族群的文化活力。其信仰成分较强而偏于宗教一极，将其作为例证方便观察教节关系。马来西亚华人多、社会实力又强，在文化认同中宗教信仰所占比重较高。因为在国家认同下，国家权力明显地介入，促使华人寻求其文化认同，节庆即为不可或缺的一部分，只要条件充足就会滋生文化创造力。

马来西亚华人社会既然经历同一过程，从内地化到土著化（在地化）即等同于从"王化仿效"变为"斯土斯神"，分水岭在独立建立国家后。这种转变表现在名称上所出现的微妙变化，就是华侨、海外华人等的称呼；在形势大变后遭遇了"国族"认同的危机，从此定位为华人或华裔，名称不一，方便在不同语境中运用。此一"王化仿效"观念适用于马来西亚建国前，尤其是移民初期，"王化"仅着重在文化面；而提出"斯土斯神"的理念，在马来西亚建国前虽已有之，但真正落实这种感觉则在马来西亚建国后，其意义即标志着"华人宗教"土著化。三个节日均曾历经前后两个阶段，从理念的移植到理念的改造，其变动迹象遗存于节庆的细节中。其实"王化仿效"之"化"具有多义性，从"神道设教"言即教化意，仍然不脱王朝掌控的企图。而在马来西亚华人参加节庆活动的，传统信仰者则占了绝大部分。在这种情况下，"王化"就不拘泥于政治，而是作为民族共同的"文化"资源，故"化"偏于文化意。这一组节庆的信仰成分较高，从三官大帝、九皇大帝到福德土地，概属道教神谱上所封的诸神，这种"道封"便于移植，不会受到帝国体制的限制；就像仙师爷在地成仙后，即兼仿"朝封"与"道封"，其称号仿道教称为"仙"，而有些仙师爷庙则可见一种神牌："玉敕""皇敕"下，即仿效"朝封"拟将神格正祠化，这种自行宣称的动作，就可视为"王化仿效"的现象。这种

教节关系：从"圣教"到道教的马来西亚华人节俗观

"王化仿效"的现象并非孤例，就像事业有成者为了提升其身份，可经由卖官取得官衔，此一现象即遗存于相片中：佩戴官帽身穿官服，在马来西亚建国前一向如此。① 人、神俱然，这种拟封神现象即仿效其规制。

马来西亚建国后仍会运用"理念移植"，在节俗信仰即体现于"斯土斯神"，这种敬祀在地神明的现象，亦非孤例，在道教抄本中，同样以客家道坛为例，其中在《请奏科》中所请诸神，依照古例从尊到卑、自远而近。即从道教天尊众圣、列位神明，依序就到新地上的一些神明，即从原乡到南国信仰的诸神，均一一诵请："金花小姐、银花小娘、掌板仙师、吹空童子、左殿陈四官老爷、右殿陈十官老爷……本邦峒主、本境土地福德正神、师爷会中无边神众；以及水尾圣母娘娘、昭应英烈壹佰零捌兄弟灵神、各馆公祠尊神先贤、山水二类男女五姓孤魂。"② 越往后越能反映当地开发的实态，兄弟灵神是会党遗迹，又从会馆宗祠的先贤到男女孤魂等众，虽有尊卑之别、内外之分，都一律葬于斯土而成斯神，即可被召请到坛前。故道士作为民间知识人，又自标于道教名下，所实录的"斯土斯神"，就像节俗信仰中的诸神，均因具有全华民性，在道教之名下历经诸般变相：从九皇星君到九皇大帝，在斯神即历经会党化，大伯公在槟城也是张理死后成神，其后此一名称遍及全马来西亚；但真正的"斯土斯神"则是拿督公，其孕育时间较长，从马来西亚建国前初履其地，直到马来西亚建国后遍及马来西亚东部、马来西亚西部，形成无处不有的南土信仰，才会被调查者视为在地化的典型。

从教节关系观察最后一组的三种节俗，其信仰既有道教的教义依据，其实也可视同"圣教"的神圣性。这种成功的在地化神明，其文化力量并不限于华工华商，而是所有先民的集体成就：既有乡

---

① 参见〔澳〕颜清湟《清朝鬻官制度与星马华族领导层》，张清江译，载〔新加坡〕柯木林、吴振强编《新加坡华族史论集》，新加坡：南洋大学毕业生协会1972年版。
② 此一《请奏科》封面注明"道教"二字，盖上"道经师宝"印，署名"陈石吉道士、公元一九八六年八月重抄"。

村之儒,也有道教之士。在马来西亚建国前就有义学、书院及道坛,马来西亚建国后就已转变为现代教育成为一股推动力量。观察马来西亚华人社会中节俗信仰的改造所呈现的高度一致化,既无国家权力的规范,亦未见知识阶层介入,仅有老庙建立的基本模型,就可发挥深远的影响力,而后彼此之间相互仿效即可成型,从神祇形象、仪式空间以及祭祀仪节,时间长之后自然趋于一致化,其细节则容许微小的差异。这样自主的"标准化"过程,马来西亚华人社会所提供的是另一种显例,"从圣教到道教",其教义虽则隐性,却支持了华人的集体行动,足以应对友族、友教的教节一体。

  这种宗教气氛呈现出一致化,其规范性的力道,主要来自华工与华商集团,共同创造其节庆图像。在中元节的仪式场景中,不论仪式专家为道抑佛,都会供奉同一大士爷,不管是纸糊扎做的复杂工序,抑或为了节省而纸印神像,其造型已不易区分闽粤二式,在祭祀空间中均被奉为主位。如何迎请九皇爷,仿效迎王都在水滨举行仪式;只有香港巷斗姆宫才会坚持其仪,例如由颜家道坛在宫前当空启请;而一旦迎请进入内殿则是重帘低垂,仅由少数入殿者恭谨敬奉,整体仪式几乎一致。而民众也有参与的机会,在九皇斋期间就会入住斋宫,避离尘俗斋居九日,以求身心斋洁。而福德节所信仰的大伯公与拿督公,同样显示出让人惊讶的一致性,地位虽卑却无处不在,纵使名称写法有些小异,但被称为"番"土地的马来神,其圣像的服饰、造型则大体相近。这种一体化现象就完成于马来西亚华人社会,显示华人对于宗教需求拥有自主性,这种文化资源并非佛教所提供的,反而"从圣教到道教"二者俱有,只是这种宗教意识隐显不定,却无妨其作为推动教节一体化的力量。

七　结语

  以马来西亚华人节庆作为文化载体,此一现象有助于反省教节关系,故将节庆径称为"节俗信仰"。佛教信仰和参与节庆的传统信仰者,二者之间的比例显然并不一致。而解释这种矛盾现象,亟须综合历史文献与实地调查，才可发现早期就曾出现的宗教讯息，即"圣教"或节俗尤其是清明节的义山扫墓与重阳节的祠堂祭祖的神圣性。其中的宗教概念虽模糊，所蕴含的宗教意识却明显。直到马来西亚建国二十余年后才再使用"道教"一名，目的则是联合神庙。这些民间组织正是推动节庆的主力，显示华人既面对友族、友教的教节一体，必须对传统节庆信仰有所反应，故从神道观切入理解教节一体化的可能性，尝试定性华人节庆中的宗教性，从这种特质重新认识民族节日。

将民族节日置于宗教与人文的光谱上，在两极之间分为三组，其中一组是偏向宗教的，其"圣教"特质以儒家为主而辅以佛、道，都彰显华人特重其祖先祭祀。其物质文化的象征，即将孝义外显于墓碑与神主牌，在漂流状态中赖此保存了文化传统，其作用不亚于犹太人的离散经验，故马来西亚建国后迄今依然不变。这组教节关系，既可在祭祀礼仪中发现神圣性，又可在传统礼俗中发现宗教性，从而重新赋予其新意。由此可证节庆作为文本，在马来西亚多宗教的语境中，重新诠释华人潜伏的宗教感。另外一组在人文、神道中偏重信仰，在马来西亚建国后，中元节、九皇斋节及福德节纷纷形成，其文化渊源则属道教，是道士与神庙的综合体，在节庆仪式中合作无间，作为"国族"认同的文化标志，槟城中元联合会与道教联合总会，彰显其团结的力量，有助于推动华人的教节关系。

较诸相邻泰国、印度尼西亚等国的华人，马来西亚华人社会既能传承民族节日。有些更逐渐衍变为宗教节日。这种教节一体化就兼具娱乐性与信仰性。华人取诸儒家的"张弛有序"，即根据服饰的形象思维也区隔社会生活，成为"常与非常"的两种时间，原本隐含的信仰成分即被神圣化，这种力量强化了节日的宗教因素。此一经验超过其他的华人世界，有些民族节日逐渐与宗教节日合而为一。这种文化认同有助于华人意识，将其外显成为一种归属感，才能理解接近九成华人会参加节庆，既有娱乐性也有信仰性。根据当代社会的国际化趋势，空间移动必然带动宗教移动，这种文化既经移植必然也会落地生根，就像敬祀"当境土地"一出现，即象征已经融入马来西亚的文化，这种宜居感使他乡变成吾土，扎根斯土，从此后代子孙才能开枝散叶。故将马来西亚华人社会融合其教节关系，视为当代的一种文化实验，即可印证华人能够展现其宗教智慧，在南方土地上成就文化大业，彻底摆脱"王化"而永续生存，彰显华人文化的涵融性特质。

道学研究

论原始道教与仰韶文明的关系

李远国　李黎鹤

摘　要：原始道教始于新石器时期，保留着母系社会的痕迹。那个时期是中华文明的初始阶段，其宗教的形态已经相当成熟，并出现了三皇的崇拜，有了举行宗教祭祀活动的祭坛，有了主持宗教祭祀活动的巫师教团，有了相当成熟的宗教理论，凡此种种现象，说明正是在这一历史阶段，诞生了道教。道教的诞生是基于仰韶文明的发达，中华文明、原始道教均发源于这一重要的新石器时期。道教诞生于五千年前，其与中华文明同根、同源、同本、同时，是中华民族赖以生存、发展的精神支柱，是华夏文明的核心信仰。

关键词：原始道教；仰韶文明；同根、同源、同本、同时；核心信仰

作者简介：李远国，四川省社会科学院研究员（四川成都610071）；李黎鹤，四川传媒学院讲师（四川成都611745）。

一　原始道教的历史界定

原始道教始于新石器时期，而且保留着母系社会的痕迹。老子

《道德经》曰:"谷神不死,是谓玄牝。玄牝之门,是谓天地之根。绵绵若存,用之不勤。"① 也就是说,生养天地万物的"谷神"(道)是永恒长存的,这叫作玄妙的母性。玄妙母体的生育之产门,这就是天地的根本。"谷神""玄牝"都是与生殖崇拜中女性有关的生命意象,深藏在道教哲学的基层结构里,而与道的本体、特质与根源相表里。

青海乐都柳湾出土的彩陶壶颈部略高,口沿外侈,在壶身彩绘之间捏塑出一个裸体人像。人像站立,头位于壶的颈部,五官具备,小眼、高鼻、硕耳、大嘴,披发,双手置腹前,两脚直立,乳房微突,乳头用黑彩加以点绘,在人像下腹处夸张地塑造出生殖器形象,在阴唇的中央,却包含着男性的阴茎,可知裸体人像所表现的是合男女为一体的阴阳人。陶壶背后绘有一只形体较为简化的蛙类动物,表现的应是人的后背。这样我们看到的是一个奇特的画面,人像的正面是阴阳人,人像的背面是只蛙,人蛙相融,合为一体。②

这生动地反映了人类文明史上的生殖崇拜。老子讲,"万物负阴而抱阳,冲气以为和"③。阴阳负抱,同体共生。"冲气",男女合和交媾之气,就是天地间的至和之气,这是对老子阴阳最为生动鲜活的诠释。这说明道家阴阳互抱的思想,源于五千余年前的新石器晚期。在人像背后绘有一只简化的大蛙,应是阴阳人的后背。器身就是蛙身,又是人身,人蛙相融,合为一体,表达了原始先民追求子孙繁衍、生生不息的强烈愿望。

那么,由不死的"谷神"化生的"玄牝",又是指什么?据郭沫若、徐梵澄等解释,就是指女性的性器官。郭沫若先生指出,"牝""妣"等指母性、雌性、女性的字汇,它的主干"匕"字指的是女性的生殖器。"盖以牝器似匕,故以匕为牝若牝妣"④。马叙

---

① 《诸子集成》,岳麓书社1996年版,第3册,第3页。
② 李仰松:《柳湾出土人像彩陶壶新解》,《文物》1978年第4期。
③ 《诸子集成》,第3册,第20页。
④ 郭沫若:《甲骨文字研究》,台北:大东书局1931年版,上册,第10页。

伦先生指出,"匕"跟"也"实在是一个字,原为象形文,"牝"字指女阴就因为"匕"象"也"。吕思勉说:"玄者,深远之意。牝,犹后世言女,言母,物之所由生,宇宙之所由生,故曰玄牝。"① 徐梵澄先生说"玄牝"出于《黄帝书》,象征"阴","推至远古,则生殖崇拜也"②。张荣明强调这种联系的思想价值,他说,"把原始、粗俗的生殖崇拜同孕育万物的天地挂起钩来",使其"显得神圣庄重、高深莫测",而这正是"人类思想史上的一种颇为奇特的返祖现象"③。由此亦可说明,原始道教的根柢是深深地扎在阴阳互抱的思想中的。

原始道教始源的远古时期,阴阳的思想已经相当成熟。凌纯声先生说:"古代崇拜性器不仅敬祀祖先,崇拜天神地神,亦以男女性器代表阴神阳神。中国人崇祀神鬼,祈求赐福保佑,能使阴阳调和,而得风调雨顺、五谷丰登、子孙繁衍、六畜兴旺。所以这一阴阳哲理是宗教信仰和社会生活的本源,且其影响及于整个太平洋区域。"④ 美国卡普拉(Capra)博士说:"这对阴和阳是渗透中国文化的主题并决定了传统中国的所有特点。中国是一个农业国家,中国人非常熟悉太阳和月亮的运动、季节的变化。他们从生物界生长和死亡的现象看到了阴和阳、寒冷黑暗的冬天与光明炎热的夏天之间的相互作用。"⑤ 这就是说,阴阳具有深潜而强大的生命力,经过阴和阳的调和运化,生成万物。

原始道教始源的时期,四象五行思想亦相当成熟,并反映在彩陶图像中。考古中已经发现了多种图式的太极图。如在河南淅川出土的陶纺轮上的圆形纹饰,这是最古老的太极图。图中由黑白二色

---

① 吕思勉:《辨梁任公〈阴阳五行说之来历〉》,载顾颉刚编《古史辨》,上海古籍出版社1982年版,第5册,第374页。
② 徐梵澄:《老子臆解》,中华书局1988年版,第9页。
③ 张荣明:《中国古代气功与先秦哲学》,上海人民出版社1987年版,第176页。
④ 凌纯声:《中国的边疆民族与太平洋环文化》,台北:联经出版事业股份有限公司1979年版,下册,第1277页。
⑤ [美]卡普拉:《现代物理学与东方神秘主义》,灌耕编译,四川人民出版社1984年版,第83—84页。

构成的图案，阴阳互依，犹如两条活泼的鱼，头尾互动，正是阴阳契合、太极思想的完美演绎。据史料记载，八卦起源于伏羲，伏羲氏在天水卦台山始画八卦，一画开天。八卦表示事物自身变化的阴阳系统，用"—"代表阳，用"– –"代表阴，用这两种符号，按照大自然的阴阳变化平行组合，组成八种不同形式，叫作八卦。八卦其实是最早的道教符号。

原始道教始源的时期，已经发现了原初的八卦图。泰安大汶口M26号墓葬出土的象牙梳，梳身雕刻"8"字形图案，似三爻所构成，而成二条"∽"线纹，即为阴阳交合之象，颇像后世的八卦图。安徽省含山县凌家滩遗址中，发掘出一件造型独特的玉龟和一块刻有特殊图案的长方形玉片，亦似后世的八卦图。

玉龟玉版，距今约5000年。安徽省含山县凌家滩遗址87M4：30出土的一件造型独特的玉龟和一块刻有特殊图案的长方形玉片。玉龟分背甲和腹甲两部分，上面钻有数个左右对应的圆孔，应是为拴绳固定之用。出土时，玉片夹在玉龟腹、背甲之间。玉片长11.40厘米，宽8.30厘米，厚0.70厘米，中部微隆起，边缘呈阶状凹下。玉龟是一种占卜工具。这件玉龟与长方形玉片叠压在一起同时出土，反映两者有紧密联系，应为占卜工具。在玉片的正面，围绕着中心，刻有同心的外大圆和内小圆各一个。在小圆里，刻方心八角形图案，内外圆之间有八条直线将其分割为八等分。在每一份中各刻有一个箭头（或称圭形纹饰），在外圆和玉片的四角之间也各刻有一个箭头。

陈久金、张敬国先生指出：玉片的正面围绕中心，刻有两个大小相套的圆圈，在内圈里刻方形八角图案，与大汶口文化彩陶八角星图案基本一致。方形八角图案象征太阳，八角是太阳辐射的光芒，八方图像与象征太阳的中心图像相配，符合古代的原始八卦理论。玉片与玉龟叠压在一起出土，它们之间的关系一定很密切，有可能它们就是"河图""洛书"和八卦。[①] 李学勤先生

---

① 参见陈久金、张敬国《含山出土玉片图形试考》，《文物》1989年第4期。

认为，玉版的图纹体现了中国远古的宇宙观念。玉版中心的八角星形符号是"巫"字。古代的"巫"字呈十字形，是两个"工"字直角交叉重叠的。而"工"即古代的"矩"，则"巫"就是操着"矩"测量天地者，故远古时代的巫，通晓天文术数，以沟通人神天地。以"巫"为中心的整个图案，表现的是一种天圆地方的宇宙观念。①

原始道教的定名，是基于对新石器时代中晚期的诸多文化遗址考古史料的深入发掘，是运用民族学、人类学、图像学的方法对上古历史的重新认识。那个时期是中华文明的初始阶段，其宗教的形态就已经相当成熟，并出现了对黄帝、炎帝等祖先神的崇拜，有了举行宗教祭祀活动的祭坛，有了主持宗教祭祀活动的巫师教团，有了相当成熟的宗教理论，凡此种种现象，说明正是在这一历史的阶段，诞生了道教。道教诞生于五千年之前，其与中华文明同根、同源、同本、同时，是中华民族赖以生存、发展的精神支柱，是华夏文明的核心信仰。韩秉方先生说：从本质上说，道教是一种民间性宗教，"是远古华夏民族的传统宗教信仰综合与提升的产物，深深地植根于华夏的肥田沃壤之中，是每个中国人最根本的核心信仰"②。

《道教序》指出，"上古无教，教自三皇五帝以来有矣"。《道教本始部》说：

> 上古无教，教自三皇五帝以来有矣。教者，告也。有言，有理，有义，有授，有传。言则宣，教则告。因言而悟教明理，理明则忘言。既有能教，所教，必在能师，所师，是有自然之教，神明之教。此二教，无师资也。神明之教，义说则有，据理则无。正真之教，三皇五帝返俗之教，训世之教，宜分权实。且斯五教，启乎一真。自然教者，元气之前，淳朴未

---

① 参见李学勤《论含山凌家滩玉龟、玉版》，《中国文化》1992年第6期。
② 韩秉方：《关于道教创立过程的新探索》，《世界宗教研究》1999年第4期。

散，杳冥寂尔，颢旷空洞，无师说法，无资受传，无终无始，无义无言，元气得之而变化，神明得之而造作，天地得之而覆载，日月得之而照临，上古之君得之而无为。无为，教之化也。神明之教者，朴散为神明。夫器莫大于天地，权莫大于神明，混元气而周运，叶至道而裁成，整圆清而立天，制方浊而为地，溥灵通而化世界，真和气而成人伦，阴阳莫测其端倪，神鬼不知其情状。正真之教者，无上虚皇为师，元始天尊传授，洎乎玄粹，秘于九天，正化敷于代圣，天上则天尊演化于三清众天，大弘真乘，开导仙阶；人间则伏羲受图，轩辕受符，高辛受天经，夏禹受洛书。四圣禀其神灵，五老现于河渚，故有三坟五典。常道之教也，返俗之教者，玄元大圣皇帝以理国理家。灵文真诀，大布人间；金简玉章，广弘天上。欲令天上天下，还淳返朴，契皇风也。①

从而把三皇五帝全部纳入了道教神仙谱系之中，成为道教史上的著名代表人物。

二 三皇信仰与原始道教

历史上的三皇，是个不确定的概念，在所有关于三皇的说法中，都是指在中国远古时代发挥了重要作用，有着重大影响的人物。他们究竟指谁？历史上有多种说法。

1. 天皇、地皇、泰皇。《史记·秦始皇本纪》曰："古有天皇、有地皇、有泰皇。泰皇最贵。"② 罗泌《路史》载："其一曰九头，是为一姓纪，则泰皇氏纪也。按孔衍《春秋后语》泰皇乃人皇。张晏云：人皇九首。韩敕孔庙碑云：前开九头以叶，言教是也，泰皇即九头纪。旧记不之知尔。《真源赋》云：人皇厌倦尘事，乃授箓

---

① （宋）张君房编：《云笈七签》卷三，《道藏》，文物出版社、上海书店、天津古籍出版社1988年版，第22册，第12页。
② 《二十五史》，浙江古籍出版社1998年版，第1册，第27页。

于五姓，知为九头纪也。韦昭亦云：人皇九人，所谓九皇。"① 崔述《古无三皇五帝之说》中曰："三皇、五帝之文，见于《周官》，而其说各不同。《吕氏春秋》以黄帝、炎帝、太皞、少皞、颛顼为五帝，盖本之《春秋》传；而月令因之。《大戴记》以黄帝、颛顼、帝喾、尧、舜为五帝，盖本之《国语》，而《史记》因之。至《三统历》，则又以包羲、神农、黄帝、尧、舜为五帝，其说以《易传》为据，而近代五峰、双湖两胡氏并用之。《秦本纪》有天皇、地皇、泰皇之名，而郑康成则以女娲配羲、农为三皇；谯周易以燧人；宋均又易以祝融；惟《三五历》本《秦本纪》为说，而易泰皇为人皇，其语尤荒唐不经。后之编古史者，各从所信，至今未有定说。"②

2. 天皇、地皇、人皇。汉朝纬书中称三皇为天皇、地皇、人皇，是九位神灵。晋王嘉《拾遗记》卷九云：频斯国有大枫木成林，"树东有大石室，可容万人坐，壁上刻为三皇之像，天皇十三头，地皇十一头，人皇九头，皆龙身"③。

3. 伏羲、神农、黄帝。孔安国《尚书序》云："古者伏牺氏之王天下也，始画八卦，造书契，以代结绳之政，由是文籍生焉。伏牺、神农、黄帝之书，谓之三坟，言大道也。少昊、颛顼、高辛、唐、虞之书，谓之五典，言常道也。"④《庄子·天运》曰："三皇五帝之治天下，名曰治之，而乱莫甚焉。"成玄英疏："三皇者，伏羲、神农、黄帝也。五帝者，少昊、颛顼、高辛、唐、虞也。"⑤ 晋朝皇甫谧《帝王世纪》亦以伏羲、神农、黄帝为三皇。

4. 伏羲、神农、女娲。《吕氏春秋·用众》曰："此三皇五帝之所以大立功名也。"高诱注："三皇，伏羲、神农、女娲也。五帝，

---

① （宋）罗泌：《路史》卷二，文渊阁《四库全书》影印本，台北：台湾商务印书馆1986年版，第383册，第7、8页。
② （清）崔述：《补上古考信录》卷上，载王云五主编《丛书集成初编》，中华书局1983年版，第142册，第2页。
③ 车吉心总主编：《中华野史》，泰山出版社1999年版，第1册，第798页。
④ （清）阮元：《十三经注疏》，中华书局1988年版，上册，第115页。
⑤ 《诸子集成》，第4册，第251页。

黄帝、帝喾、颛顼、帝尧、帝舜也。"①《春秋纬·运斗枢》曰:"伏羲、女娲、神农,是三皇也。皇者,天,天不言,四时行焉,百物生焉。三皇垂拱无为,设言而民不违,道德玄泊,有似皇天,故称曰皇。皇者,中也,光也,弘也。含弘履中,开阴布纲,上合皇极,其施光明,指天画地,神化潜通,煌煌盛美,不可胜量。"②

5. 伏羲、神农、燧人。班固《白虎通》:"三皇者,何谓也?谓伏羲、神农、燧人也。或曰伏羲、神农、祝融也。《礼》曰:伏羲、神农、祝融,三皇也。谓六伏羲者何? 古之时未有三纲、六纪,民人但知其母,不知其父,能覆前而不能覆后,卧之詓詓,起之吁吁,饥即求食,饱即弃余,茹毛饮血而衣皮苇。于是伏羲仰观象于天,俯察法于地,因夫妇正五行,始定人道,画八卦以治下,治下伏而化之,故谓之伏羲也。"③王符《潜夫论·五德志》指出:"世传三皇五帝,多以为伏羲、神农为二皇;其一者或曰燧人,或曰祝融,或曰女娲。其是与非,未可知也。我闻古有天皇、地皇、人皇,以为或及此谓,亦不敢明。凡斯数,其于五经,皆无正文。故略依易系,记伏羲以来,以遗后贤。"④《尚书大传》曰:"遂人为遂皇,伏羲为戏皇,神农为农皇也。遂人以火纪,火,太阳也。阳尊,故托遂皇于天。伏羲以人事纪,故托戏皇于人。盖天非人不因,人非天不成也。神农悉地力,种谷疏,故托农皇于地。天地人道备,而三五之运兴矣。"⑤《礼含文嘉》曰:"伏戏、燧人、神农。伏者,别也,变也。戏者,献也,法也。伏羲始别八卦,以变化天下,天下法则,咸伏贡献,故曰伏羲也。燧人始钻木取火,炮生为熟,令人无复腹疾,有异于禽兽,遂天之意,故曰遂人也。神农,

---

① 《诸子集成》,第8册,第50页。
② [日]安居香山、中村璋八辑:《纬书集成》,河北人民出版社1994年版,中册,第710页。
③ (汉)班固撰,(清)陈立疏:《白虎通疏证》卷二,载《诸子集成补编》,四川人民出版社1997年版,第2册,第257、258页。
④ 《诸子集成》,第9册,第201页。
⑤ (汉)应劭撰,吴树平校释:《风俗通义校释》,天津人民出版社1980年版,第10页。

神者,信也。农者,浓也。始作耒耜,教民耕种,美其衣食,德浓厚若神,故为神农也。"①

6.伏羲、神农、祝融。《礼》曰:"伏羲、神农、祝融,三皇也。"②《礼号谥记》说:"伏羲、祝融、神农。"③王符《潜夫论·五德志》曰:"世传三皇五帝,多以为伏羲、神农为三皇。其一者或曰遂人,或曰祝融,或曰女娲。"④

伏羲是三皇之首,天神的后裔,雷神之子。《山海经·海内东经》曰:"雷泽中有雷神,龙身而人头,鼓其腹则雷。"《淮南子·地形篇》曰:"雷泽有神,龙身人头,鼓其腹而熙。"王符在《潜夫论》中曰:"其母亲华胥,因履雷泽大人之迹,感生伏羲。世号太暤,定都于陈。雷泽为雷神所居,伏羲应是雷神之子。对此还有两点佐证:一是据唐代司马贞所补的《史记·三皇本纪》,'太暤伏羲氏,风姓',风和雷的关系是不言而喻的。传说伏羲能缘天梯建木以登天。"《山海经·海内经》载:"有木,青叶紫茎,玄华黄实,名曰建木,百仞无枝,有九欘,下有九枸,其实如麻,其叶如芒,太暤爰过,黄帝所为。"⑤ "太暤"即伏羲,他可以上下于建木,而登天帝之庭。《淮南子·时则训》载:"东方之极,自碣石山,过朝鲜,太暤、句芒之所司者,万二千里。"高诱注:"太暤,伏羲氏,东方木德之帝也;句芒,木神。"⑥这些都可以证明伏羲确实是中国古代神话中的天神之一。

伏羲被尊为"三皇之首"和"百代之先",是从渔猎过渡到农业时代的代表人物,传说他结网罟而发明渔猎工具,制作琴瑟等乐器,规范婚姻制度与嫁娶礼仪,始画八卦,开启了我们的民族文化之源。《周易》《史记》等典籍记载了伏羲"作八卦"的重要贡献。

---

① [日]安居香山、中村璋八辑:《纬书集成》,中册,第494页。
② (汉)班固撰,(清)陈立疏:《白虎通疏证》卷二,《诸子集成补编》,第2册,第257页。
③ (汉)应劭撰、吴树平校释:《风俗通义校释》,第11页。
④ 《诸子集成》,第9册,第201页。
⑤ 袁珂:《山海经校注》,上海古籍出版社1980年版,第448页。
⑥ 《诸子集成》,第8册,第89页。

王充《论衡·齐世篇》中曰："故夫宓牺之前，人民至质朴，卧者居居，坐者于于，群居聚处，知其母不识其父。至宓牺时，人民颇文，知欲诈愚，勇欲恐怯，强欲凌弱，众欲暴寡，故宓牺作八卦以治之。"① 描述了伏羲时代的社会状况。《尚书中侯》谈到与伏羲关系密切的"河图""洛书"以及八卦时说："伏羲氏有天下，龙马负图出于河，遂法之画八卦。"②

伏羲最为著名的功绩是"作八卦"。根据众多的考古资料，可以证明它的真实性。在安阳殷墟发现了八卦的重卦，山东朱家桥殷代陶罐上发现了损卦（兑下艮上）卦象数字。③ 证明殷商时期在中原和海岱地区已经出现了八卦，而且是重卦。更为重要的是，在江苏海安县青墩遗址中发现了更早易卦刻文八个，例如：三五三、三六四，艮下乾上，属遁卦；六二三、四三一，兑下震上，属归妹卦。④ 对遗址中木桩进入碳十四测定，发现易卦所存的下文化层为距今 4955 年至 5115 年，树轮校正值今 5535 年至 5755 年，作者认为可能还要早些。⑤

江苏海安青墩遗址中发现的八卦，引起了人们对大汶口其他遗址的联想。大汶口遗址有些墓葬中，发现随葬中有龟甲，还有彩陶，彩陶上有星云图和八角星图案。八角星不仅象征太阳，而且也是八卦象征图。江苏邳县大墩子遗址中发现的 3 件龟甲，墓 21 出土的 1 件龟甲中有许多小石子，背甲上有穿孔；特别要讲的是墓 44 出土的 2 件龟甲，1 件发现在人架的左腹上，内装骨针 6 枚，偏下处有 4 个穿孔，分布成方形，腹甲一端被磨去一段，上下部有"X"形绳索痕迹；另一件发现在人架的右腹上，内装骨针 6 枚，偏下处有 8 个穿孔，排成一列，腹甲下端有"△"形绳索磨痕，此外腹表还有

---

① 《诸子集成》，第 9 册，第 167 页。
② ［日］安居香山、中村璋八辑：《纬书集成》，上册，第 399 页。
③ 参见郑若葵《安阳苗圃北地新发现的殷代刻数石器及相关问题》，《文物》1986 年第 2 期。
④ 参见张政烺《试释周初青铜铭文的易卦》，《考古学报》1988 年第 4 期。
⑤ 参见南京博物馆《江苏海安县青墩遗址》，《考古学报》1983 年第 2 期。

5个环形磨痕,分布成梅花形。① 龟甲、八角星彩陶出土于同一墓内,说明墓主当是一位社会地位较高的酋长大巫师,因为这些器物都是祭祀所用的礼器和法器。

邳县刘林遗址第一次发掘中,发现骨柄勾形器6件,穿孔龟甲9件,特别是墓7出土的1件,背甲的下部有分布为方形的4个穿孔,下部边缘有一字排列12个穿孔。与大墩子遗址墓44出土的1件龟甲非常相似,差别在于一是12个穿孔,一是8个穿孔。② 大汶口遗址也有类似的发现,共20件,如1件龟甲(M19:25)背甲、腹甲各有穿孔1对。另外1件龟甲(M47:27)背甲,涂有朱彩。又有2件龟甲(M47:18,M47:28),其甲壳内各有砂粒数十颗,小的如豆,大的如樱桃。③ 从以上所见资料来看,墓葬中随葬的龟甲,确实有其特殊意义,龟甲是灵物,龟甲涂有朱彩,更加强它的神秘色彩。龟甲内装有砂粒,或其他物体,可以说与八卦占筮有关。

八卦的卦象是用占筮得出的。《周礼·春官·宗伯》曰:"占人掌占龟。以八筮占八颂,以八卦占筮之八故,以眡吉凶。凡卜筮,君占体,大夫占色,史占墨,卜人占坼。凡卜筮,既事,则系币,以比其命。岁终,则计其占之中否。筮人掌三易。以辨九筮之名,一曰《连山》,二曰《归藏》,三曰《周易》。九筮之名,一曰巫更,二曰巫咸,三曰巫式,四曰巫目,五曰巫易,六曰巫比,七曰巫祠,八曰巫参,九曰巫环,以辨吉凶。凡国之大事,先筮而后卜。"④

伏羲氏仰观象于天,俯察法于地,用阴阳八卦来解释天地万物的演化规律和人伦秩序。以"—"为阳,以"- -"为阴,组成八卦:乾为天,坤为地,震为雷,巽为风,坎为水,艮为山,离为火,兑为

---

① 参见南京博物馆《江苏邳县四户镇大墩子遗址发掘报告》,《考古学报》1964年第2期。
② 参见江苏文物工作队《江苏邳县刘林新石器时代遗址第一次发掘报告》,《考古学报》1962年第2期。
③ 参见山东省文物管理处等《大汶口》,文物出版社1979年版。
④ (清)阮元:《十三经注疏》,上册,第805页。

泽，以类万物之情。伏羲八卦中所蕴含的"天人谐和"的整体性、直观性的思维方式和辩证法思想，是民族思想方式的基础。可以说，伏羲开启了中国传统思想之先河，是中华文化的原点。

北宋乐史《太平寰宇记》云："蓝田山古华胥氏陵，在县西三十里，一名玉山，一名覆车山。郭缘生《述征记》云：山形如覆车之像也。按《后魏风土记》云：山巅方二里，仙圣游集之所，刘雄鸣学道于此，下有祠甚严，亦灞水之源出于此。又西有尊卢氏陵，次北有女娲氏谷，则知此地是三皇旧居于此。"①《陕西通志》云："三皇祠，在蓝田县北三十里，祀华胥氏、伏羲氏、女娲氏。盖伏羲氏、女娲氏皆华胥氏所出，故祀于故里。"②

女娲亦为三皇之一。《春秋运斗枢》曰："宓牺、女娲、神农，是谓三皇也。皇者，天不言，四时行焉，百物生焉。三皇垂拱无为，设言而民不违，道德玄泊，有似皇天，故称曰皇。皇者，中也，光也，弘也。含弘履中，开阴阳布纲，上合皇极，其施光明，指天画地，神化潜通，煌煌盛美，不可胜量。"③西晋皇甫谧《帝王世纪》云："伏牺之后女娲氏，亦风姓也。女娲氏没，次有大庭氏、柏皇氏、中央氏、栗陆氏、骊连氏、赫胥氏、尊卢氏、浑沌氏、昊英氏、有巢氏、朱襄氏、葛天氏、阴康氏、无怀氏，凡十五代，皆袭伏牺之号。"④《淮南子·览冥训》中详细讲述了女娲的历史功绩："往古之时，四极废，九州裂，天不兼覆，地不周载，火爁炎而不灭，水浩洋而不息，猛兽食颛民，鸷鸟攫老弱，于是女娲炼五色石，以补苍天，断鳌足以立四极。杀黑龙以济冀州，积芦灰以止淫水。苍天补，四极正，淫水涸，冀州平，狡虫死，颛民生。背方州，抱圆天，和春阳夏，杀秋约冬，枕方寝绳，阴阳之所壅，

---

① （宋）乐史：《太平寰宇记》卷二十六，文渊阁《四库全书》影印本，第469册，第229页。
② （清）沈青崖编纂：《陕西通志》卷二十八，文渊阁《四库全书》影印本，第552册，第472页。
③ ［日］安居香山、中村璋八辑：《纬书集成》，中册，第710页。
④ 王云五主编：《丛书集成初编》，第3701册，第3页。

沉不通者，窍理之；逆气戾物，伤民厚积者，绝止之。"①《论衡·谈天篇》亦曰："共工与颛顼，争为天子不胜，怒而触不周之山，使天柱折，地维绝。女娲销炼五色石以补苍天，断鳌足以立四极。天不足西北，故日月移焉；地不足东南，故百川注焉。"②

伏羲、女娲族早期居住地在今甘肃天水一带。《帝王世纪》说"伏羲生于成纪"。成纪县在今甘肃省秦安县陇城镇，于北宋初移至今天水市秦城区。郦道元在《水经·渭水注》中云："故渎东径成纪县故城东，帝太皞庖牺所生之处也，汉以属天水郡……瓦亭水又西南，出显亲峡，石岩水注之。水出北山，山上有女娲祠，庖牺之后有帝女娲焉。与神农为三皇矣。"③天水号称"羲皇故里"，秦城区西关伏羲路北有建于明成化年间的伏羲庙。北道区渭南乡境内的卦台山又名画卦台、伏羲台，传说"台有羲皇遗画，著雪即融"。为伏羲创画八卦之所。卦台西北1.50公里的余家峡口，渭河北崖龙马山半腰的龙马洞，相传为龙马负图处。甘谷县大象山华盖寺有伏羲宫、伏羲塑像及"羲皇故里"石刻。

秦安县城北48公里的陇城镇为女娲生地。秦汉以来，陇城镇北的风台山上建有女娲庙，后因山体滑坡而毁。相传女娲为风姓，生于风峪，长于风台，葬于风茔。风峪又名风沟，在陇城镇东风村附近，风峪西崖有"女娲洞"。风台在陇城镇常沟村境内，风茔在陇城镇南7公里处。陇城镇北门外有一口大井，世称龙泉，相传是女娲抟土造人之泉。此地还有娲皇村、"娲皇故里"石碑。

在伏羲、女娲氏族生活的地区，考古学家发现了著名的大地湾遗址。这是一处以大地湾一期文化和仰韶文化为主的新石器时代遗址，还有少量的马家窑文化遗存。大地湾遗址位于秦安县五营乡邵店村东侧，清水河南岸的第二、第三级阶地及缓坡山地上。分为山下（河边台地）和山上两部分，总面积约100万平方米。根据碳十

---

① 《诸子集成》，第8册，第99页。
② 《诸子集成》，第9册，第94页。
③ （北魏）郦道元：《水经注》卷十七，文渊阁《四库全书》影印本，第573册，第278页。

四测定并经校正的年代，大地湾一期为公元前5850—前5400年，仰韶文化早、中、晚期遗存为公元前4050—前2950年。大地湾一期发现有圆形半地穴式房子，面积仅六七平方米，窖穴里发现有黍和油菜籽。墓葬为单人仰身直肢葬，一般有随葬品，个别墓有猪下颌骨。陶器以夹细砂红陶为主，泥质红陶少见。器形主要有底钵、三足钵、三足罐和圈足碗。纹饰以交叉绳纹为常见，部分钵形器绘有紫红色宽带纹，罐和碗的口沿多呈锯齿状。①

甘肃大地湾遗址411号房址后上方的白灰地面上，是以黑色颜料（炭黑）绘制而成的，主体为两个大人，一个小孩。两个大人均为投影式没骨画法，其左臂均上举至头顶，右臂下垂至臀部，似握有棒状物，两腿交叉如行走或舞蹈状。正中一人体态宽厚，其右侧一人体态瘦削且胸部外凸，身长均33厘米，体宽为13—14厘米。正中下方画有一长方形黑框，框内相继绘有两个爬行动物。王大有认为此为祖先祖妣，二人手持杵棒、权杖，头发飘逸，应为交叉舞蹈状。有人称为"丧舞图"，也有人认为其"表现原始舞蹈的群舞动作"。② 在考古和历史研究、绘画史研究、民俗学研究中具有重要的价值。

另在大地湾地画的左下方还见有一个横竖两笔组成的"丁"字形图案，其勾出的笔锋痕迹十分清晰；还有在地画的一些单线条绘制从中间或末端，都可清楚地看到一些离合不定的丝状线条和分裂线条。这幅地画绘制从另一个侧面提醒我们，中国毛笔的产生和使用，自仰韶文化时期已开始，或者更早可追溯到距今七八千年前的大地湾一期阶段。因为在大地湾一期的彩陶的彩绘条带中也可以清楚地看到这类丝状条痕，特别是绘制于器皿内部的一些图案或符号，更能体现其并非硬笔所绘制，而是一种带毛的软笔所绘制。回头再进一步地观察其仰韶文化时期的彩陶图案，在一些色调浅显的地方也同样可以看出其类似地丝状条痕。这些现象都表明，软笔

---

① 参见郑乃武《大地湾遗址》，载《中国大百科全书·考古学》，中国大百科全书出版社1988年版，第75页。

② 吴诗池：《中国原始艺术》，紫禁城出版社1996年版，第104页。

（毛笔）为我国最早彩陶绘制和书写的一种工具。①

同类遗存也发现于天水师赵村、西山坪。大地湾一期文化或称大地湾文化、老官台文化、前仰韶文化等。考古学家认为："1979年，在大地湾遗址下层首先发现了前仰韶文化遗存……我们称这类遗存为老官台文化。大地湾一期的主要遗存应属老官台文化的偏早阶段。"②泾渭上游"前仰韶文化的面貌与关中地区相同，均属老官台文化的范畴"③。从时空概念上分析，考古发现的老官台文化很可能就是历史上长期存在的伏羲文化。试以大地湾一期遗存为例，这里出土了黍和油菜籽，表明当时已由渔猎时期步入初期农耕文化阶段。从随葬猪下颌骨的情况判断，可能已经开始了家畜饲养业。彩陶的出现，说明当时已经比较重视装饰艺术。在钵形器内壁发现了十余种彩绘符号，其中有的符号同老官台等地钵外壁上的刻画符号完全相同，可能属于"造书契以代结绳之政"的滥觞。那种半地穴式的窟室建筑，则是古代东方居室的一种基本形式。

北首岭遗址是我国著名的史前文化遗址，位于宝鸡市金台区金陵河西岸的台地之上，是一处保存较好，内涵丰富的仰韶文化村落遗址。遗址南北长300米，东西宽200米，面积约6万平方米。中国社会科学院考古研究所等在1958—1960年和1977—1987年进行了7次发掘，发掘面积约为5000平方米。发现房屋居址50座，墓葬451座，窖穴75个，陶窑4座，墓葬451座，出土各类文物6000余件。遗址的堆积中期为半坡文化，晚期为西王村文化，早期为前仰韶的"北首岭类型"。早中期都有墓地，晚期为村落遗址。④

半坡遗址，位于陕西省西安市东郊灞桥区浐河东岸，是黄河流

---

① 参见赵建龙《秦安大地湾遗址的发掘对历史研究的贡献》，《丝绸之路》1997年第4期。

② 甘肃省文物考古研究所：《甘肃省文物考古工作十年》，《文物考古工作十年（1979—1989）》，文物出版社1990年版，第316页。

③ 甘肃省文物考古研究所：《甘肃省文物考古五十年》，《新中国考古五十年》，文物出版社1999年版，第439页。

④ 参见中国社会科学院考古研究所《宝鸡北首岭》，文物出版社1983年版。

域一处典型的原始社会母系氏族公社村落遗址，距今6000年以上。1954—1957年，中国科学院考古研究所进行了5次发掘，发掘面积为1万平方米，1971年西安半坡博物馆又进行过小规模发掘。这是一个具有完整布局的村落遗址，揭露房址46座、墓葬247座、陶窑6座，出土了包括陶器、石器和骨器在内的大量文化遗物约1万件，还有丰富的农作物和包括家畜在内的动物遗存。

以老官台文化为代表的伏羲文化，是一支重要的史前文化，它在中国远古文化史上，占有很高的地位。远古时代，中华大地上存在着华夏、苗蛮（或称南蛮）、北狄、东夷和西戎诸多部落集团，其中以华夏、东夷、苗蛮三大部落集团尤为重要，这三大部落集团曾经缔造出著名的三大文化系统，并分别以华夏文化、东夷文化和苗蛮文化的名称而彪炳于史册。华夏的代表部族及其首领，为炎帝、黄帝、颛顼、帝喾、唐尧、虞舜等，从考古发现来看，炎帝、黄帝的文化为仰韶文化，颛顼、帝喾、唐尧、虞舜的文化为中原龙山文化。一般所谓的华夏文化系统，主要包括仰韶文化和中原龙山文化。追溯华夏文化之源，势必要从伏羲文化那里寻找。

华夏文化圈内的中原核心地带，即今关中、晋南与河南省境，保留有许多伏羲文化的史迹。伏羲之母族华胥氏所居之华胥渚，在今陕西蓝田华胥乡。《遁甲开山图》称："伏羲生于成纪，徙治陈仓。"① 陈仓即今陕西宝鸡。《诗含神雾》称："大迹出雷泽，华胥履之，生宓羲。"② 雷泽在今河南濮阳县王称堌、白堽乡、范县濮城镇与山东鄄城县董口集之间。陕西省西安市临潼区之骊山北麓有又娲氏谷，西麓有女娲氏庄。关中人尊称女娲为"骊山老母"，现骊山西绣岭的老母殿，传为汉武帝时的女娲祠。女娲陵俗称"凤陵"，在今河南省灵宝市豫灵镇杨家村西北，原在河滨，现在河滩，地近陕西潼关县城与山西芮城风陵渡交界地带。乐史《太平寰宇记》曰："女娲墓，自秦汉以来皆系祀典。唐乾元二年，虢州刺史

---

① ［日］安居香山、中村璋八辑：《纬书集成》，中册，第710页。
② ［日］安居香山、中村璋八辑：《纬书集成》，中册，第710页。

王奇光奏所部阌乡界女娲墓，于天宝末失其所在。今月一日夜，河上侧近，忽闻风雷声，晓见墓踊出，上有双柳树，下有巨石，其柳各高丈余。"①

今山西省洪洞县赵城镇侯村，有娲皇故都和女娲陵。娲皇陵始建年代无考，据《平阳府志》载唐天宝六年（747）重修。唐以后历代屡有修葺。女娲陵原规模宏大，建筑风格极具皇家气派。清道光七年《赵城县志》卷二十九对女娲陵有更为详细的记载："女娲陵，在县东八里侯村。正、副陵各一，皆在庙后。东、西相距四十九步。居左者为正陵，其副陵相传葬衣冠者。陵前古柏一百八，树多八九人围。正陵右有'补天石'。宋乾德四年（966），诏给守陵'五户长'吏，春秋奉祀，其后代有祭告。国朝历次遣官致祭，祭文并砌石，立庙中。"女娲陵的位置，正在《尚书·禹贡》所记冀州之城的"中镇名山"霍山之麓，这里正是在神话传说中的女娲氏的主要活动范围之内。女娲陵的东南边，是一座规模巨大、历史悠久的女娲庙，城内有女娲阁。自古以来侯村娲皇庙与陕西黄帝陵、湖南炎帝陵地位相当，一直是享受历代帝王祭祀的国家神庙。

在豫东平原，历史文化名城淮阳古称"陈"，被誉为"羲皇故都"。王符《潜夫论》、皇甫谧《帝王世纪》、司马贞《补三皇本纪》、罗泌《路史》、徐坚《初学记》、郑樵《通志》、马骕《绎史》、顾炎武《历代宅京记》等，都说伏羲都于陈。淮阳作为羲皇故都，这里还有著名的"大昊伏羲陵"。淮阳西邻西华县，西华县城北7.50公里的聂堆乡思都岗村的女娲城，被称为"女娲氏之故墟"或"女娲之都"。女娲城西有女娲陵，城内有女娲阁；上蔡县塔桥乡白圭庙村建有白龟祠，亦称白龟庙，庙内祀伏羲，有伏羲墓和伏羲画卦亭，相传为伏羲当年画卦处。此外，豫北济源市王屋山主峰天坛山顶有女娲补天五色石，沁阳市境内有始祖山、女娲山、伏羲祠、女娲祠、祖先洞、补天台、女娲洞、泥人场，如此等等，不一而足。上述地点，

---

① （宋）乐史：《太平寰宇记》卷六，文渊阁《四库全书》影印本，第469册，第47页。

大都分布着仰韶文化遗存。文献记载、历史传说可与考古发现互相补证，表明这里既属于远古华夏文化系统，也在伏羲文化圈内，由此可见伏羲文化与华夏文化之间的密切关系。

有关伏羲、女娲的传说，普遍地保留在我国各族人民的记忆中。伏羲是我国古代许多民族共同的始祖。女娲则是各民族共同的始祖母。由伏羲、女娲族创造的伏羲文化，是中华民族的本源文化，它同华夏、东夷和苗蛮诸文化之间存在着深刻的影响和传承关系。从考古发现来看，华夏集团的仰韶文化、东夷集团的大汶口文化和苗蛮集团的大溪文化，在年代和社会发展阶段上均晚于伏羲、女娲族以大地湾一期为代表的老官台文化，华夏文化是由伏羲文化直接发展而来的，东夷文化与苗蛮文化则是伏羲文化在东进南渐过程中经过互相融合而逐渐形成的。中国远古三大文化系统无不带着伏羲文化的印痕。

苏秉琦先生指出："我国在一万年以内至商代以前的史前时期，早已存在着六大文化区系，经过多次撞击，最终凝聚成多源、一统的中国传统文化。"① 这六大文化区系就是：以红山文化为代表的燕山南北、长城地带为中心的北方；以北辛一大汶口文化为代表的以山东为中心的东方；以仰韶文化为代表的以陕西、晋南、豫西为中心的中原；以大溪文化等为代表的四川盆地与环洞庭湖为中心的西南部；以石峡文化等为代表的鄱阳湖珠江三角洲一带为中轴的南方。

蒙文通先生提出，中国上古民族可以江汉、海岱、河洛分为三系，伏羲属东方海岱民族。他说："郑玄注《通卦验》云遂人，风姓也。而伏羲、女娲，亦风姓。盖炎、黄二帝之前，王中国，风姓为独多耶！《左传·僖二十一年传》任、宿、须、句、颛臾，风姓也。实司太昊，与有济之祀，以服事诸夏。太昊之胤，胥国于济兖之间，知风姓诚东方之民族。"② 孙作云说："伏牺原是东夷族一个氏族的酋长，以凤凰为图腾。"③

---

① 苏秉琦：《关于重建中国史前史的思考》，《人民日报》1991年9月21日。
② 蒙文通：《古史甄微》，巴蜀书社1999年版，第55页。
③ 孙作云：《洛阳西汉卜千秋墓壁画考释》，《文物》1977年第6期。

三 原始道教的始祖黄帝

原始道教奉黄帝为始祖。《道教本始部》曰:"上古无教,教自三皇五帝以来有矣……天上则天尊演化于三清众天,大弘真乘,开导仙阶;人间则伏羲受图,轩辕受符,高辛受天经,夏禹受洛书。四圣禀其神灵,五老现于河渚。故有三坟五典,常道之教也。"[1] 杨文安《进读老子讲义》曰:"道家者流,其来最远,爰自黄帝氏作,至周有老聃得其传,战国时列御寇、蒙庄之徒和其说。"[2] 唐封演《封氏闻见记》卷一《道教》:"本自黄帝,至老君祖述其言,故称为黄老之学。"[3] 明代道士朱权曰:"我道祖轩辕黄帝,始创制文字,制衣服,作宫室,制器用,而人事始备。今九流之中,三教之内,所用之文字,所服之衣裳,所居之房屋,所用之器皿,皆黄帝之始制,是皆出于吾道家黄帝之教焉。"[4]

黄帝是中华民族的人文初祖,是中华民族共同体形成时期的共祖,是中华文明起源时期的代表,已经成为中华文化之根的象征,获得了其他任何传说或史实中人物无法取代的崇高地位。传说黄帝时期有许多发明,如以玉为兵、采铜铸鼎、制图做书等。随着考古发现与研究的不断深入,黄帝时期的发明创造,几乎都可在仰韶文化遗存中得到印证。因此认为黄帝的时代相当于考古学上的仰韶文化时代的观点越来越多。

仰韶文化是黄河中游地区的一支重要的新石器时代文化,代表了中国新石器时代的一个非常重要的发展阶段。仰韶文化又是中国田野考古最早发现和确认的新石器时代文化,在中国考古学研究中占有相当重要的地位。

1918 年瑞典学者安特生(Andersson Johan Gunnar),在河南渑

---

[1] (宋)张君房编:《云笈七签》卷三,《道藏》,第 22 册,第 12 页。
[2] (宋)彭耜:《道德真经集注杂说》卷上,《道藏》,第 13 册,第 270 页。
[3] 车吉心总主编:《中华野史》,第 2 册,第 306 页。
[4] (明)周玄贞:《高上玉皇本行经集注》卷一,《道藏》,第 34 册,第 629 页。

池县仰韶村采集古生物化石。1920年他的助手刘长山在仰韶村收集到数百件石器，安特生据此认定在仰韶村一带肯定存在一处史前时代遗址。于是他在1921年4月又一次到仰韶村考察，这是中国一次十分重要的考古调查。他在村边冲沟的崖壁上发现了远古时代的文化堆积，采集到一些石器和陶片，包括绘有红色或黑色图案的彩陶片，获得了大批珍贵文化遗物。1951年，中国考古工作者对仰韶村进行了第二次发掘，后来在1980—1981年又进行了较大规模的发掘①，进一步弄清了遗址堆积的内涵，得知那里不仅有仰韶文化遗存，还有安特生当时所不知晓的龙山文化遗存。经过数十年的田野考古调查和发掘，仰韶文化及受仰韶文化明显影响的遗址发现已有数千处，它的分布以陕西、河南、山西为中心，影响远达甘肃、湖北、河北和内蒙古边缘地区。

  进入20世纪五六十年代，大规模发掘和全面研究使仰韶文化的面貌更为清晰，西安半坡和陕县庙底沟等一系列遗址的发掘取得重要收获。半坡和庙底沟两个遗址的发掘，确立了仰韶文化的半坡和庙底沟两个主要类型。这一时期发掘的重要遗址有临潼姜寨和郑州大河村等，为探索仰韶文化渊源而发掘的重要遗址主要有秦安大地湾、临潼白家村、渭南北刘、武安磁山和新郑裴李岗等。一些研究者提出了"仰韶时代"的概念，将公元前5000—前3000年的新石器文化作为一个大的时段进行了系统研究。② 调查发现的数以千计的仰韶文化遗址，主要分布在陕西、河南、山西这三个省区内，此外在甘肃、湖北、河北和内蒙古临近中原的边缘地区也有分布。有些研究者划定的仰韶文化的分布范围还要广大一些，认为是以陕西、河南和晋南为中心，西达河西走廊、东至鲁西地区，北至河套一带、南抵汉水流域。各地遗址的分布，由于地域的不同，又划分为几个不同的文化区域，

---

  ① 参见河南省文物研究所《渑池仰韶遗址1980—1981年发掘报告》，《史前研究》1983年第1期。
  ② 参见张居《仰韶时代文化刍议》，《中原文物》1986特刊《论仰韶文化——纪念仰韶村遗址发现60周年学术讨论会论文集》；张忠培《仰韶时代——史前社会的繁荣与向文明时代的转变》，《文物季刊》1997年第1期。

包括关中—陕南—豫西—晋南区、洛阳—郑州区、豫北—冀南区、丹江区、陇东区、张家口区、河套区等。①

在考古学上，将仰韶文化与炎黄时代相对应，越来越受到学术界的认同。其中，最早将考古学资料与炎黄文化相对应的，当推范文澜先生。他在《中国通史简编》第二节中提出，"推想仰韶文化是黄帝族的文化"，"后岗下层的仰韶文化可能就是炎帝文化的一个遗址"。②近年来，随着考古工作的深入，大量的考古资料陆续面世，许顺湛先生提出炎帝时代相当于仰韶文化早期，黄帝时代相当于仰韶文化中晚期的观点。③潜明兹先生指出：

> 黄帝实为黄帝族的集中和简称的定名，后与轩辕氏相结合，大约是黄帝族由西北进入黄河中、下游以后，发展成一个大部落联盟的称号。仰韶文化应是黄帝族中期的文化遗址，也是当时较高的文化，属于新石器时期的中晚期。有关黄帝族的历史均以神话传说的方式保存着，由氏族名、部落联盟之名到大酋长之名，这三者在原始公社时期本来可以统一，于是黄帝顺理成章地是祖先英雄。仰韶文化应是黄帝族中期的文化遗址。④

叶修成、梁葆莉对关于黄帝族的发祥地及其所处时代的各家之说，进行比较考辨后，据古文献的记载与考古学的研究成果，得出黄帝族发祥于今西北陕甘黄土高原，其时代约相当于考古学上的仰韶文化中、晚期，年代大致为公元前4000—前3000年。⑤据唐张守节《史记正义·论史例》记载："太史公作《史记》，起黄帝、高阳、高辛、唐尧、虞舜、夏、殷、周、秦，讫于汉武帝天汉四

---

① 参见中国社会科学院考古研究所编《新中国的考古发现和研究》，文物出版社1984年版。
② 范文澜：《中国通史简编》，人民出版社1965年版，第1册，第86页。
③ 参见许顺湛《黄河文明的曙光》，中州古籍出版社1993年版。
④ 潜明兹：《中国神话学五十年》，《民俗研究》2000年第1期。
⑤ 参见叶修成、梁葆莉《黄帝族的发祥地及其时代》，《贵州文史丛刊》2006年第2期。

年，合二千四百一十三年。"按汉武帝天汉四年为公元前97年，由此推之黄帝始于公元前2509年。张岂之、相明、李颖科据史籍，推算黄帝的年龄，得出黄帝生于公元前2708年，距今约4700年，卒于公元前2598年，距今约4591年。①

从时间上推算，炎黄时代距今6000—5000年，而仰韶文化的上限为距今7000年，下限为距今5000年；从文化内涵分析，文献记载的"黄帝时有釜甑"，"始制轩冕，垂衣裳"，铸铜、筑宫室等，均在仰韶文化遗存中得到了印证。这说明将炎黄时代与仰韶文化对应是顺理成章的。而且，从广义上讲，仰韶文化之外的大汶口文化、红山文化、良渚文化均可概括为炎黄时代文化。

这些都说明，无论是炎帝、黄帝，还是炎黄时代的其他英雄人物，实际上都兼有巫师和部落首领的双重身份，也就是所谓的政教合一。而且，从某种意义上来讲，他们所掌管的宗教权力，要远远超过其政治的统摄力。因为越是在遥远的古代，其社会活动越要通过宗教形式来完成。宗教实际上就是一种融合剂或催化剂，通过这种途径，它能使统治者更好地控制群众，团结氏族的力量。这种一身二任的情况，在考古资料中也能找到充分的依据。

甘肃秦安大地湾遗址仰韶文化晚期地画的发现②，使我们能更进一步了解炎黄时代人们行使巫术的片断情景。地画的性质，学术界有不同的看法。然而，将其视为史前人类进行宗教活动的场景，似无太多疑义。其中的执棍棒者，很可能就是这一宗教活动的组织者和实施者，也就是脱离于一般氏族成员之外的巫师阶层。

人面方鼎，又名大禾方鼎。高38.50厘米，口长29.80厘米，宽23.70厘米，于1959年湖南省宁乡县黄材寨子山出土。商器体呈长方形，立耳，四柱状足，为商代后期鼎常见的样式。鼎腹的四面各以浮雕式人面作为主体装饰，面部较为写实，特征突出，十分

---

① 参见张岂之、相明、李颖科《关于黄帝与黄帝陵的若干问题》，《文博》1993年第1期。
② 参见甘肃省文物工作队《大地湾遗址仰韶文化晚期地画的发现》，《文物》1986年第2期。

醒目。表情威严肃穆，高颧骨，双眼圆睁，眉弯曲，唇紧闭。双耳肥大，上饰勾云纹，下有手爪形纹饰，地衬云雷纹。鼎腹的内壁有铭文"禾大"二字，"禾"字象形，是谷子成熟时，谷穗沉甸甸下垂的形象，故此鼎可能是为庆祝丰年或者祈求丰年而铸造的礼器；也有可能是铸器者的名字，即物主标记。腹部四角有外凸的扉棱，并带有齿状凸饰，使形体庄重而富于动势。足上部饰兽面纹，也饰扉棱，与腹部呼应，下有三道弦纹。耳外侧饰阴线夔龙纹。整个装饰层次丰富，清晰精致，主题鲜明。此鼎形制雄伟，在装饰上以人面为饰，是目前全国唯一以人面纹为饰的青铜鼎。人面的形象极其奇异，给观者一种望而生畏、冷艳怪诞的感觉。①

大禾方鼎鼎身四周写实化的人面图像，宽圆的脸庞、弯如新月的眉毛、丰厚的嘴唇、正视的双目、兼存威严与祥和。宽厚的双耳耳垂下，有爪形坠饰；耳上的"几"形，则表示其头上也有发饰或冠带存在。他是主宰天地的上帝，还是人间帝王的象征？李学勤先生将大禾方鼎联系到黄帝"四面说"，认为他就是中华人文始祖黄帝。② 熊建华先生则视之为祝融的人面图像。③ 高至喜先生认为这是蚩尤伐除妖魔的形貌，或是民间傩面信仰的表现。④ 傩面也是想象中的神灵之面，与神灵信仰亦相契合。

道教奉黄帝为始主，并将黄帝进一步神仙化。唐代阆州晋安县主簿王瓘撰《广黄帝本行纪》中，以相当大的篇幅描述黄帝如何寻真访隐、问道求仙的故事，书中称黄帝治理天下已定后，周游四方，寻访真人隐士，"东到青丘，见紫府先生，登于风山，受《三皇内文天文大字》，以劾召万神，役使众灵。南到五芝玄涧，登玄陇，荫建木，观百灵所登降，采若干之芝，饮丹峦之水。西见中黄

---

① 参见马自树主编《中国文物定级图典》，上海辞书出版社1999年版。
② 参见李学勤编《中国美术全集·工艺美术编·青铜器》上卷前言，文物出版社1990年版。
③ 参见熊建华《人面纹方鼎装饰主题的南方文化因素》，《湖南省博物馆文集》第四辑，《船山学刊》杂志社1998年版。
④ 参见罗宗真、秦浩主编《中华文物鉴赏》，江苏教育出版社1990年版。

子，受九茄之方。北到鸿堤，上具茨，见大隗君、黄盖童子，受《神仙芝图》十二卷。登稽山，陟王屋，开石函，发玉笈，得《金鼎九丹》之经，复受九转之诀于玄女。南至江，登熊湘，往天台，受金液神丹之方。闻广成子有道，在空同山，见之"①。"黄帝得道之要，复周游四海，车辙马迹，丹井遗墟，往往而有（蜀之天社山有丹井，昌利山、青城山、缙云山皆有辙迹，永嘉山有丹泉，青城山、罗浮山有古坛）。越玄阙，见中黄丈人。登云台，入青城天国之都，见宁先生，受龙蹻之经，筑坛于山上，封宁先生为五岳丈人，使岳神一月再朝，岳神洒六时之泉，以代暑漏。帝问先生真一之道。先生曰：吾得道始仙耳，非是三皇天真之官，实不解此真一之文。近皇人为扶桑君所使，领峨眉山仙官，今犹未去，可往问之。帝乃到峨眉之山，清斋三月，得与皇人相见。"② "帝受道毕，东过庐山，署九天使者，秩次青城丈人，比御史主总仙官之籍，为五岳之监司也。帝又封潜山君为九天司命，主生死之录。复以四岳皆有佐命之山，而南岳孤峙无辅，乃章祠三天太上道君，命霍山为南岳储君，潜山为南岳之副，以贰其政，以辅佐之。乃写九州山川百物之形，又作五岳之图，用传于世。帝炼石于缙云之山，有缙云之瑞，立缙云之堂，丹丘存焉。帝藏兵法胜负之图、六甲阴阳之书于苗山。帝又合符瑞于釜山，奉事太一元君，受易形变化，藏于空同之岩。帝考推步之术，于太山稽力牧，著体诊之诀于岐伯、雷公，讲气候于风后，穷律度于容成，救残伤、缀金冶之事，毕该秘要，穷究道真，传阴符则内合天机，外合人事。理天下，南泊交趾，北至幽陵，西极流沙，东界蟠桃。"③ 最后黄帝修道大成，铸九鼎，炼丹服食，乘龙升天，受封为太一真君。"又为轩辕之星，备黄龙之体，在南宫之中。后代享之，列为五帝，居中配天。盖黄帝土德，中央之位，兼总四方也。"④

---

① （唐）王瓘：《广黄帝本行记》，《道藏》，第5册，第32—33页。
② 《道藏》，第5册，第33页。
③ 《道藏》，第5册，第34页。
④ 《道藏》，第5册，第35页。

从汉晋以来，道教即大肆宣扬黄帝，祭祀黄帝为始祖。《淮南子·说林训》注："黄帝，古天神也。"① 《老子想尔注》曰："黄帝仁圣，知后世意。"② 葛洪在《抱朴子内篇·明本》中说："黄帝即治世致太平，而又升仙，则未可谓之后于尧舜也。"③ 是将黄帝完全纳入了神仙谱系之中。

黄帝是上古之得道者，历来被视为帝王中得道的典型。宋沈庭端、黄弥坚等编《华盖山浮丘王郭三真君事实》卷一曰："夫神仙之学，大抵宗本黄帝、老子，以清静无为、虚心寡欲为本，而佐以阴功密行，及炼丹服气之术。"④ 明朱权《天皇至道太清玉册》序曰：

> 稽夫道教之源，昔在混茫，始判人道，未备天命。我道祖轩辕黄帝，承九皇之运，乘六龙以御天，代天立极，以定三才。当是时也，天地尚未昭晰，无有文字，结绳以代政。无有房屋，巢居以穴处。无有衣裳，结草以蔽体。无有器用，汗尊而杯饮。我道祖轩辕黄帝，始创制文字，制衣服，作宫室，制器用，而人事始备。今九流之中，三教之内，所用之文字，所服之衣裳，所居之房屋，所用之器皿，皆黄帝之始制，是皆出于吾道家黄帝之教焉。且夫老子谓：生天、生地、生人、生万物，必有所生者。曰：吾不知其名，强名曰道，强字之曰大，故曰大道。其教曰道教，世方有道字之名。以是论之，凡言修道学道者，是皆窃老子之言以道为名也，岂非老氏之徒乎！又若老子所谓：玄之又玄，为众妙门。玄妙二字，又皆窃之畏名，用之于经者，是皆用老子之言也。又若庄子书曰：有大觉而后知圣人。所立之名，此大觉二字，乃庄子所立之名，徽宗取之，而封金仙，其经皆用之，是皆出于吾道家之书，黄帝老庄之教也。昔西伯以二童子侍老子，老子与其名一曰吉祥，一

---

① 《诸子集成》，第8册，第290页。
② 张继禹主编：《中华道藏》，华夏出版社2004年版，第9册，第170页。
③ 王明：《抱朴子内篇校释》，中华书局1986年版，第171页。
④ 《道藏》，第18册，第48页。

曰如意。后人皆用之，是皆窃老氏之言也。岂非老氏之徒乎！其黄帝之为教也，创制万物以宣天道，为治世首。君自谓：观天之道，执天之行，尽矣。见乎《阴符经》。老子之为教也，按《尔雅》及《艺文志》曰：清虚以自守，卑弱以自持，人君南面之术也。合于尧舜之克让，《易》之谦谦。一谦而四益，此其所长也。故以国为身，治国如治身，是谓贵以身为天下，若可寄天下爱，以身为天下，乃可托天下，皆修齐治平之道也。见乎《道德经》，此皆中国圣人之道也。故曰正道。所谓正道者何？中国者，居天地之中，得天地之正气，其人形貌正，音声正。其教也不异言，非先王之法言不敢言，是无翻译假托之辞也。不异服，非先王之法服不敢服，所服者黄帝之衣冠，是以有黄冠之称也。不毁形，身体发肤受之父母，不敢毁伤，孝之始也。得其道者，白日上升，飞腾就天，以显父母，孝之终也。不去姓，不忘其亲，不灭其祖，人子之孝也。朝修有仪，行君臣之礼，臣事上帝，人臣之义也。读圣人之书，行圣人之道，循乎礼义，儒道一理也。其道在天地未分之先所有，其教在三皇之世所立，又非孔子所谓后世有述焉，异端起而大义乖也。其徒，中国者列之于上，外夷者列之于下。教有先后之别，人有夷夏之分，贵贱之殊也。其女真之修道也，不出闺门，不群聚于宫观，不藏匿于女男，衣衫有辩，教无邪僻也。不以因果祸福报应之说，惑世诬民也。不以舍身捐资布施为福，逼人以取财也。不悖所生之天，不忘所生之土，生于中国，奉中国之道，不忘乎本理也。反此道者，则不正矣。其教也，施诸四海，行诸天下，极天所覆，极地所载，日月所照，霜露所坠，凡有生之民，所称之道，所用之字，所服之衣，所居之室，所用之器，皆吾中国圣人黄帝、老子之所制也，岂非皆出于吾道教哉！①

---

① 《道藏》，第36册，第356—357页。

道教尊崇与祭拜黄帝，在理念上强化了中华民族的主体意识。道教不仅广泛搜罗了各种黄帝创造、发明的故事，而且进行整理加工，使之更具有号召力。总之，在道教的经典叙述中，黄帝是上古文明最具成就的祖先，他的尊天法地、坚韧不拔、睿智激情、爱心好学等品质，激发出伟大的生命力。凭借这种主体生命力，黄帝为中华民族的形成和发展，为神州大地的昌盛与繁荣奠定了物质与精神基础，提供了社会发展的力量。道教崇尚与祭拜黄帝，既是宗教激情高扬的结果，也是民族精神的汇聚。

道教黄帝信仰的再考察

张泽洪

摘　要：黄帝是中华民族的始祖，是道教推崇黄帝之道的祖先神。本文通过道教神仙传纪、道教斋醮法术、道教五方五帝观念和道教丹道医学中之黄帝崇拜的考察，认为历史上道教各派都致力于建构黄帝信仰，中国远古时代的黄帝被推崇为道家之宗，旨在显示道教法脉的源远流长。道经中有关黄帝超凡灵力的神异叙事，也显示出道教塑造华夏祖先神的智慧和想象力。

关键词：黄帝；道教；道经；道教神仙

作者简介：张泽洪，四川大学道教与宗教文化研究所教授（四川成都610064）。

黄帝是中华民族的始祖、人文初祖，中国远古时期部落联盟的首领。道教推崇的黄帝是得道的神仙，斋醮科仪文书中称黄帝的名号为：中岳嵩山黄帝真君、中央黄帝三秦君、中央黄帝一气君、黄帝中主君、中央元灵元老黄帝一气天君、中央黄帝行雨龙王、中岳黄元太光含真黄帝真君、嵩山黄帝真君、中央嵩山黄帝真君、中央黄帝黄龙神王君、黄帝解厄神君、黄帝土真神王、玄清洞元黄帝玉司道君、中央黄帝总元三灵真人。黄帝在道教经史中有多重神学内涵，值得我们从不同维度进行深入考察。

一 道教神仙传纪中的黄帝

早期道教经书已建构起黄帝的神仙形象，黄帝是道教仙话中最早的升仙者。东晋葛洪创立魏晋神仙道教理论，最早称黄帝为得道之神仙。葛洪在《抱朴子内篇·明本》中说："黄帝既治世致太平，而又升仙，则未可谓之后于尧舜也。"① 此将黄帝视为与尧舜并列的仙人。《抱朴子内篇·辨问》还说："黄帝先治世而后登仙，此是偶有能兼之才者也。古之帝王，刻于泰山，可省读书者七十二家，其余磨灭者，不可胜数，而独记黄帝仙者，其审然可知也。"② 葛洪将黄帝视为与尧舜并列的仙人，奠定了黄帝为道教宗主的地位。

道经撰写者常以"道言""太极真人曰""黄帝曰"等，以阐述道教神学义理思想。早在先秦诸子的《庄子》《列子》《尸子》《管子》《亢仓子》《关尹子》《尉缭子》及《吕氏春秋》等文献中，就已形成"黄帝曰"的叙事传统。道教继承了这一叙事风格，而经书中托名黄帝的论道，显示出道门对黄帝的尊崇。

北周道经《无上秘要》卷二十五《三皇要用品》说：

> 黄帝曰：地皇文者，乃生万物，无所不育。家有此文，富贵之首。求仙行约，此是其母。千变万化，皆地所受。包含秽匿，能为土主。③

北周道经《无上秘要》卷三十二《众圣传经品》说：

---

① 王明：《抱朴子内篇校释》，中华书局1985年版，第171页。
② 王明：《抱朴子内篇校释》，中华书局1985年版，第203—204页。
③ 《道藏》，文物出版社、上海书店出版社、天津古籍出版社1988年版，第25册，第72页。

>黄帝曰：大洞玉清之文，皆皇上高真所修，不传地上之士。洞玄上清之经，时当下教，以授至学之士。洞神三皇之书，传训下世，镇化佐国，扶济兆民。①

宋曾慥《道枢》卷三十《真一篇》载：

>黄帝曰：宇宙在吾手，造化在吾身。②

道教斋醮法事的一些经戒，亦托名黄帝予以宣示。如南北朝道教传授《洞神五戒》说："黄帝曰：人不持戒，吏兵不附其身，所得无验，徒劳用心。若不信至道承事师，若欲使吏兵防身护命，却死来生，禳疾延寿，为人消灾，救治厄患，存思求微，克期取验者，受五戒。"③ 道教经书《黄帝阴符经》，讲述玄女授黄帝三百言之道法，上百言有神仙抱一之道，中百言有富国安民之法，下百言有强兵战胜之术。宋张君房在《云笈七签》卷一〇〇《轩辕本纪》说："黄帝得玄女授《阴符经》义，能内合天机，外合人事。"④ 在道经有关黄帝的神圣叙事里，黄帝既是道教戒律的维护者，又是大道智慧的拥有者。

在道教神仙学说的建构中，宣称黄帝曾赴天下名山，得各名山道法的传授。东晋葛洪在《抱朴子内篇·地真》中说：

>昔黄帝东到青丘，过风山，见紫府先生，受《三皇内文》，以劾召万神，南到圆陇阴建木，观百灵之所登，采若乾之华，饮丹峦之水。西见中黄子，受《九加之方》。过崆峒，从广成子受《自然之经》；北到洪堤，上具茨，见大隗君黄盖童子，受《神芝》图，还陟王屋，得《神丹金诀记》。到峨眉山，见

---

① 《道藏》，第 25 册，第 105 页。
② 《道藏》，第 20 册，第 760 页。
③ 《无上秘要》卷四十六《升玄戒品》，《道藏》，第 25 册，第 165 页。
④ 《道藏》，第 22 册，第 683 页。

天真黄人于玉堂,请问真一之道。①

宋张君房《云笈七签》卷三《道教本始部》载:

以上皇元年十月五日,老君下降于峨眉之山,授黄帝《灵宝经五符真文》。黄帝登南霍山,有朱灵神人以《三皇内经》授帝。②

宋李昉《太平御览》卷六七八道部二十《传授上》载黄帝"复陟王屋而受丹经,登崆峒而问广成,往具茨而事大隗,适东岱而奉中黄,入金谷而咨滑子,论道养而澄玄素,祝休诊而授雷岐,穷神奸而记白泽,相地理而书青乌,救伤残而缀金冶。故能毕该秘要,穷尽道真"③。在早期道教黄帝信仰的建构中,黄帝被视为独有真一之道,是自然体道的神仙,更是灵宝派、三皇派、天师道道法的传承者。

道教宣称天下名山的青城丈人、庐山使者、霍山南岳储君、潙山储君等神仙,其仙界的权威来自黄帝的任命。宋张君房在《云笈七签》卷七十九《符图》引东方朔《五岳真形图序》说:"青城丈人,黄帝所命也。主地仙人,是五岳之上司,以总群官也。丈人领仙官万人,道士入其山者,丈人服朱光之袍,戴盖天之冠,佩三庭之印,乘科车,从众灵而来迎子。"④ 在早期道教的二十四治中,新津老君山所在的稠粳治,相传为黄帝学道的名山。北周道经《无上秘要》卷二十三《正一气治品》载:"稠粳治,上应危宿,治去汶山江水九里,山高去平地一千七百丈,昔轩辕黄帝学道之处也。"⑤ 相传黄

---

① 王明:《抱朴子内篇校释》,第296—297页。
② 《道藏》,第22册,第17页。
③ (宋)李昉:《太平御览》卷六七八,文渊阁《四库全书》影印本,第899册,第161页。
④ 《道藏》,第22册,第562页。
⑤ 《道藏》,第25册,第64页。

帝学道于广成子，就是脍炙人口的崆峒山仙话故事。

中古史上有黄冠道士之说，而道教宣称"盖道士之衣冠皆黄帝之衣冠，故名黄冠。所行者黄帝之事，所言者老子之道，故名道士"①。道教将黄冠、道士之名称追溯至黄帝，黄帝已有大道象征符号的意义。道教史上有唐祖老子、宋祖黄帝之说②，宋太宗以轩辕黄帝为始祖，宋代对黄帝的无比尊崇，更促成了道教黄帝崇拜的盛行。宋蒋叔舆在《无上黄箓大斋立成仪》卷十五《冠服制度章》中说：

> 本朝以赵姓出于黄帝，故祖黄帝。遂加尊号，筑景灵官而事之。州郡天庆观，率立圣祖殿，其礼至严。景祐，礼院详定：天下道观，每遇醮设，独于圣祖殿供献，不与众真参列，所以尊其祖之所自出也。州县官像，为国为民，祈请禳禬，遇有醮设，或可邀迎，已失于僭。臣庶之家，不宜僭及。③

早在秦汉时期就有五帝三王皆祖黄帝之说，宋朝赵姓皇室尊崇黄帝为始祖，故宋代道士陈葆光撰《三洞群仙录》，开篇就是"盘古物祖，黄帝道宗"的叙事，宣称黄帝"为道家之宗"。④ 在道教丰富的神仙叙事中，有黄帝的各种仙话传说。道教三十六洞天之第二十九仙都山，相传为黄帝驾火龙上升之处，宋陈葆光《三洞群仙录》卷二十"左彻朝像，高远辞帝"条引《仙传拾遗》载黄帝臣左彻，"黄帝升天，彻刻木为黄帝之像，率诸侯而朝之。……人间

---

① （明）朱权：《天皇至道太清玉册》卷三《道门官制章》，《道藏》，第36册，第386页。
② （宋）谢粽在《清虚观记》中载："至于唐祖老子，本朝祖黄帝，始大其栋宇，华其相貌，崇奉之仪，日益严絜，事之淡泊，多归于道家。"（清）胡聘之编《山右石刻丛编》卷十五，清光绪二十七年（1901）刻本，此即《汾州平遥县清虚观记》。（宋）章如愚《山堂考索》续集卷二十五《礼乐门》亦载："唐祖玄元，宋朝祖黄帝。"
③ 《道藏》，第9册，第464页。
④ 《道藏》，第32册，第235页。

刻木为像，自此始也"①。相传黄帝升仙之后，其臣左彻削木为黄帝之像。后世道教刻木图绘神仙形象，似有黄帝神像镌刻的传说为依据。元赵道一《历世真仙体道通鉴》卷一《轩辕黄帝》②载：

> 臣道一曰：轩辕居黄帝之尊，礼七十二师，然后垂衣裳而天下治。当是时也，君明臣良，民淳俗朴。以有天下而不耻下问，是故神人悉愿归之，民到于今称之，此后世所以有黄帝王霸之品者，于此乎可见矣。③

在道教的神仙传记中，黄帝的传记居于特殊的地位。宋陈葆光《三洞群仙录》卷一引南朝陈马枢的《道学传》，述说黄帝道宗的故事。宋张君房《云笈七签》卷一〇〇《轩辕本纪》，元赵道一《历世真仙体道通鉴》卷一《轩辕黄帝》，皆将黄帝列为道教神仙第一。南北朝道经《上清太上开天龙蹻经》（以下简称《龙蹻经》）卷一《黄帝请问宁君诀第一》赞黄帝说："轩辕黄帝凤植仙津，上感神精，诞灵特秀，位承天帝，复道求真，清斋玄阙。"④ 在道教有关黄帝受道的各种宗教叙事中，黄帝被视为最早得道的神仙，更是自然体道的典型代表。

二　道教斋醮法术中的黄帝

道教有丰富的斋醮法术，运用于弘传大道的活动。在道教神学理论的建构中，很多法术都有宗源于黄帝之说。唐代道经《金锁流珠引》卷四载：

---

① 《道藏》，第32册，第366页。
② （元）赵道一：《历世真仙体道通鉴》卷一《轩辕黄帝》，多沿袭（宋）佚名《轩辕黄帝传》，则说明道俗两界在尊崇黄帝方面是高度一致的。
③ 《道藏》，第5册，第112页。
④ 《道藏》，第33册，第731页。

> 太上老君授黄帝礼师法，别有科仪，具用五等。一奏章表礼师，二步纲礼师，三考召治病礼师，四行禁气天地间万物礼师，五行兵入军、入山入水、行往他国礼师。①

不仅是黄帝礼师法得太上老君传授，宋张君房《云笈七签》卷三《道教本始部》载黄帝得法术的传授说："老君下降于峨眉之山，授黄帝灵宝经、五符真文……天真皇人下授黄帝六壬式图、六甲三元、遁甲造式之法。"② 唐杜光庭《太上黄箓斋仪》卷五十二转经载："老君授黄帝《道德经》，天真皇人授黄帝《三一经》《龙蹻经》。"③

道教符箓是具有神秘法力的文字或图像，具有召神、驱鬼治病、消灾祈福等多重功能。东晋葛洪《抱朴子内篇》卷十九《遐览》列举魏晋道教的道符，众多道符中就有黄帝符。刘宋陆修静《太上洞玄灵宝授度仪》载："师执黄帝符，命弟子看，诀曰：黄帝姓司，名精。竟，授与弟子。"④ 说明早期道教的授度仪式，法师要向弟子传授黄帝符。道教各种科仪法术中，以黄帝命名的道符有：中央黄帝玉符、黄帝全角符、黄帝中主符、元始黄帝真符、中央黄帝土功符、黄帝御魔总真灵符、黄帝戊己通灵玉符、黄帝招灵致真摄魔之符、黄帝中主符、中央黄帝土功符、黄帝御魔总真灵符、黄帝魔总真符、黄帝大魔神功符、中央黄帝解咒诅符、中央土德镇星真君所主黄帝符、黄帝玉台篇图符、中岳黄帝内思戊己入土一气班符。

道经中关于黄帝符，有详细生动的记叙，反映黄帝符特殊的灵力。宋曾慥《道枢》卷九《纯阳篇》载："黄帝游于青城之野，见广成子、岐伯、黄谷子而问道焉，于是得百刻之神符。"⑤ 道教不同名称符号的黄帝符，在法事中都有特殊的宗教功能。东晋道经

---

① 《道藏》，第20册，第369页。
② 《道藏》，第22册，第17、18页。
③ 《道藏》，第9册，第345页。
④ 《道藏》，第9册，第851页。
⑤ 《道藏》，第20册，第658页。

《元始五老赤书玉篇真文天书经》卷上释"元始黄帝真符"说:

> 召四方直符守灵宝天文元中央正吏。道士吞之,灵气镇脾,生黄精宝华十二叶,神为役使,通灵致神仙。……道士命属中岳,自可黄书白缯佩身。并本命日朱书,向壬服之十二枚。①

唐代道经《受箓次第法信仪》载:"本命符,元治青帝真符东岳先生某乙,年若干,本命某某月生。元始青帝真符,青书赤地,元始赤帝真符,朱书黄地,元始黄帝真符,黄书白地。"②道经谓东晋许逊曾亲受黄帝之书,用铁板书青帝大魔神功符、赤帝大魔神功符、白帝大魔神功符、黑帝大魔神功符、黄帝大魔神功符,将此五符投于湘渚,斩馘江湖中为害的妖毒。而"仙翁葛洪常以此符,用五行相克,日戏书于水,溯流而上,见者皆知其神异"③。唐代道经《金锁流珠引》卷二十八载《黄帝集灵记》上卷有一种道符,"能入兵,令人不见伤败,护己保众,用如前法,符别出"④。

宋代道经《灵宝玉鉴》卷四十三《炼度更生门》载书黄帝中主符,诵《黄帝歌》曰:

> 万天拱中晨,控驾玉化根。翘机贯亿历,洞朗辟四门。大有混皇真,纠制星宿魂。非帝道不运,有方赖之存。威忿即霜秋,和豫为阳春。生成握元纪,仰荷戴无垠。⑤

道教有服用道符以通神的法术,此类道符中有以黄帝命名的符箓。东晋道经《太上洞玄灵宝赤书玉诀妙经》卷上载:

---

① 《道藏》,第1册,第786页。
② 《道藏》,第32册,第224页。
③ 《灵宝无量度人上经大法》卷二十《隐书玄像品》,《道藏》,第3册,第731页。
④ 《道藏》,第20册,第486页。
⑤ 《道藏》,第10册,第434页。

> 道士服黄帝真符，向王叩齿十二通，思黄从口入注脾中，生十二重黄华宝光，洞映一身，书符置前。①

北周道经《无上秘要》卷九十二《升上清品上》载：

> 黄帝戊己通灵玉符，黄书白缯佩身，又以戊己日黄书白纸上，向太岁服一枚。三年戊己，黄素玉女降见，兆身通灵，知中央万里之事，致中央仙官送自然之厨。九年，黄帝自降于寝房，迎以黄霞飞轮，上升上清宫矣。②

道教斋醮有丰富的科仪法术，旨在实现斋醮济世度人的宗教功能。道教斋醮中的很多法术，诸如步罡踏斗、剑解之道等，都宣称是黄帝所行道法。北周道经《无上秘要》卷八十四《得太极道人名品》说：

> 黄帝轩辕姓公孙，行步罡之道，用剑解之法，隐变桥陵，驾龙玄圃，乘云阆风得道。③

黄帝所用剑解之法是道教尸解法的一种，西城总真王方平剑解之法就很有名。道教宣称修剑解之道，能变遁隐化，可以纪名紫简，上隶高仙。《太平御览》卷六六五《道部七·剑解》说："诸以剑尸解者，以剑代身，五百年之后，此剑皆自然还其处。……而轩辕疾崩，葬乔山，五百年后山崩，宝剑、赤舄在焉。"④ 道教的剑解之道是尸解升仙之法术，魏晋上清派宗师杨羲就以剑解隐化而名载道史。

---

① 《道藏》，第 6 册，第 191 页。
② 《道藏》，第 25 册，第 264 页。
③ 《道藏》，第 25 册，第 244 页。
④ （宋）李昉：《太平御览》卷六六五，第 899 册，第 71 页。

黄帝所行步罡之道即步罡踏斗，斋醮中步罡踏斗以召请神灵的法术，是道教天人一体宇宙观在斋醮坛场的运用。此坛场通神的法术相传来自大禹，因此道经中又称为禹步。道教有"太上老君授十二迹禹步于黄帝"之说。①《太平御览》卷六七九《道部二十一传授下》引《金简玉字经》宣称："黄帝受襄城小童步六纪之法。"②东晋南朝道经《洞真上清太微帝君步天纲飞地纪金简玉字上经》，又名《步天罡飞六纪玉经》，该经宣称黄帝行步六纪之法要诀，"遂铸鼎荆山，隐变乔陵，驾龙玄圃，乘云阆风"③。所谓步六纪之法，即"夏步七星，名曰蹑六纪"④，可知步六纪是步罡踏斗的法术。道教的《龙蹻经》飞行法术，相传宁封子"以《龙蹻经》授黄帝，黄帝受之，能乘云龙，以游八极"⑤。

唐代道教有《黄帝集灵记》的经书，相传为大禹编为四十九卷，此道经是道教法术道符的汇编，包括"雷公四时、六壬六甲、八蛮六戎等符"⑥。相传黄帝有负胜之图，六甲阴阳之道，托名黄帝撰写的《玄女兵法》，即载黄帝得此法术，并藏经书于会稽之山。⑦

早期道教的一些经书符命，或托名黄帝而制作传世。东晋古灵宝经《元始五老赤书玉篇真文天书经》卷中载：

> 中央一气黄天下元小阳九小百六，出灵宝黄帝下元符命，下中岳，制一气黄天分度，出此文以度学者人身。其文九千年一出中岳。⑧

---

① 《金锁流珠引》卷七《说中篇上部转身存用图》，《道藏》，第20册，第390页。
② （宋）李昉：《太平御览》卷六七九，第899册，第167页。
③ 《洞真上清太微帝君步天纲飞地纪金简玉字上经》，《道藏》，第33册，第444页。
④ 《洞真上清太微帝君步天纲飞地纪金简玉字上经》，《道藏》，第33册，第444页。
⑤ （元）赵道一：《历世真仙体道通鉴》卷三《宁封子》，《道藏》，第5册，第114页。
⑥ 《金锁流珠引》卷十四《五行六纪所生下》，《道藏》，第20册，第423页。
⑦ 《龙瑞观禹穴阳明洞天图经》，《道藏》，第11册，第97页。
⑧ 《道藏》，第1册，第792页。

道教一些法术神咒要冠以黄帝的之名，以彰显神咒法术的灵力。北周道经《无上秘要》卷三十《经文出所品》载：

《中央黄天真文赤书》，一名《宝劫洞清九天灵书》，一名《黄神大咒》，一名《黄帝威灵策文》。①

道教的存想通神是斋醮中广泛运用的法术，高功通过存想来实现坛场上神、人之间的沟通。道教存想法术中的黄帝崇拜，是科仪中存想黄帝降临坛场。宋张君房《云笈七签》卷一五〇《清灵真人裴君传》载法师的存想说：

次存黑帝君，从日光中来，在我之左手上；次存黄帝君，从日光中来，在我之右手上。②

宋王契真《上清灵宝大法》卷五十八《斋法宗旨门》载破狱科仪中存想五帝：

掐中文，默念灵宝，存黄帝自中宫驾黄龙至，兆运脾气自唇出，合之呼去。存亡魂环列在前，天医六职医疗完全形体，五方五帝降五色真气，灌溉亡人顶门而入。③

宋吕太古《道门通教必用集》卷七《威仪篇》载道教的敕坛仪，法师次至中央存黄帝君，诵咒：

混沌元一，黄气交驰。感覆真老，变化婴儿。养育元气，胞胎两仪。日月腾景，星辰下垂。风火争击，矛剑交施。六天九丑，爽破心离。太上符告，何敢不随。有生安乐，入道无

---

① 《道藏》，第25册，第96页。
② 《道藏》，第22册，第715页。
③ 《道藏》，第31册，第245页。

为。急急一如中央一气天君律令！①

其实早在魏晋南北朝时期的上清经中，就有内思存想的修炼法术，就有丰富的存思黄帝的内容。东晋道经《太上九赤班符五帝内真经》载五岳五帝内思变化真形求仙上法：

> 凡入中岳，思中央黄帝神，闭眼即见真形者，其人则绛府生华，赤子纳仙，理幽综滞，味景霄清，名书帝室，图影三元，此人皆上仙之才也。②

上清派的五岳内思刻名定仙上法，就是存思中央黄帝君讳字的法术，通过存想黄帝君在黄气之中化为镇星的一系列存想过程，从而达到出神入化、通灵通神的效果。

道教的《度人经》有丰富的存想内容，其中包括存想黄帝的修炼内容。明代道经《灵宝无量度人上经大法》卷三十五《自炼形神品》"炼神法"章载：

> 次想中央黄帝乘黄龙，与自己脾中黄气黄帝自唇中出，合而为一，掐中指中文，默念灵宝，吸黄气，使津入脾，想五藏五色，郁勃充满，即心拜五方，念金液炼形咒，并太液咒，取太阳气九口，通彻内外矣。③

《云笈七签》卷四十四《存思》载三九素语玉精真诀存思法：

> 思中央黄帝总元三灵真人，讳原华，身长一寸二分，头戴黄晨玉冠，衣黄锦飞裙，手执黄精玉版，乘黄霞飞舆，从中央黄帝玉女十二人，从天玉房宫中下，以黄云冠覆我身。思三灵

---

① 《道藏》，第32册，第40页。
② 《道藏》，第33册，第519页。
③ 《道藏》，第3册，第800—801页。

真人乘黄云入我身中，安镇脾内，便三呼总元三灵真人，原华赍黄精、玉芝，补养我身，便三味口，三咽止。①

在道教神学的神仙理论建构中，将神仙赋予拟人化的讳字，道教科仪中的黄帝亦有各种讳字。南北朝道经《上清回神飞霄登空招五星上法经》载法师存想黄帝真讳曰：

次思中央黄帝，讳万福，字太仓。巾黄巾，衣黄衣，黄冠黄履，带中元八维玉门之章，入兆身中。②

东晋道经《太上洞玄灵宝赤书玉诀妙经》卷下载元始五老存思五岳五帝招灵求仙玉诀：

闭眼思中岳嵩山黄帝君，姓角，讳普生。形长一尺二寸，头戴黄玉通天宝冠，衣黄羽飞衣，驾乘黄龙，从黄素玉女十二人，从中岳来降兆室。良久，黄帝君化为婴儿始生之状，在黄气之中，随气从兆口入，径至脾府。③

东晋南朝道经《太真玉帝四极明科经》卷五《太玄都中宫女青律文》宣称：

中央黄帝玉司君，姓黄，讳总生。衣黄文之裘，备九色之章，头戴通天玉宝晨冠，治太玄中宫，主统无上无下，无内无外，无表无裹，无鞅数劫，无涯之天，主领中央嵩高山仙官，总领五方戊己之兵。四司之官，莫不隶于玉司之君也。④

---

① 《道藏》，第22册，第315页。
② 《道藏》，第33册，第830页。
③ 《道藏》，第6册，第199页。
④ 《道藏》，第3册，第436页。丁培仁认为该经为"东晋中至南朝梁前上清系科文"，丁培仁：《增注新修道藏目录》，巴蜀书社2008年版，第210页。

道教斋醮科仪中高功法师的存想，是在坛场与神灵沟通的重要法术，而此存想科仪是道教黄帝崇拜的典型表现。

　　道教宣称黄帝得真讳隐术的传授，佩带此真讳修行可为太上仙。诸天隐名真讳是九天帝君祖讳祖名，高功步罡踏斗须佩戴于左肘之后。唐代道经《金锁流珠引》卷十一"说佩诸地隐讳"条载："昔黄帝得广成君教佩此九地真讳，经过之处，神灵俱见，拜送扶迎，不敢为患，受驱使。"① 道教有九州真讳、五岳真讳、五帝真讳、度魂真讳、九天真讳、九地真讳、六甲六十真讳、六甲真讳、六丁真讳、北斗七星真讳、南斗六星真讳、三天真讳、三师真讳、三皇真讳、三一真讳、太一真讳、三元将军真讳、五德将军真讳、太一天真讳、太初天真讳等，这些不同功能的真讳，用于斋醮科仪法术的修持。

　　道教斋醮坛场要布置道符真文，其中包括黄帝真文。诸如中央黄帝赤书玉篇真文、中央黄帝灵宝赤书玉篇真文、灵宝黄帝炼度五仙安灵镇神中元天文，中央黄帝召龙真文。道教经书法术中所谓的真文，指荐拔亡魂的经咒尊号。道教认为仪式中真文有强大的功能，可以外伏魔精，内安真性，功沾水陆，善及存亡。道教还有中央一气元灵元老黄帝消魔王咒、黄帝中主万神无越符玉诀、黄帝太一八门逆顺生死诀、太上灵宝真文中央黄帝君符命、黄帝真文幡幢、中央太上灵宝中央大罗之天自然玉字黄帝一气天文。道教咒语末尾"如律令"的习语，也有"急急如黄帝律令！"② "一如黄帝天君律令。"③ 道教这些冠以黄帝的咒诀、符命、幡幢、天文，反映道教黄帝崇拜在科仪中的广泛影响。

三　道教五方五帝观念中的黄帝

　　五方五帝是道教神系中的主要神仙，道教的五方五帝观念，在

---

① 《道藏》，第20册，第406页。
② 《法海遗珠》卷四十二《太上禳告心奏秘文》，《道藏》，第26册，第973页。
③ 《道法会元》卷一〇〇《雷霆铁札召龙致雨符法》，《道藏》，第29册，第439页。

道教各种科仪法术中都有体现。所谓五方五帝，是指东方青帝、南方赤帝、西方白帝、北方黑帝、中央黄帝。在五方五帝中，黄帝为中央之帝，《淮南子·天文训》说："中央土也，其帝黄帝。"① 道教继承道家的观念，认为黄帝好道希妙，有土德之瑞，居中央之位以主四方。在道教五方五帝神灵观中，居于五方中心的黄帝最受崇拜。

道教谓天有五星，以配五行，五行之神以主五方。五方五老乃五行之精，是五行之体。五方五帝则是五行之气，为五行之用。魏晋道经《太上老君中经》卷上"第十五神仙"载："中央之神名曰黄裳子，号曰黄神彭祖，中央黄帝君也。"②《无上秘要》卷十八《众圣冠服品下》载五帝冠服，中央黄帝君的冠服为："头建黄晨通天玉冠，衣黄锦之袍，玄黄飞云锦裙，佩黄神越无之策，带灵飞紫绶。"③ 道教认为中央黄帝化身为昊天玉皇上帝，为万天帝主，统御诸天。并以东南西北四帝，分布四方，主司四畴。于是天帝判分，四方位奠，五行运化而无穷尽。道教的天界神灵观，彰显出黄帝至高无上的地位。

早期灵宝派的灵宝五帝，为东方苍帝、南方赤帝、中央黄帝、西方白帝、北方黑帝。南北朝道经《太上灵宝五符序》卷上说："中央舍枢纽，号曰黄帝，其神戊己，服色尚黄，驾黄龙，建黄旗，气为土，星为镇。从群神十二万人，下和土气，上戴九天。"④ 南北朝道经《太上洞渊神咒经》卷十三《龙王品》有五帝龙王："东方青帝青龙王，南方赤帝赤龙王，西方白帝白龙王，北方黑帝黑龙王，中央黄帝黄龙王。"⑤ 道教甚至还有中央守墓镇宅黄帝神龙王。东晋葛洪《元始上真众仙记》说："太昊氏为青帝，治岱宗山。颛顼氏为黑帝，治太恒山。祝融氏为赤帝，治衡霍山。轩辕氏为黄

---

① 《道藏》，第28册，第19页。
② 《道藏》，第27册，第146页。
③ 《道藏》，第25册，第43页。
④ 《道藏》，第6册，第319页。
⑤ 《道藏》，第6册，第47页。

帝，治嵩高山。金天氏为白帝，治华阴山。右五氏为五帝。"① 魏晋道教已将五方五帝与五岳相配合。道教称中岳嵩山黄帝真君，以黄帝为中岳的正神。

在道教斋醮科仪中，对五方五帝的崇拜有多种表现形式。道教丰富的神仙学说，赋予五方五帝各种名称。宋蒋叔舆《无上黄箓大斋立成仪》卷五十一《神位门》左一班的五帝神灵为："东方太始少阳青帝，南方洞阳纳音赤帝，西方少阴西金白帝，北方通阴太阳黑帝，中央总灵高皇黄帝。"②

唐杜光庭《太上灵宝玉匮明真大斋言功仪》载：

> 谨上请东方青帝九气君，南方赤帝三气君，西方白帝七气君，北方黑帝五气君，中央黄帝一气君，五帝真人，玉童玉女，降临醮座。③

唐宋道经《太上元始天尊说北帝伏魔神咒妙经》卷九《八字消灾品》载：

> 设玄科之日，奉受神气，谨请东方青帝驾青龙，南方赤帝驾赤龙，西方白帝驾白龙，北方黑帝驾黑龙，中央黄帝驾黄龙，各请诣玄坛，证臣所启，皆得成就。④

唐杜光庭《太上洞渊三昧神咒斋十方忏仪》载修建洞渊三昧神咒大斋，仪式中礼请黄帝的咒语曰：

> 中央戊己神，黄帝统万机。三秦总八方，勾陈耀天晖。天

---

① 《道藏》，第3册，第270页。
② 《道藏》，第9册，第669页。
③ 《道藏》，第9册，第815页。
④ 《道藏》，第34册，第427页。

辉光照灼，豁然幽夜开。至道恩慈普，万兆悉归依。①

道教认为中央黄帝是统御万真之神。道教斋醮科仪的宣神咒、卫灵咒，咒语祈请中央黄帝等五灵下降护坛。宋元道经《玉箓资度解坛仪》之请宣神咒曰：

> 五灵列位，焕镇五方。始皇护魂，丹老卫形。皓灵侍魄，黑帝摄生。中央黄帝，统御万真。元皇诰下，幽夜开光。罪消北府，名列南昌。金箓定籍，玉字除殃。朱陵炼质，飞神太仓。三官九府，无极神乡。普受开度，上生天堂。②

道教斋醮科仪中有谢五岳的科仪，南北朝道经《太上大道三元品诫谢罪上法》，分别致谢东岳泰山青帝大神、南岳衡山赤帝大神、中岳嵩山黄帝大神、西岳华山白帝大神、北岳恒山黑帝大神。高功谢中岳的说文曰："次向西南再拜，长跪言：臣某今归命中岳嵩山黄帝大神、飞仙真人、神仙诸灵官、名山大泽一切神灵。乞丐谢如东岳法。"③ 唐杜光庭《太上黄箓斋仪》卷五十一《拔苦济度方忏》载忏谢五岳的科仪，忏谢中岳为："众等至心归命中岳嵩山黄帝真君，飞仙真人，名山洞府、得道神仙诸灵官。"④ 道教斋醮科仪中或上请五方五帝君，或上请五方五帝神君，或上请五方五帝仙君。道教斋醮科仪的神系有：五方五帝真君、五方五帝灶君、五方五帝斩鬼大将军、五方五帝解秽仙官、五方五帝解秽灵官。

道教斋醮坛场的醮位，要供奉排列五方五帝。宋林灵真《灵宝领教济度金书》卷七《圣真班位品》安宅斋用瘟疫醮神位有："东方青帝青瘟神君，南方赤帝赤瘟神君，西方白帝白瘟神君，北方黑

---

① 《道藏》，第9册，第837页。
② 《道藏》，第9册，第137页。《灵宝领教济度金书》卷九十《科仪立成品》，载青玄斋用散坛仪的《卫灵咒》，与此经咒相同。
③ 《道藏》，第6册，第584—585页。
④ 《道藏》，第9册，第339—440页。

帝黑瘟神君，中央黄帝黄瘟神君。"① 道教诀法有五方五帝诀。道教有存想五方五帝将军的科仪。道教有灵宝五帝育物真符，是灵宝度人中品之道，乃五方五帝所掌。道教的五方五帝内讳为：青帝讳常精明，白帝讳混辱收，赤帝讳炎洞丹，黑帝讳玄明萌，黄帝讳麻忠顺。在道教斋醮科仪中，高功要存呼五方五帝内讳名字，存想是道教仪式中高功通神的重要法术，道教斋醮有存想五方五帝的科仪。宋蒋叔舆《无上黄箓大斋立成仪》卷三十二《斋法修用门》，载高功法师先后行存想五岳五帝的科仪，存想五方五帝为：

> 五帝者，存青帝立东，赤帝立南，白帝立西，黑帝立北，黄帝立中央，建王之方。皆着帝王之冠，服随方之色，立在斋坛内。②

宋张君房《云笈七签》卷一五〇载存想五帝君说：

> 仍存青帝君从日光中来，在我之左。次存赤帝君从日光中来，在我之右。次存白帝君从日光中来，在我之背。次存黑帝君从日光中来，在我之左手上。次存黄帝君从日光中来，在我之右手上。③

道教斋醮坛场威仪有五岳帝君仪驾、五老君仪驾、五方帝仪驾的象征表现，而黄帝都居于中央的地位。北周道经《无上秘要》卷十九《天帝众真仪驾品》载五岳帝君仪驾之"中岳嵩山君，常以三月、六月、九月、十二月戊辰、戊戌、己丑、己未之日，乘黄霞飞轮，奏真仙名录，上言高上帝君"④。五老君仪驾之"中央玉宝

---

① 《道藏》，第 7 册，第 74 页。
② 《道藏》，第 9 册，第 570 页。
③ 《道藏》，第 22 册，第 716 页。
④ 《道藏》，第 25 册，第 47 页。

元灵元老,号曰黄帝,驾黄龙,建黄旗"①。五方帝仪驾之"中央含枢纽,号曰黄帝,其神戊己,服色尚黄,驾黄龙,建黄旗"②。五岳帝君、五老君、五方帝的神格名称,具有道教神仙思想的深刻意蕴,是道教对中华五方五帝说的创造发挥。

道教认为五方五帝具有多重内涵,在神灵则称五方五帝,在山岳则称五岳圣帝,在人身则称五脏神君。宋蒋叔舆《无上黄箓大斋立成仪》卷二十六《科仪门》召灵仪:"焚香上启青帝护魂君,白帝侍魄君,赤帝养气君,黑帝通血君,黄帝中主君。"③ 此更是将五方五帝与人身魂魄气血相联系。南北朝道经《赤松子章历》卷三《扶衰度厄保护章》:

> 若厄在中央天狱之中者,上请中央黄帝戊己三秦君,从官三三为九,九千二百官君,乘黄龙飞行万里,持节执符,主为某解除中央黄灾、黄厄、黄瘟、黄凶、黄毒,解除某身中从一厄至于九厄八难,并乞消除。④

在道教地狱理论的九狱中,黄帝主管中央的亡报普掠狱。高功法师用灵山向阳之竹制作的神杖,长七尺并分为七节,分别书黑帝符、白帝符、黄帝符、赤帝符、青帝符,神杖法器运用的五帝符,是五方五帝观念的符号象征。如道教斋醮的五帝符,仪式中是以五方五帝的神圣权威来御魔制邪,而道教雷法中行用的五雷符,则是借雷神的威猛来震慑鬼魔。

四　道教丹道医学中的黄帝

道教的金丹之道亦追溯至黄帝的传统,黄帝被视为服食金丹之

---

① 《道藏》,第25册,第47页。
② 《道藏》,第25册,第47页。
③ 《道藏》,第9册,第531—532页。
④ 《道藏》,第11册,第200页。

得道者。道教称黄帝登王屋山，开石函，发玉笈，得《九鼎神丹注诀》。① 早期道经的《荆山经》《龙首记》，皆记载黄帝服神丹之事。② 东晋葛洪《抱朴子内篇·金丹》载：

> 抱朴子曰，按《黄帝九鼎神丹经》曰，黄帝服之，遂以升仙。又云，虽呼吸道引，及服草木之药，可得延年，不免于死也；服神丹令人寿无穷已，与天地相毕，乘云驾龙，上下太清。黄帝以传玄子，戒之曰，此道至重，必以授贤，苟非其人，虽积玉如山，勿以此道告之也。③

《黄帝九鼎神丹序》说："九丹者，长生之要，非凡人所当见闻也。"④ 道教有九丹为九道之说，认为九丹为神丹之要。《黄帝九鼎神丹经》为西汉末东汉初的道经，该经托名黄帝而造作。九鼎神丹被视为神仙出世大丹之第一，宋张君房《云笈七签》卷七十一《内丹》载：

> 神仙出世大丹异名十三种：黄帝九鼎丹、九转丹、大还丹、小还丹、九成丹、素子仙童丹、九变丹、太仙霞丹、太和龙胎丹、张大夫灵飞丹、升仙丹、神龙丹、马仙人白日升天丹。⑤

道教推崇黄帝金丹的功能，认为"能尽性命之道者，无出于黄帝金丹"⑥。东晋葛洪《抱朴子内篇·微旨》说：

---

① 《云笈七签》卷一〇〇《轩辕本纪》，《道藏》，第22册，第682页。
② 参见（宋）李昉《太平御览》卷六七八《道部二十》，文渊阁《四库全书》影印本，第899册。
③ 王明：《抱朴子内篇校释》，第65页。
④ 《道藏》，第22册，第466页。
⑤ 《道藏》，第22册，第492—493页。
⑥ 《修真十书悟真篇》卷二十七，《道藏》，第4册，第729页。

>而俗人闻黄帝以千二百女升天,便谓黄帝单以此事致长生,而不知黄帝于荆山之下,鼎湖之上,飞九丹成,乃乘龙登天也。①

道教的九丹各有名称,即华丹、神符、神丹、还丹、饵丹、宜丹、深丹、伏丹、寒丹。道教认为九丹为仙药之上法,修炼者得一丹便可以成仙。唐代道经《道典论》卷四《丹名》载:"《真人流珠九转神仙九丹经》云,"真人日服九丹,令人神仙度世,长生久视,长服之,寿万世。"② 黄帝炼丹九转方成是道教著名仙话,蜀州新津县老君山稠粳治为早期道教二十四治之一,相传黄帝曾在此道治炼丹。道教宣称黄帝九丹为长生之要,九丹传授更是道教仙传叙事中的常见题材。

宋张君房《云笈七签》卷三十三《杂修摄》"守一"条载:

>昔黄帝到峨眉山,见皇人于玉堂中。帝请问真一之道,皇人曰:长生飞仙,则唯金丹;守形却老,则独真一。故仙重焉。凡诸思存,乃有千数,以自卫率多,烦杂劳人。若知守一之道,则一切不须也。③

真一之道又称三元真一之道,是道教金丹服食方法追求的境界④,道教宣称黄帝是得金丹之道者。署名京里先生撰《神仙服饵丹石行药法》,开篇即为《黄帝一物饵丹法》。《云笈七签》卷六十六《金丹》之《大还丹宗旨第四》说:

>夫言还丹者,即神仙服食也。自古之天人留此术,降下人

---

① 王明:《抱朴子内篇校释》,第118页。
② 《道藏》,第24册,第856页。
③ 《道藏》,第22册,第239页。
④ 《登真隐诀第四》云:"服云牙,可修真一之道。"陈显微《周易参同契解》卷上《上篇》:"故真一之道先取金子为黄芽之根。金子,即水也。欲合万殊而为一,叉先于万殊之中,求其一者而为基也。此金丹之法,有取于用铅者,其理如此,所以谓水为道枢也。"

间，传付于后。自黄帝得之，白日鼎湖升仙。若古往神仙，不一一具言也。①

宋陈致虚《上阳子金丹大要》卷一《虚无》说："金丹之道，黄帝修之而登云天，老君修之是为道祖。"在唐宋道教外丹盛行的社会背景下，道教宣称黄帝修金丹之道而登云天。②相传天师张陵"学长生之道，得黄帝九鼎丹经，修炼于繁阳山，丹成服之，能坐在立亡，渐渐复少"③。李昉《太平御览》卷六六四道部六引《集仙录》曰：

> 张天师道陵隐龙虎山，修三元默朝之道，得黄帝龙虎中丹之术。丹成服之，能分形散景，天师自鄱阳入嵩高山，得隐书制命之术。④

道教宣称黄帝金丹能尽性命之道，张陵得黄帝九鼎丹经、黄帝龙虎中丹之术的传说，彰显道教金丹之道推崇黄帝的传统。

道教多有托名黄帝的经书，尤以道教医学类的经书，经名更是带有黄帝之名。诸如《黄帝手镜》《黄帝内传》《黄帝内经》《黄帝宅经》《黄帝灶经》《黄帝中经》《黄帝九钥玉匮内真玄文》《黄帝内经素问补注释文》《黄帝内经灵枢略》《黄帝素问灵枢集注》《黄帝内经素问遗篇》《黄帝八十一难经纂图句解》《黄帝龙首经》《黄帝金匮玉衡经》《黄帝授三子玄女经》《广黄帝本行记》《轩辕黄帝水经药法》《黄帝阴符经颂》。道经中述及托名黄帝的经书，还有《黄帝素问太始天元玉册文》《黄帝玉台篇图符》《黄帝圣纪经》《黄帝醮告章》《黄帝四十四方经》《议黄帝

---

① 《道藏》，第22册，第463页。
② （元）陈致虚《上阳子金丹大要》卷一《虚无》载："上阳子曰：金丹之道，黄帝修之而登云天，老君修之是为道祖。"《道藏》，第24册，第2页。
③ （晋）葛洪：《神仙传》卷五，文渊阁《四库全书》影印本，第1059册，第282页。
④ （宋）李昉：《太平御览》卷六六四，第899册，第70页。

难经》等。道教的《中央一气灵宝玉篇真文》，又称为"黄帝八威策文"。

在道教仙传的宗教叙事中，关于黄帝得道有各种神异传说。诸如黄帝见龙蹻真人宁先生，得到《龙蹻经》的传授，得御飞云之道；玄女授黄帝《阴符经》三百言，都强调黄帝是得大道之要的神仙。宋陈致虚《上阳子金丹大要》卷十一《累行》之《与至阳子田至斋》说：

> 帝皇之得道者，若羲、农、黄帝焉。仕隐而得道者，若老、庄、关令焉。侯王而得道者，若子房、淮南焉。山岩而得道者，若钟、吕、希夷焉。道之在天地间，成仙作佛者，历历不可以指数也。①

宋代道士陈致虚称黄帝是帝皇之得道者，道教经史中对黄帝信仰的建构经历了漫长的过程，中国远古时代的黄帝被推崇为道家之宗、三洞神仙之第一，道经中的黄帝叙事旨在说明道教法脉的源远流长。

结　语

黄帝是远古得大道之要的仙人，我们对道教信仰中黄帝的内涵及特质的考察，确乎可以感受到道教是尊崇黄帝的宗教。中国古代有道家本于黄帝老子之说，认为道教之道以清静无为为宗，以虚明应物为用，以慈俭不争为行，都是践行黄帝之道的结果。道教宣称黄帝曾作八卦，被视为道教易学之始。道教还宣称轩辕黄帝证位太极元真君，黄帝为道教三洞神仙第一。道教尊黄帝为始祖，黄帝作为道教始祖的地位，历来为道教各宗各派所认同，其地位更在道教各派祖师之上。道教对中华远古人文初祖黄帝的塑造，多维度地丰

---

① 《道藏》，第24册，第40页。

富了中华黄帝信仰的内涵。道教黄帝信仰的建构贯穿于道教史的始终，道教赋予黄帝得道仙人的神异叙事与超凡灵力，显示出道教塑造华夏祖先神的智慧和想象力。

试论道教起源兼论老子与道教的关系

萧登福

摘　要：道教为本土宗教，随本土文化、习俗自然形成，原无创教教主与创教年代。但在春秋时道教的科仪及修行法门均已存在，而春秋以后道教的发展，则和老子息息相关。道教的修行法门，来自老子的养神、养形，老子的学生为道教神仙人物，老子的再传弟子安期生为方士，也是仙人。汉代帝王崇敬老子，张道陵攀附老子，《魏书·释老志》说："道家（道教）之原，出于老子"，即以老子为道教之始源。道教原不始于老子，但老子对道教经典及修行法门等有重大影响。老子可以说是使道教定型的重要人物。战国以后道教的发展，离不开老子，以此而言，视老子为教主，在情感上亦可行。

关键词：道教；老子；养形；养神；本土宗教

作者简介：萧登福，台湾台中科技大学应用中文系教授（台湾台中40401）。

一 道教源起——道教是本土宗教，找不到创教年代及创教者

笔者在《周秦两汉早期道教》①一书中，阐述道教不创始于张道陵，认为张道陵创教之说，是出自北周释道安在《二教论》，出于佛道相攻，佛徒贬抑道教之词。北周释道安在《二教论·服法非老》中说："但今之道士，始自张陵，乃是鬼道，不关老子。"唐初的法琳借《辩正论》、道宣借《广弘明集》煽其风，遂积非成是。其用意在借丑化张道陵，而矮化道教，用以达成佛先道后，佛优于道的目的。其实在北周释道安之前，我们找不到张道陵创教说，梁僧祐《弘明集》所载众多佛、道二教相争、相互论战之文，亦皆未见张道陵创教说，而是以孔、老、释三人分别代表儒、道、释三教；由于三人中以老子年最长，所以北周的释道安才会刻意以张道陵代替老子，以便于夸说佛在道前。

以历史的演变来看，古老文明所衍生的宗教，通常都是随着本民族的文化、信仰、民俗逐渐形成宗教的，所以找不到教主，其后新出的宗教才会有教主。例如随印度文化形成的婆罗门教没有教主，埃及的多神教、以色列的犹太教等，都找不到教主；同样的，道教也没有教主。这些本土宗教，都是随着各民族本身的文化、习俗、哲学思维，逐渐发展而成的，并不是由某人所独创。佛教是改良婆罗门教而来的，所以才会有教主。

就以形成宗教的要件来说：道教以求长生成仙为宗；以符咒、存思、导引、药饵、房中、避谷为修炼之方；以神祇方位、服色、祭法，为坛场仪轨。由春秋战国开始，这些记载，不绝于书。以坛场科仪而言，从《史记·封禅书》《史记·秦始皇本纪》《史记·孝武本纪》看来，秦汉两代的国家祀典，大都是参酌儒书及方士之说而制定的，其中又以受方士坛仪的影响较深。再以道教经籍来

---

① 参见萧登福《周秦两汉早期道教》，台北：文津出版社1998年版。

说，《汉书·艺文志》所收的神仙十家二百五卷、房中八家一百八十六卷，以及散见于《汉志》五行、杂占、医方等类别中之道书甚多。《汉志》是采取西汉刘向《别录》、刘歆《七略》等书而成的，可以确定这些书撰成于先秦至西汉初。此外，《史记》卷六《秦始皇本纪》引避鬼方书、战国河上丈人注《老子经》二卷、秦阮仓撰《仙图》、刘向《列仙传》引《仙书》、江陵张家山汉墓出土《引书》，湖南马王堆西汉墓出土《却谷食气》《导引图》《养生方》《杂疗方》《胎产书》《十问》《合阴阳》《杂禁方》《天下至道谈》等道书，淮南王刘安有《枕中》《鸿宝》《苑秘书》《邹衍重道延命方》，而王逸《楚辞》注引了《陵阳子明经》。上述这些道书，都可确定撰成于战国或西汉。再者，兴起于西汉末盛行于东汉的谶纬书，与道经关系亦至为密切。而葛洪《抱朴子·遐览》记载其师郑隐所藏道书，计有261种，1299卷。

至于在组织教众方面，据《后汉书·马援传》，早在东汉光武帝建武十七年（41），李广曾以宗教力量，组织群众，并聚众造反。而灵帝熹平年间，有骆曜，光和中有张角、张脩，稍后有张鲁等，这些人都是以宗教的力量来教化民众、组织民众。道教有系统的组织教众，虽较佛教略晚，但并能不说明它早期没有信徒，或信徒较少。初期道教昌盛于帝王，而不是兴盛于民间；战国时的齐威王、齐宣王、燕昭王、燕楚王，其后的秦始皇、汉武帝、汉宣帝、汉元帝、汉成帝、汉哀帝、王莽等都是帝王而好神仙之道的。而远在张道陵之前的西汉之世，上至帝王将相、公卿大夫，下至一般庶民百姓，崇信长生修仙，及导引服食者，已相当多。

笔者的《周秦两汉早期道教》由宗教定义叙述起，再谈论张道陵前道教的经书、修行法门、宗教科仪等均已存在，以此来论述道教不始于张道陵，张道陵仅是道教历史洪流中的一个宗派。古籍中并没有张道陵创教之说，称道教为张道陵所创者，实始于隋唐时期佛道二教的相攻，由北周末隋初的释道安《二教论》倡始。

道教不仅不是创自张道陵，道教也找不到真正的创教者。道教系随着中国本土文化而形成的宗教，世界上这一类伴随古老文化而

试论道教起源兼论老子与道教的关系

形成的宗教,有中国的道教、印度的婆罗门教、以色列的犹太教、埃及的多神教等,都找不到创教者。相对的,由印度教而来的佛教,由犹太教而来的基督教、天主教等,这些后起的宗教,才有创教教主。古老的本土宗教,是由各自本身的文化发展而成的,也随着时间在本土,吸收其他教派与外来文化而成长。以道教而言,历史上分裂为众多派别,最后仍汇入道教洪流中。

道教是随着本土文化逐渐形成的,那么最早有道教的记载,该是在何时呢?《史记·封禅书》说:

> 黄帝且战且学仙……黄帝采首山铜,铸鼎于荆山下,鼎既成,有龙垂胡髯下迎黄帝;黄帝上骑,群臣后宫从上者七十余人,龙乃上去,余小臣不得上,乃悉持龙髯,龙髯拔,堕……故后世因名其处曰鼎湖。①

上引黄帝且战且学仙,表示道教在彼时已存在,不是始于黄帝。但今所见和黄帝相关的史料,都是周朝所撰造的,如《左传》《国语》《管子》《列子》《庄子》《韩非子》《吕氏春秋》《战国策》等书中,已有黄帝事迹之记传。有关黄帝的记载,也许是据传闻而来的,但因撰写成文字,已远在周世,难以当成史实来论断。因此《史记·封禅书》虽然大谈黄帝修仙事,《史记·五帝本纪》也把黄帝摆在五帝之首,为之列传,但在《史记·五帝本纪》中则无修仙之事,且司马迁在文末"太史公曰"说:

> 学者多称五帝,尚矣,然《尚书》独载尧以来,而百家言黄帝,其文不雅驯,荐绅先生难言之。孔子所传宰予问五帝德及帝系姓,儒者或不传。②

---

① (汉)司马迁:《史记·封禅书》,中华书局1982年版,第4册,第1369—1370页。
② (汉)司马迁:《史记·五帝本纪》,第2册,第374页。

由"百家言黄帝，其文不雅驯"看来，有关黄帝的事迹，司马迁本身也是有所怀疑的。

五帝及夏，文献不足，商代甲骨，西周金文，也是吉光片羽，无法推知彼时道教所呈现的形式。但如以道教重方术、求长生的相关史料来看，东周春秋时期已存在。

二 东周春秋时期，道教方士神仙说已存在

一般研究道教起源及神仙说的学者，都会注意到《史记·封禅书》所载战国时期三仙山及齐威王、齐宣王、燕昭王派人入海求仙人之事，以为神仙事迹始于战国初期。其实在此之前，神仙事迹及修炼方式，已见载于史籍，春秋时期道教方士及修行法门，均已存在，并流行于当时。《史记·封禅书》载述春秋时期，苌弘以方术事周灵王（公元前571—前545年）。《史记·扁鹊仓公列传》，载扁鹊所遇到的长桑君，能隐形现形，有奇药，能令人洞见垣外之人及洞见五脏病状症结。《山海经》载述道教许多神祇，如西王母、句芒、蓐收、日月、风、河、海等神，不死民以及不死药之炼制，都出现在此书中，而《山海经》中所说的大壑、禹疆、夸父、姑射之山，以及鲧禹治水的神话、昆仑仙圣所居的论述等，常被《列子》《庄子》《楚辞》等暗引其说；且《列子》《庄子》等书中已有"仙"字，而《山海经》尚未用及"仙"字，由此种种情形看来，此书当不会晚于战国，其撰成年代应在春秋之世。再者，春秋时的《老子》，其书已有养形、养神修道之方。以此看来，道教神仙长生说在春秋时已存在，不是始于战国。

宗教方面，修行的目的，是追求超越凡体，求取不死之身。以道教而言，不死身就是神仙。在中国，神仙不死的追求，春秋时期已存在。但《墨子·明鬼》却仅分天神、地示（祇）、人鬼三者，三者祭祀礼乐虽然有别，其地位皆尊高于人，能赏善罚恶，祸福于人，可以统称为"神"或"鬼"。既是如此，人不必

经过死亡为鬼即可因长生而成神仙的概念,在周朝春秋末年已开始出现,何以春秋末的《墨子》有鬼、神而无"仙"字,该如何来解读呢?

"仙"古作"僊","僊"字在周朝已有之,《诗经·小雅·宾之初筵》:"舍其坐迁,屡舞僊僊。"汉毛亨传曰:"屡,数也。数舞僊僊然。""僊僊"有飞扬之意,用来形容舞袖。《管子·宙合》:"适善,备也,僊也;是以无乏。"《诗经》是孔子据西周至孔子前现成的诗汇编而成的,《管子》也有新出土的简策,证明其非伪出。① 虽然《管子》"僊"字未必指仙人,但《说文解字》云:"僊,长生僊去。"东汉刘熙《释名》:"老而不死曰仙。"汉代的"僊"字已作不死仙人来解释。"僊(仙)"字在《诗经》《管子》中已出现,可能还没用来代表不死长生之人,但这不能证明春秋时期没有神仙方术及追求不死之方,《山海经》多次述及不死药、不死民,只是当时把不死之人,仍当作"神"来看待,到战国后才用"仙"来作为修炼有成的不死认的专称。

由上所述《史记》载周灵王(公元前571—前545年)时的苌弘以方事灵王;扁鹊之师长桑君,"取其禁方书尽与扁鹊",扁鹊公元前529年左右入晋诊病,长桑君其年代亦与苌弘相近。《山海经》有巫咸不死药的叙述。此外,《老子》书中已有修炼之方。《老子》书中恬淡寡欲、清静无为、抱一守魂魄不离,强调其息绵绵不绝及专气致柔,都是修仙法门。由以上种种迹象看来,神仙之说当孕育于春秋时期,且起源于春秋时期,当时已有方术及求仙的事实存在,只是"僊(仙)"字尚未被用来作为不死长生人的代称词,"仙"仍列入"神"中,所以《墨子》仍以天神、地示(祇)、人鬼三类来称呼鬼神。

---

① 1972年山东临沂银雀山汉墓出土竹简有《孙子兵法》《孙膑兵法》《晏子》《尉缭子》《六韬》《守法守令十三篇》;《守法守令十三篇》中《王兵》篇内容散见于《管子》的《参患》《七法》《兵法》《地图》等篇,可见是杂引《管子》而成的。《管子》成书于周,不是汉后晚出。

三 由《史记》所载苌弘、长桑君等方士的事迹，看春秋时期的方士神仙说

道教随本土文化而逐渐形成，本难以探讨它的起源问题，但西汉成帝时的谷永，则以为方士神仙术数之说，起于春秋时代周灵王时之苌弘。《汉书·郊祀志下》载西汉成帝好道，谷永上书谏诤，文中曾论及自周灵王至汉成帝时方士情形。

《汉书·郊祀志下》：

> 昔周史苌弘欲以鬼神之术辅导灵王，会朝诸侯，而周室愈微，诸侯愈叛。楚怀王隆祭祀，事鬼神，欲以获福助，却秦师，而兵挫地削，身辱国危。秦始皇初并天下，甘心于神仙之道，遣徐福、韩终之属，多赍童男女入海求神采药，因逃不还，天下怨恨。汉兴，新垣平、齐人少翁、公孙卿、栾大等，皆以仙人、黄冶、祭祠、事鬼使物、入海求神采药贵幸，赏赐累千金。大尤尊盛，至妻公主，爵位重累，震动海内。元鼎、元封之际（汉武帝年号，公元前116年至前105年），燕齐之间，方士瞋目扼腕，言有神仙祭祀致福之术者，以万数。其后平等皆以术穷诈得，诛夷伏辜。至初元中（西汉元帝年号，公元前48年至前44年），有天渊玉女、巨鹿神人、辕阳侯师张宗之奸，纷纷复起。

谷永论方士，而以周世史官苌弘以鬼神之术事周灵王为方士之始，并认为方士实无助于治国。方士即追求神仙之道士，先秦称方士，西汉起，方士、道士互用，东汉后则多称为道士。以上谷永之说，源于司马迁《史记·封禅书》说。

以史料来看，方术出现在苌弘时，但未必源自苌弘。因为在苌弘同时代的长桑君、老子都已有神仙的事迹或神仙理论的兴起。方术及不死的追求，从史料看，似乎存在于东周春秋时期的中晚期，

尤其在周灵王时已有明显的记载。

《史记·封禅书》说：

> 是时苌弘以方事周灵王，诸侯莫朝周，周力少，苌弘乃明鬼神事，设射狸首。狸首者，诸侯之不来者，依物怪欲以致诸侯，诸侯不从，而晋人执杀苌弘。周人之言方怪者，自苌弘。

周灵王于公元前571年至前545年在位，当时苌弘以"方"事灵王，是指苌弘以道教方术事灵王。文中说："狸首者，诸侯之不来者，依物怪欲以致诸侯。"刘宋裴骃《集解》云："徐广曰：'狸，一名不来。'"《汉书·郊祀志上》直接把"设射狸首"，换成"设射不来"，文云：

> 周灵王即位时诸侯莫朝周，苌弘乃明鬼神事，设射不来，不来者诸侯之不来朝者也。依物怪欲以致诸侯，诸侯弗从而周室愈微。后二世至敬王时，晋人杀苌弘。

"狸"，也称狸猫，哺乳类动物，形状与猫相似，属肉食性动物，食物以鸟类、鼠、蛇、蛙及果实为主，常以伏击的方式猎捕其他动物。狸猫在周朝，另一名字为不来，"设射狸首"是用狸猫头当箭靶子来射，取其谐音，将不来朝见天子之诸侯，设狸首，呼名射之，当会因此致病而死。此是方术中的厌胜咒诅之术，所以苌弘可以说是春秋时的方士了。司马迁说："周人之言方怪者，自苌弘。"方怪，是方术神怪之说，正因为如此，所以西汉的谷永以为神仙方术之说起于苌弘。

苌弘以忠心事周王，力图振兴王室，甚至用方术招致诸侯来朝，是个博学多闻之人，孔子曾访乐于苌弘，但后来却因为周谋事，而得罪晋国赵鞅，赵鞅责逼周人，周人为取悦赵氏而杀死苌弘，事见于《左传·鲁哀公三年》："六月癸卯周人杀苌弘。"对于苌弘之死，庄子曾为其抱屈。

《庄子·胠箧》说：

> 昔者龙逢斩，比干剖，苌弘胣，子胥靡，故四子之贤而身不免乎戮。

《庄子·外物》说：

> 外物不可必，故龙逢诛，比干戮，箕子狂，恶来死，桀、纣亡。人主莫不欲其臣之忠，而忠未必信，故伍员流于江，苌弘死于蜀，藏其血三年而化为碧。

《吕氏春秋·必己》：

> 八曰外物不可必，故龙逢诛，比干戮，箕子狂，恶来死，桀、纣亡。人主莫不欲其臣之忠，而忠未必信。故伍员流乎江，苌弘死，藏其血三年而为碧。亲莫不欲其子之孝，而孝未必爱，故孝己疑，曾子悲。

《吕氏春秋》是暗引《庄子》之文，唐代成玄英疏："碧，玉也。"① 对于苌弘的死，《庄子·胠箧》说，"苌弘胣"，"胣"是刳肠而死，《淮南子·泛论》则说是"车裂而死"。庄子是战国时人，去春秋之世未远，应以庄子说为准。又，唐陆德明《经典释文》："《淮南子》曰：'苌弘鈹裂而死。'"② 可见"车裂"原作"鈹裂"，指被用刀剑剖裂，和《庄子》说法相同，唐代《淮南子》本子原不误，今本《淮南子》作"车裂"，应是唐后传抄致讹。世人对此的解说是苌弘忠心，血变成碧玉，因而有"碧血丹心"一词。

---

① （晋）郭象注，（唐）成玄英疏：《南华真经注疏》卷九《外物》，中华书局1998年版，第524页。

② （唐）陆德明：《经典释文》卷二十七《庄子·胠箧》，中华书局1983年版，第375页，下释文引。

《史记·封禅书》载苌弘以方事灵王,当指苌弘以方术事灵王,所以设诅咒射狸首;苌弘可以说是春秋时之方士了。

又,《史记·扁鹊仓公列传》载扁鹊所遇到的能隐形有奇药的长桑君,亦应是神仙方士之流;扁鹊在春秋晋昭公、晋定公(公元前529年左右)入晋为赵简子诊病,则长桑君之年代亦应与苌弘相近。《史记·扁鹊仓公列传》:

> 扁鹊者,勃海郡郑人也。姓秦氏,名越人。少时为人舍长,舍客长桑君过,扁鹊独奇之,常谨遇之,长桑君亦知扁鹊非常人也。出入十余年,乃呼扁鹊私坐,闲与语曰:"我有禁方,年老欲传与公,公毋泄。"扁鹊曰:"敬诺!"乃出其怀中药予扁鹊,"饮是以上池之水,三十日,当知物矣。"乃悉取其禁方书尽与扁鹊,忽然不见,殆非人也。扁鹊以其言饮药三十日,视见垣一方人;以此视病,尽见五藏症结。

文中所言的长桑君,能隐身不见,且给予扁鹊的药,吃了能洞见墙另外一边的人,这样能懂得方药、隐形的人物,不仅是方士,也是神仙;所以唐司马贞《索隐》在长桑君下注云:"隐者,盖神人。"

《史记·扁鹊仓公列传》,载扁鹊所遇到的长桑君,能隐形,有奇药;则长桑君亦应是神仙方士之流;扁鹊在春秋晋昭公、晋定公(公元前529年左右)入晋为赵简子诊病,那么扁鹊之师长桑君,其年代亦应与苌弘相近。又,扁鹊事迹,在《列子·汤问》已记载:"鲁公扈、赵齐婴二人有疾,同请扁鹊求治,扁鹊治之,既同愈。"而《鹖冠子·世贤》也载扁鹊兄弟三人皆能治病,以扁鹊医术最佳。

正因苌弘及长桑君其行为与后来的方士不别,所以《汉书·郊祀志》载西汉谷永论述历代方士时,即由周灵王时之苌弘说起。

四 《山海经》所见的道教神仙思想

《山海经》一般被视为神话书,但极可能它是宗教祭祀方面的用书，至少书中"山经"这一部分，确实是为祭祀某一神祇时设供所用的文字。书中所述奇形怪状人兽合形的神祇，在周世似极普遍，《国语·晋语二》《墨子·非攻》等书所载人面白毛虎爪的蓐收神、人面鸟身的句芒神，这些神祇的造型都与人类有所差异。这种情形，在汉世仍如此，如人身蛇尾的伏羲、女娲，人身蜥蜴尾的日神、月神等。不仅中国如此，西洋早期的神话传说也不乏人与动物形貌结合在一起的神祇，如埃及的人面狮身，希腊神话中天神宙斯的人头马身、蛇发女妖、半人羊的森林神（Satyrs）等。

《山海经》的撰作年代，《四库全书总目提要》说是撰成于周秦间，但以其书中有不死药及不死民之叙述，却尚未用及"僊（仙）"字，和战国书广用"仙"字者不同；且所述鬼神和《左传》《国语》《墨子》等春秋时代之书相同，文字简朴，《列子》《庄子》《楚辞》都暗引其书之说；《山海经》一书的"山经"系祭祀鬼神之书，以此看来，《山海经》之撰作，应在春秋时期。

《山海经》是载述神话的书，也是宗教用书。所载述的不是凡人，而是他方异国及神祇的世界。《山海经》中所言者，有神人、异兽、奇山、异水、矿物、植物、神奇国度等；其中所言的异兽奇物，可以服佩食用，而神人则供祭祀祷请。它所言的大都是异于凡世的神仙国度，或他方异国。神话未必就是宗教，但宗教常涵容神话；神话和宗教二者，有时容易区分，有的则也难以区分。而《山海经》一书，既是神话书，也是宗教祭祀时所用之书，同时涵容了二者。

《山海经》是由"山经"与"海经"所组成的，《山海经》中的"山经"和"海经"两部分有明显的差别。"海经"多神巫、不死药、昆仑山等神仙传说；"山经"多异兽、奇物及祀神之法。在"山经"部分，有《南山经》《西山经》《北山经》《东山经》《中山经》五经；每一经再细分为若干小经，如"南山经"分《南山首经》《南次二经》《南次三经》等，依此类推。"山经"在每一小经之文末，都附有该经神祇形貌及祭祀神祇之法；如《南山首经》文末说："其神状皆鸟身而龙首，其祠之礼：毛用一璋玉瘗，糈用稌米，一璧，稻米、白营为席。"《西次三经》文末说："其神状皆羊身人面，其祠之礼，用一吉玉瘗，糈用稷米"，既载述神祇形貌、祭祀时所使用的牲物、糈米、璧玉、酒等，可见《山海经》是祭祀神仙、记录神仙的典籍。由此可以看出《山海经》与祭神有关，它除是神话书外，也是宗教用书。

《山海经》中"海经"所保留的神话，比"山经"更多。在"海经"部分，所述身生羽翼及长生不死之人，有羽民、不死民、不死山和不死国。所述之不死药（仙药），有丹木玉膏，及巫彭、巫咸等神巫炼制之不死药。《山海经·海内西经》及《山海经·大荒西经》都有神巫与不死药之叙述，《山海经·海内西经》说："开明东有巫彭、巫抵、巫阳、巫履、巫凡、巫相，夹窫窳之尸，皆操不死之药以距之。窫窳者，蛇身人面，贰负臣所杀也。"可见巫彭等神巫是炼制仙药之方士，他们持有长生不死药以救治被贰负臣所杀的窫窳。又《山海经·海外南经》言及羽民与不死民，而屈原《楚辞·远游》也说："仍羽人于丹丘兮，留不死之旧乡。"东汉王逸注："因就众仙于明光也……《山海经》言有羽人之国，不死之民。"据王逸之说，则知《山海经》中的羽民、不死民，即是两汉所谓的仙人。因此《山海经》虽不言"仙"，然仙人之说实已见于《山海经》，而巫彭、巫抵、巫阳、巫履、巫凡、巫相等方士，则是神仙不死药之炼制者。

《山海经·海内西经》：

  开明东有巫彭、巫抵、巫阳、巫履、巫凡、巫相，夹窫窳之尸，皆操不死之药以距之。窫窳者，蛇身人面，贰负臣所杀也。

《山海经·大荒西经》：

  大荒之中，有山名曰丰沮玉门，日月所入。有灵山，巫咸、巫即、巫盼、巫彭、巫姑、巫真、巫礼、巫抵、巫谢、巫罗十巫，从此升降，百药爰在。

《山海经·西次三经》：

又西北四百二十里，曰峚山，其上多丹木，员叶而赤茎，黄华而赤实，其味如饴，食之不饥。丹水出焉，西流注于稷泽，其中多白玉，是有玉膏，其原沸沸汤汤，黄帝是食是飨，是生玄玉。玉膏所出，以灌丹木，丹木五岁，五色乃清，五味乃馨。黄帝乃取峚山之玉荣，而投之钟山之阳。瑾瑜之玉为良，坚粟精密，浊泽有而光，五色发作，以和柔刚。天地鬼神，是食是飨；君子服之，以御不祥。自峚山至于钟山，四百六十里，其闲尽泽也。是多奇鸟、怪兽、奇鱼，皆异物焉。

《山海经·海内西经》：

海内昆仑之虚，在西北，帝之下都。昆仑之虚，方八百里，高万仞。上有木禾，长五寻，大五围。面有九井，以玉为槛，面有九门，门有开明兽守之，百神之所在；在八隅之岩，赤水之际，非仁羿莫能上冈之岩。

上述所说的不死药，有巫咸等十咸所炼制的人工合成仙药，有自然生长的峚山玉膏。而《山海经·海内西经》所说的昆仑山，是天帝在人间的都城（帝之下都），是"百神之所在"，有开明兽守门。文中虽未言及"仙"字，而不死民、羽民，即是《楚辞·远游》中之真人、仙人；其巫咸、巫彭等炼药士，亦即古时之方士。其中巫咸，乃殷帝太戊时之臣子，主巫事者。《尚书·咸有一德》云："伊陟相大戊，有祥桑谷共生于朝，伊陟赞于巫咸，作《咸义》四篇。"汉孔安国传云："赞，告也。巫咸，臣名。"《史记·封禅书》说："后八世至帝太戊，有桑谷生于廷，一暮大拱，惧，伊陟曰：'妖不胜德。'太戊修德，桑谷死。伊陟赞巫咸。巫咸之兴，自此始。"司马迁以巫咸为巫事兴盛之始。《山海经》中的巫咸，疑即据传说中的商朝臣子巫咸而来的。

由上述史料及《山海经》所载看来，方士和神仙之说，可以往前推到春秋之世已如此。

五 《老子》书中所见道教神仙修炼法门

老子是春秋时期的人，年世约与桑君相近，活动期间应该在周灵王时期。《老子》一书，据郭店出土竹简看来，战国中期已被用来殉葬，放入墓穴中，则其撰成年代应早于战国。而老子的学生文子及其后的列子、庄子，在所著书中，一再引用《老子》书及老子的言行事迹。可以看出《老子》书应撰成于春秋时期，应是老子所撰。

《老子》书中已有修炼之方，而这些修炼法门在老子之前应已存在。《老子》书中有道生一的道体论，论述道之生物，及物之返道。有修道之方法，如《老子》第六章说："谷神不死，是谓玄牝。玄牝之门，是谓天地根。绵绵若存，用之不勤。"又如《老子》第十章所说的"载营魄抱一"，"专气致柔"，"涤除元览，能无疵乎"，"天门开阖，能无雌乎"等，这些都和形神不离的守一法及专气吐纳、导引呼吸有关。《老子》第五十章说"盖闻善摄生者"，由此语，可见彼时摄生（养生）之说盛行，已有善摄生者存在。《老子》书中也叙述了得道者的境界，能使天清地宁，使"陆行不遇兕虎，入军不被甲兵"。从道体论、修行法门、修行境界等论述看来，《老子》书和神仙修炼术关系极为密切。

老子的修行方式，主要有二：养神、养形。养神是恬淡寡欲，修炼心性之功；养形是专气致柔、绵绵若存之事。不仅影响周秦，甚至内丹修性、修命皆和养神养形有关，修性是养神，修命为养形。可以说自战国以后，道教的修炼法门，都受到老子启发与引导。

《文子·下德》说：

> 老子曰：治身：太上养神，其次养形。神清意平，百节皆宁，养生之本也；肥肌肤，充腹肠，供嗜欲，养生之末也。

《文子·下德》引老子之语,明白地说出了:"治身:太上养神,其次养形。"将老子修道治身之方式,区分为养神、养形二者。养神是心神清平,是精神方面的涵养;养形是身体安适,是形体方面的维护。此说被庄子沿承,《庄子·刻意》对此有所解说,以为恬淡寡欲、清静无为,是养神的工夫,吹呴呼吸、熊经鸟伸,是养形工夫。《文子》书中所引老子的修炼工夫,大都可以分为养神、养形二者来讨论它。

《文子·道原》说:

> 真人体之以虚无平易,清净柔弱,纯粹素朴,不与物杂,至德天地之道,故谓之真人。真人者,知大己而小天下……为无为,事无事,知不知也。怀天道,包天心,嘘吸阴阳,吐故纳新,与阴俱闭,与阳俱开,与刚柔卷舒,与阴阳俯仰,与天同心,与道同体……夫形伤乎寒暑燥湿之虐者,形究而神杜;神伤于喜怒思虑之患者,神尽而形有余。故真人用心,复性依神相扶,而得终始,是以其寝不梦,觉而不忧。

文中,文子由清虚无为的真人,叙述到"嘘吸阴阳,吐故纳新,与阴俱闭,与阳俱开,与刚柔卷舒,与阴阳俯仰,与天同心,与道同体";说明了"养神"之外,也须"养形"。不使"形伤乎寒暑燥湿之虐",此为养形;不使"神伤于喜怒思虑之患",此为养神;两者兼顾,才能成为真人。

文子与孔子同时,《文子》一书,全是在阐释老子的哲理思想,由于近代地下文物的出土,已可确知该书为先秦旧籍。① 在上述引

---

① 《文子》一书,《汉志》有著录,近世学者曾疑其为伪书,但1973年河北定县40号西汉中山怀王刘脩墓出土的竹简中,有《文子》残简,其中文字与《文子》相同的有六章,并有一些是不见于今本《文子》中,当是今本佚失的佚文。由于西汉墓的出土,今人已确知《文子》一书非后人伪书,乃先秦旧籍。文子即计然,《史记·货殖列传》刘宋裴骃《集解》说范蠡师为计然,姓辛氏,名妍,字文子。《汉志》说他是"老子弟子,与孔子并时,而称周平王问,似依托者也"。《汉志》怀疑《文子》依托,是因为书中有文子与"平王"之相问答,班固误认平王为周平王,二人不同时,所以有此说;(清)孙星衍《问字堂集·文子序》以为"平王"是楚平王,而非周平王。今由于竹简之出土,则班固之误读,亦可确定。

文中，我们很清楚地看出《文子》将老子无为清静的思想与嘘吸阴阳、吐故纳新术相配合，来论述真人的修炼境界；并且进而主张去喜怒以使神不伤，所谓"夫喜怒者，道之邪也；忧悲者，德之失也；好憎者，心之过也；嗜欲者，生之累也。人大怒破阴，大喜坠阳，薄气发暗，惊怖为狂，忧悲焦心，疾乃成积；人能除此五者，即合于神明"（《文子·道原》）。《文子》以老子思想和嘘吸阴阳、吐故纳新相提并论的真人修炼法，说明了老子之哲理思想，在春秋时，至迟在战国时已被用来作为修仙术；《文子·下德》又说："老子曰：治身：太上养神，其次养形。"养神即老子之恬淡无为，养形即吐纳呼吸。《文子》之说并非孤证，以老子思想和吐故纳新修仙术相配，其说又见于《庄子》书中。

《庄子·刻意》：

> 吹呴呼吸，吐故纳新，熊经鸟申，为寿而已矣；此道引之士，养形之人，彭祖寿考者之所好也。若夫不刻意而高，无仁义而修，无功名而治，无江海而闲，不道引而寿；无不忘也，无不有也；淡然无极，而众美从之，此天地之道，圣人之德也。故曰：夫恬淡寂漠，虚无无为，此天地之平而道德之质也。故曰圣人休休焉，则平易矣。平易则恬淡矣。平易恬淡，则忧患不能入，邪气不能袭，故其德全而神不亏。

《庄子·刻意》将修炼之境界分为两种，其一为"吹呴呼吸，吐故纳新，熊经鸟申"等养形之人；其一为"恬淡寂寞，虚无无为"，"德全而神不亏"的养神之人；庄子认为养神者的境界，远在养形者之上。而最可注意者，庄子将吹呴呼吸、吐故纳新和恬淡寂寞、虚静无为相并而谈，其说，应沿承自文子，而皆是出自《老子》。《老子》思想被用来修仙，除上述外，又见于《庄子·在宥》篇中叙述黄帝向广成子问道，广成子告以："无视无听，抱神以静，形将自正。必静必清，无劳女形，无摇女精，乃可以长生。目无所见，耳无所闻，心无所知，女神将守形，形乃长生。……故我修身千二百岁矣，吾形未尝衰。"文中所言广成子之长生修仙术，亦即老子的清静无为、"为腹不为目"（《老子》第十二章），"塞其兑，闭其门"（《老子》第五十二章），"为学日益，为道日损，损之又损以至于无为"（《老子》第四十八章）等道理，据此而修炼，可以达到广成子所说"我修身千二百岁矣，吾形未尝衰"的境界。不仅《庄子》书将恬淡无为，拿来和导引吐纳等神仙术相论；再者，我们由稍后屈原所写的文章中，也可以看到屈原把清静无为当成修仙的主要方式，这些都可以印证在战国之世，甚至在春秋末的文子时，应已有方士以老子之术来修仙求长生。屈原《楚辞·远游》：

> 漠虚静以恬愉兮，淡无为而自得。闻赤松之清尘兮，愿承风乎遗则。贵真人之休德兮，美往世之登仙。与化去而不见兮，名声着而日延。奇傅说之托辰星兮，羡韩众之得一。
> 吾将从王乔而娱戏，餐六气而饮沆瀣兮，漱正阳而含朝霞。保神明之清澄兮，精气入而粗秽除。顺凯风以从游兮，至南巢而壹息。见王子而宿之兮，审壹气之和德。曰：道可受兮，不可传。其小无内兮，其大无垠。无滑而魂兮，彼将自然。壹气孔神兮，于中夜存。虚以待之兮，无为之先。庶类以成兮，此德之门。闻至贵而遂徂兮，忽乎吾将行。仍羽人于丹丘兮，留不死之旧乡。
> 超无为以至清兮，与泰初而为邻。

屈原在《远游》一文中，把老子清虚、寡欲、自然、无为、恬淡、静默、壹气、和德等老子思想；以及道家思想中"道可受兮，不可传。其小无内兮，其大无垠"等道家对于"道"观念的阐释，引用到修仙上来。将道家对道的领悟，拿来作为成仙的法门，并且与王乔、赤松等仙人并论，以仙人为得道者。而屈原的这种观念也可以在庄子中找到端倪，《庄子·大宗师》已将得道者和神仙人物混为一谈。只是屈原的文章中，则更可充分地看出战国的道家人物及神仙炼养的关系。《庄子·大宗师》：

试论道教起源兼论老子与道教的关系

> 夫道，有情有信，无为无形，可传而不可受，可得而不可见。自本自根。未有天地，自古以固存。神鬼神帝，生天生地，在太极之先而不为高，在六极之下而不为深；先天地而不为久，长于上古而不为老。豨韦氏得之，以挈天地……

在《庄子》文中，把悟道与神仙之说，并合为一。屈原以道体混神仙方术，实由庄子肇其端。而《庄子》的"豨韦氏得之，以挈天地，伏戏氏得之……"，这段对诸得道者所做的描述，则应是源自《老子》第三十九章"天得一以清，地得一以宁，神得一以灵"之文。

又，屈原《楚辞·远游》文中可以明显看出，拿老子的恬淡寡欲、清静无为、壹气和德等道理，来作为修仙法门，如此才能和赤松子、王乔等同寿、共游。屈原《远游》用老子思想来修仙，清儒蒋骥等人已开始注意及此了。①

由上所述，屈原引老子之说以修仙的思想，可以上追至庄子，庄子之说又可以上追至文子。文子为老子的学生。文子更将老子清静寡欲的思想具体化，加以延伸为去除喜怒忧悲惊怖，《庄子·在宥》也说："人大喜邪，毗于阳；大怒邪，毗于阴。"此种修仙养生法门，又见于1984年江陵张家山出土汉简《引书》②：

> 人生于清，不智（知）爱其气，故多病而易死。人之所以善蹶，蚤（早）衰于阴，以其不能节其气也。能善节其气而实其阴，则利其身矣。贵人之所以得病者，以其喜怒之不和也。喜则阳气多，怒则阴气多。是以道者喜则急呴，怒则剧炊，以和之。吸天

---

① 蒋骥在《山带阁注楚辞·远游》中说："求气者，所以炼形而归神，神仙之要诀也。"又说："外气既入，内德自成，所谓六气者，凝炼而为一气矣，然必得所养，而后能和，故就王子而讯之。"

② 引文见张家山汉简整理组《张家山汉简引书释文》，《文物》1990年第10期。彭浩以为，根据墓葬年代的推算，《引书》的抄写年代不会晚于西汉吕后二年（前186），其成书应在秦或先秦。参见彭浩《张家山汉简引书初探》，《文物》1990年第10期。

> 地之精气，实其阴，故能毋病。贱人之所以得病者，劳倦饥渴，白汗夬绝，自入水中，及卧寒穴夬之地，不智（知）收衣，故得病焉；有（又）弗智昫瘇而除去之，是以多病而易死。

《引书》将老子的清静寡欲，引申为去喜怒之情，不欲以多喜多怒扰乱清静之心。《引书》之说和子书《文子·道原》相近，今引录于下：

> 真人者……怀大道，包天心，嘘吸阴阳，吐故纳新，与阴俱闭，与阳俱开，与刚柔卷舒，与阴阳俛仰，与天同心，与道为体。无所乐，无所苦，无所喜，无所怒。万物玄同，无非无是。夫形伤乎寒暑燥湿之虐者，形究而神杜；神伤于喜怒思虑之患者，神尽而形有余。……夫喜怒者，道之衰也；忧悲者，德之失也；好憎者，心之过也；嗜欲者，生之累也。人大怒破阴，大喜坠阳。薄气发喑，惊怖为狂，忧悲焦心，疾乃成积。人能除此五者，即合于神明。

《文子》据传为老子的学生辛计然所撰，道教称之为《通玄真经》，收入于《正统道藏》洞神部玉诀类。《引书》秉承《文子》之说，将老子的清静寡欲，具体化而成为去喜怒之情，不欲以多喜多怒扰乱清静之心。又，《引书》云："欲身与天地相求，犹橐籥也，虚而不屈，动而俞（愈）出。"其文意产生于《老子》第五章，可以看出不仅是以老子之思想来作修仙术，甚至是以《老子》书为修仙书。

六　老子及其学生是道教的神仙人物

从现存的春秋战国史料来看，老子思想和修仙法门关系密切，《文子》《列子》《关尹子》《庄子》《楚辞·远游》《引书》等书中，都可以明显地看到运用老子的思想来修仙；因而老子与神仙术，在战国时已存在，甚至可能在春秋（文子）时，也已和神仙修炼术有不可分割的关系。再者，《老子》不只是修仙书，甚至老子本人，也可能就是修仙之人，《文子·下德》中明说老子有养神、养形两种治身法门，而养神、养形就是道教之神仙修炼术，因而《史记·老子韩非列传》说："盖老子百有六十余岁，或言二百余岁，以其脩道而养寿也。"司马迁这样的说法，是有根据的，早在战国初期的列子、战国中期的庄子，在他们的书中，都把老子说成神仙人物，不仅如此，也把老子的学生关尹子、尹文子、亢仓子，老子的再传弟子老成子、列子等人，看成神仙人物。

老子及其弟子被神仙化，至迟在战国之初，即已形成了，《列子·仲尼》说："老聃之弟子有亢仓（庚桑）子者，得聃之道，能以耳视而目听。"《列子·周穆王》说尹文子之师为老聃，尹文之弟子为老成子，学幻于尹文，可以隐形现形（存亡自在），可以改变四季，让冬天打雷，夏天结冰；能使飞禽变走兽，走兽变飞禽。这些描述已与道教仙人无异。《庄子·天下》也说："关尹、老聃乎！古之博大真人哉！"《庄子·逍遥游》说："列子御风而行。"这些说法，证明在战国之世，已把老子神仙化了。不仅老子被神仙化，老子的学生关尹子、尹文子、庚桑子，以及老子的再传门人老成子、列子，都成为神仙人物。这些人是道家人物，也是神仙人物。道家人物是神仙人物，在道家书中，就是如此认为，并不是后人刻意攀引；道家、道教混合为一，也由此可见。

上述是老子弟子中，有明显的记载，被视为神仙人物的人。此外，老子还有其他的弟子，未被神仙化。《庄子·则阳》说："柏矩学于老聃。"《庄子·庚桑楚》说："老聃之役有庚桑楚者，偏得老聃之道。"并说庚桑楚之弟子有南荣趎者。亢仓子即庚桑楚，其弟子为南荣趎。而《庄子·应帝王》《庄子·寓言》载阳子居向老聃问道，自称弟子，他也算是老子的学生。阳子居，《列子·黄帝》作"杨朱"。此外，班固《汉书》卷三十《艺文志·道家》说文子是老子的弟子①，《史记·货殖列传》载范蠡和计然说越王勾

---

① （汉）班固《汉书》卷三十《艺文志·道家》云："《文子》九篇，老子弟子，与孔子并时，而称周平王问，似依托者也。"

践复国之事，裴骃《集解》云："计然者，葵丘濮上人，姓辛氏，字文子，其先晋国亡公子也。尝南游于越，范蠡师事之。"

又，《史记·乐毅列传》"太史公曰"云："乐臣公学黄帝、老子，其本师号曰河上丈人，不知其所出。河上丈人教安期生，安期生教毛翕公，毛翕公教乐瑕公，乐瑕公教乐臣公，乐臣公教盖公，盖公教于齐高密胶西，为曹相国师。"以上是老子派门中，河上丈人一系的传承情形。河上丈人是战国时人，《隋书》卷三十四《经籍志·道家类》云："梁有战国时河上丈人注《老子经》二卷。"在《老子》书的诸注中，最早者当为战国河上丈人注，其次汉文帝河上公注，二人名字相近。汉代河上公注今存在，多杂道教神仙养生说以注《老》。而战国时之河上丈人注本今则已亡佚。但西晋皇甫谧《高士传》云："河上丈人者，不知何国人也。明老子之术，自匿姓名，居河之湄，著《老子章句》，故世号曰河上丈人。当战国之末，诸侯交争，驰说之士，咸以权势相倾，唯丈人隐身修道，老而不亏，传业于安期生，为道家之宗焉。"由皇甫氏之言看来，战国时河上公之注本，在晋世应当还在。且其书由《史记》所言河上丈人传安期生看来，安期生好神仙养生，则战国时河上丈人之书，亦应是以神仙说来注《老子》。河上丈人，年世在战国之末，不可能是老子的学生，应是老子再传以下的门弟子。

今将老子的学生及再传、三传以下等门人，以下图表示：

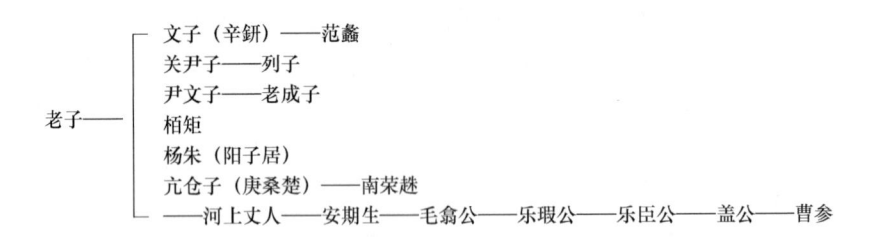

```
         ┌ 文子（辛鈃）──范蠡
         │ 关尹子────列子
         │ 尹文子────老成子
老子 ──┤ 栢矩
         │ 杨朱（阳子居）
         │ 亢仓子（庚桑楚）──南荣趎
         └ 河上丈人──安期生──毛翕公──乐瑕公──乐臣公──盖公──曹参
```

图 1　老子的学生及再传、三传以下等门人

上图老子弟子及再传的门人中，除栢矩、阳子居、南荣趎外，都是神仙人物。而三传以后的安期生，是战国末秦初的方士，依然被视

为神仙。再者老子所传的弟子中，再传门人范蠡为军事家及谋略家；三传以下的盖公、曹参为政治家。

从这些史料看来，老子、关尹子、亢仓子、老成子、列子、庄子等道家人物，在当时即常被视为神仙中人，道家人物与神仙人物原本就有极密切之关系。同时由两者的关系来看，应是道家、道教本是一体，被分为二，是后人的妄加分别。

七　结语

道教为中国本土宗教，随着本土文化、习俗之成长、演变，而逐渐形成，虽然《史记·封禅书》载黄帝且战且学仙，而鼎湖成道，龙迎上天。但毕竟黄帝之事久远，而夏商及西周文献亦不足，但以现存文献来看，东周春秋时道教方术及求长生的修炼法门已俨然成形。我们可以由四方面来印证春秋时，道教的修行方法及方术即已盛行于当时。（1）春秋周灵王大臣苌弘，见周室衰微，欲以方术招来诸侯，所用为道教方术。（2）长桑子能隐形现形，其弟子扁鹊能洞视脏腑，已与道教神仙方术没有分别。（3）《山海经》所载多祀神之方，及不死药之炼制，《山海经·海内西经》所言昆仑山为天帝之下都，皆和道教神仙说相关。（4）《老子》书被视为修仙书，老子其人及弟子，被视为神仙人物。从上述四方面，可以证知在东周春秋时期，道教的修行法门及术仪已流行于当时，不是始自战国时齐威王、宣王、燕昭王的海外求仙。

《老子》书中有道体论，有修炼之方，有得道境界之叙述，尤其"载营魄抱一""专气致柔""涤除玄览"等修心养神及吐纳炼形的修炼工夫，更与神仙说关系密切。《老子》在战国诸子书中已被当作神仙修炼书来看待，老子其人在诸子书中亦被视为神仙人物。甚至老子的学生如关尹子、尹文子、亢仓子（庚桑楚），其再传弟子老成子、列子等，在《列子》《庄子》书中，也都成为神仙人物。这些可以看出老子其人其书，在道教的形成及神仙修炼说上，扮演着重要角色。

《老子》的修炼法门，分养神、养形；养神以恬淡寡欲、清静无为为主，养形以绵绵不绝的专气致柔及魂魄抱一为主。其影响为庄子的心斋坐忘，与熊经鸟伸之说。在周世的修仙法门上，都以养神为主，而兼修养形。两汉《淮南子》、《周易参同契》、两部《黄庭经》等都深受老子修行法门的影响。宋后修行以内丹为主，而内丹的修性与修命，是沿承老子养神、养形而来的。可以说从老子所处的春秋时代以后，道教的修仙法门都深受老子的启发与影响。而老子的学生也都成为道教的仙圣人物。因此，东汉王充《论衡·道虚》说："老子之道，为可以度世，恬淡无欲。"《后汉书·祭祀志下》及《后汉书·襄楷传》载汉桓帝于宫中立祠祀老子，并于延熹八年（165）遣使至陈国苦县祠老子；九年（166）以淳金扣器，设华盖之坐，用效天乐，亲祠老子于濯龙，把老子当成天界之主尊来祭拜。正一派的张道陵自说五斗经传自老子，并阐扬老子修仙之道。北齐魏收《魏书·释老志》云："道家之原，出于老子"，以老子为道教之创始人。

　　道教是随着中国本土文化发展而形成的宗教，本无创教者与创教年代，但以今日所见，文献较完备者为东周春秋时期，而此时期老子其人其书，都主导道教的发展与修行法门，从战国至明清，道教的发展皆离不开老子。道教虽不是创自老子，却可以说是定型于老子。如以老子对道教的影响来谈，在情感上以老子为教主，亦似比以黄帝为教主，较有依据。

剥卦的龟卜文化与生命关怀

郑志明

摘　要：剥卦卦辞的"不利有攸往"，指出远古时代人与天地鬼神有攸往的精神感通方式，除了祭祀的仪式外，占卜也是一种源远流长的原始宗教活动，利用自然或人为的占具，进行人与超自然力之间的意识沟通，经由兆象的诠释谋求最佳的对应模式。剥卦的爻辞前四爻带有"蔑贞，凶"之意，指出虽然人文意识已觉醒，但是不能轻视占卜的感应功能，否则凶险早已隐藏其中。从卦辞来看，剥卦有君子祭祀权被剥夺之象，即有些权势已被小人剥夺，失去了主导权，无法与得势小人相竞争。但是君子还是可以经由占卜的宗教仪式来与天地鬼神攸往相通，此种神圣的交感权力是外人无法剥夺的，自身可以直接相应于天地鬼神消息盈虚的运行规律。虽然外在的局势已极为恶劣与凶险，君子可以在攸往的精神感通中，保持其敬慎之义与中道之行，在重重的乱世与衰颓之中，仍能立乎正位以待时机的变迁与流转，再度的由逆转顺，相应于天行。

关键词：《周易》；剥卦；卦辞；爻辞；占卜；生命关怀

作者简介：郑志明，台湾辅仁大学教授（台湾新北 24205）。

一 前言

剥卦为一阳在五阴之上，象征阴盛阳衰，一阳将无法抵挡五阴的浸润，随时都有倾颓的危机。《周易·序卦传》曰："致饰，然后亨则尽矣，故受之以剥。剥者，剥也，物不可终尽。"当物的文彩到了极点就会开始剥落，同时当剥落到极点时也会有新的生机。"剥"字，《说文解字》谓"裂也，从刀从彔，彔为彔刻也"，即剥削之意。又指出剥或从卜，可能与甲骨的卜问有关。① 此一讯息，提供了新的思考方向，"卜"字像裂纹歧出之形，以龟甲上的裂纹来断祸福，古时将问龟之事称为"卜"。商代在占卜之前，先要将龟甲兽骨整治一番，如锯销边角使之规整，锉磨甲骨面使之平顺，即为剥，从卜从刀，是指锉削卜甲卜骨之义，整治好了，还要在甲骨背面钻一些孔，凿一些洞，都不穿透，目的是使其厚薄不均，用火烤时易于爆裂产生兆纹，兆纹的走向、形状、深浅与长短，预示了所问事物的祸福休咎。②

剥卦的卦辞很简单只有五个字，分成了两个图像。一为"不利"，是指没有祭祀的进献仪式。二为"有攸往"，是指没有祭祀的仪式，在精神上还是能与天地鬼神相互感，主要是靠占卜的方法，即仍保留了"贞"的卜问行为。剥卦的爻辞也与甲骨的锉削有关，初六与六二的"蔑贞"，强调没有卜问的行为，则有招遇凶害之象。祭祀与占卜原本是两种可以各自独立的宗教仪式，祭祀是以进献的各种礼仪，来与神灵交感相通的，其仪式的种类与名目极为繁多，几乎是倾其所有以作奉献，规模相当庞大。占卜的过程与规模较为简化些，不需要有大量的参与人员，也不必有繁多的操作细节，主要为占卜的贞人，根据卜问的事项来进行灼龟的仪式以便与神明交感，以兆纹的纹象来测吉凶祸福。

---

① 参见段玉裁《说文解字注》，台北：兰台书局1977年版。
② 参见唐冶泽《甲骨文字趣释》，重庆出版社2004年版。

周代已将祭祀与占卜结合起来，在隆重的庆典之后，接着有问卜与占筮的活动，除了以龟甲兽骨来卜祸福，也有以筮草来占吉凶的。是在何种状况下，君子无法参与祭祀大典，只能私下以占卜仪式来交感鬼神呢？从卦辞来看，剥卦有君子祭祀权被剥夺之象，即有些权势已被小人剥夺，失去了主导权，无法与得势小人相竞争。但是君子还是可以经由占卜的宗教仪式来与天地鬼神攸往相通，此种神圣的交感权利是外人无法剥夺的，自身可以直接相应于天地鬼神消息盈虚的运行规律。虽然外在的局势已极为恶劣与凶险，君子可以在攸往的精神感通中，保持其敬慎之义与中道之行，在重重的乱世与衰颓之中，仍能立乎正位以待时机的变迁与流转，再度的由逆转顺，相应于天行。

二 卦辞的龟卜文化

剥卦上艮下坤，有着一阳不胜五阴之象，显示出阳气将逐渐被阴气剥落凋零的情状，以"剥"为卦名，强调的是在阴气的剥夺下时势与万物因受侵蚀而脱落崩坏。《周易·剥卦》卦辞曰：

剥，不利有攸往。

卦辞中的"利有攸往"与"不利有攸往"应是两个对立的概念，即在"利"与"不利"的对立上。此"利"对应"元亨利贞"中的"利"，指的是祭祀中的进献仪式，相当于"荐"与"羞"的献礼。此卦辞主要有两个图像，第一个图像为"不利"，是指没有祭祀的进献仪式。祭祀是古代极为重要与普及的信仰活动，是将人与人之间的关系，推广到人与神之间从而产生礼仪行为，其具体表现在用各种礼物向神灵祈祷或致敬。① 为何"不利"呢？可能有两种情况。第一种情况是祭祀时无法参与进献，原有的

---

① 参见詹鄞鑫《神灵与祭祀——中国传统宗教综论》，江苏古籍出版社1992年版。

身份或角色失落了，不能直接参与祭祀和进献。第二种情况是事态紧急，需要立即与神灵感应沟通，但来不及筹办祭祀活动。以"剥"为名可能着重在第一种情境上，即含有君子原有权势被小人剥夺之意。第二种情况也与"剥"有关，受限于各种时空条件的限制，无法隆重举行祭礼，只能便宜行事。

第二个图像为"有攸往"，"攸"字，甲骨文从人从攴从水，象人持桨伐水形，表示行水悠悠的意思。① 学者也有不同解读，认为甲骨文的字形像手持树枝打人，金文字形中的人背还流着血。"攸"是"悠"的本字，本义为忧愁，如《诗经》的"攸攸我思"②。"攸"与"悠"同，着重在精神上的思念与感通，其对象为神灵，最好的方式是"利有攸往"，在祭祀的进献仪式中随时都能与神灵在精神上进行感应与往来。那么在"不利"的情景下，又如何能与神灵有攸往呢？经由其他的管道来与神灵交感，最常见的是梦境的启示与感通。另外一种方式就是人为的占卜仪式，主要有龟与筮两种方法，其起源甚早，在商代龟与筮已相互并用，所谓用龟，除了龟甲外，也会采用兽骨，称为龟卜或骨卜。用筮是以筮草的数量来占，又称为数占。到了周代卜法与占法仍然极为盛行，祭祀的过程中保留了卜筮的仪式。不是祭祀时间，也可以单独使用占卜来探知神意，感通其中的吉凶祸福。

虽然卦辞只有五个字，其内容却相当丰富，指出祭祀与占卜是同等重要，不仅保留了古老的宗教信仰，到了周代被运用到礼乐的道德教化上，将神性与人性紧密结合，认为人与神的精神感应与体验，有助于人自身德性的扩充与实践。到了春秋时代此种人文化的宗教活动持续地蓬勃发展，扩大了人与神精神感通的文化内涵，特别是孔子不反对古老宗教原本的鬼神与天命信仰，但是将祭祀与龟筮转化为崇德报功的生命实践上③，如《礼记·表记》曰：

---

① 参见王宏源《字里乾坤——汉字形体源流》，台北：文津出版社1997年版。
② 李乐毅：《汉字演变五百例（续编）》，北京语言大学出版社2005年版，第437页。
③ 参见徐复观《中国人性论史——先秦篇》，台北：台湾商务印书馆1969年版。

剥卦的龟卜文化与生命关怀

> 子曰:"君子敬则用祭器。是以不废日月,不违龟筮,以敬事其君长。是以上不渎于民,下不亵于上。"①

孔子在祭祀活动中强化了"敬"的信仰情操,以自我人性的恭敬心来与神灵交接,不是对天命权威的绝对服从,是从天地日月的运行秩序中,确立了人与君长之间的伦理规范,推及自身诚敬仁爱之德。所谓的不违龟筮,不是盲目地奉承神意,是可以经由龟筮的占卜管道,来进行上下之间的神人沟通,使民意可以上达于天,使神意可以下通于人。上天与下民不是对立的关系,可以经由祭祀促使二者成为紧密的生命共同体,天命与人性之间能互动与互存。当事态紧急时,可以经由龟筮的占卜,来强化二者之间的联结。

所谓"不利有攸往",强调不必经由祭祀,也能与神灵感应相通,以协助人间相关事理的处置,在《左传·昭公七年》的历史事件中,可以发现当时如何经由梦示与占示来处理国家大事,如曰:

> 卫襄公,夫人姜氏无子,嬖人婤姶生孟絷。孔成子梦康叔谓己:"立元,余使羁之孙圉与史苟相之。"史朝亦梦康叔谓己:"余将命而子苟,与孔烝鉏之曾孙圉,相元。"史朝见成子,告之梦,梦协。晋韩宣子为政,聘于诸侯之岁,婤姶生子,名之曰元,孟絷之足不良,弱行。孔成子以周易筮之曰:"元尚享卫国,主其社稷,遇屯。"又曰:"余尚立絷,尚克嘉之,遇屯之比。"以示史朝,史朝曰:"元亨,又何疑焉。"成子曰:"长之谓乎。"对曰:"康叔名之,可谓长矣。孟非人也,将不列于宗,不可谓长。且其繇曰,利建侯,嗣吉,何建,建非嗣也。二卦皆云子其建之,康叔命之,二卦告之,筮袭于梦,武王所用也。弗从何为,弱足者居,侯主社稷,临祭祀,奉民人,事鬼神,从会朝,又焉得居,各以所利,不亦可

---

① 《十三经注疏·礼记》,台北:艺文印书馆1985年版,第921页。

乎。"故孔成子立灵公，十二月，癸亥，葬卫襄公。①

此事件涉及王位继承的问题，夫人无子，改立庶出孟絷，有足不良的问题。虽然孔成子与史朝都梦到康叔交代要辅佐孟絷，因为谨慎，孔成子进行筮占，其结果是两次得到屯卦，根据屯卦来做解释，《周易·屯卦》卦辞曰："元亨利贞，勿用有攸往，利建侯。"从"利建侯"，主张应命新侯嗣位。可见"筮袭于梦"，即筮占与康叔梦示相合，即可作为立嗣的依据。此事件首先是"不利"，没有举行正式的祭祀仪式，其次是"有攸往"，在精神上与神灵有所交接与感应，获得梦示与占示，可以顺利化解立嗣的难题。

神人之间的精神交往，仍以祭祀最为周全，肯定"利有攸往"的重要性，经由祭祀来与神灵交通，是国家最为重要的礼仪活动，在敬神大典中强化神权与政权的合一，展现出某些政治上的意义与功能。在祭祀中可以有攸往，非祭祀时也有各种攸往的方式，商代已建立出人为的占卜制度，据殷墟出土的甲骨文材料，得知统治者面临生老病死、出入征伐、立邑任官、田猎农作、婚姻嫁娶、祀神祭祖等，事无巨细，都要以甲骨占卜进行预测，问吉凶，占祸福，决犹疑，定嫌疑，建立了相应的卜官建制，确立出一套完整的占卜制度。②周代的国家体制也继承了此一制度，遇到重大的国事问题，也要根据卜筮来决定，如《尚书·洪范》曰：

> 择建立卜筮人，乃命卜筮。曰雨，曰霁，曰蒙，曰驿，曰克，曰贞，曰悔，凡七。卜五，占用二，衍忒。立时人作卜筮，三人占，则从二人之言。汝则有大疑，谋及乃心，谋及卿士，谋及庶人，谋及卜筮。汝则从，龟从，筮从，卿士从，庶民从，是之谓大同。身其康强，子孙其逢。汝则从，龟从，筮从，卿士逆，庶民逆吉。卿士从，龟从，筮从，汝则逆，庶民

---

① 《十三经注疏·左传》，第766页。
② 参见宋镇豪《夏商社会生活史》，中国社会科学出版社2005年版。

逆，吉。庶民从，龟从，筮从，汝则逆，卿士逆，吉。汝则从，龟从，筮逆，卿士逆，庶民逆，作内吉，作外凶。龟筮共违于人，用静吉，用作凶耳。①

周代卜法与筮法并用，卜法的兆象有五，筮法的兆象有二，合起来共有七种兆象。

商代有三卜制，三人卜从二人，周代则有三占制，三人占则从二人之言。如《左传·成公六年》引商书曰："三人占，从二人。"对同一件事要进行多次占卜，反复向神灵请示，以出现频率高者为准。龟卜与筮占在决定国家大事时只占两票，还有三票，"汝"是指君王，以及卿士与庶民。最好的结果称为"大同"，五票都一致，可以说皆大欢喜。如果四票一致，只有一票反对，根据多数的决定。若只有三票一致，情况就比较复杂些，君王、龟、筮一致吉，卿士、龟、筮一致吉，庶民、龟、筮一致吉。若龟与筮相反，只有君王一票相同，国内的事还可，涉及国外之事则凶。若龟筮与人的意见相反，安以守常可，动则为凶。可见占卜是探知神意的另一种方式，但是其意见并非绝对，还必须将其他的情境加入进来，方能更贴近神意。

到了周代，官方的占卜制度更为健全，有专业的人员来主司其事，根据《周礼·春官宗伯》负责占卜的官员有六种，第一种称为"太卜"，如曰：

大卜：掌三兆之法，一曰"玉兆"，二曰"瓦兆"，三曰"原兆"。其经兆之体，皆百有二十，其颂皆千有二百。掌三易之法，一曰"连山"，二曰"归藏"，三曰"周易"。其经卦皆八，其别皆六十有四。掌三梦之法，一曰"致梦"，二曰"觭梦"，三曰"咸陟"。其经运十，其别九十。以邦事作龟之八命，一曰征，二曰象，三曰与，四曰谋，五曰果，六曰至，七

---

① 《十三经注疏·尚书》，第174页。

日雨,八日瘳。以八命者赞三兆、三易、三梦之占,以观国家之吉凶,以诏救政。凡国大贞,卜立君,卜大封,则视高作龟。大祭祀,则视高命龟。凡小事,莅卜。国大迁、大师,则贞龟。凡旅,陈龟。凡丧事,命龟。①

太卜为总管占卜之官,其主要职责为:掌"三兆"之法,掌"三易"之法,掌"三梦"之法等。"三兆"即"三卜",指古代有三种卜书,称"玉兆""瓦兆""原兆",其体有百二十,其颂有千二百,很可惜此类卜兆之书已失传。"三易"是指三种占书,即《连山》《归藏》《周易》等,现只有《周易》流传。"三梦"是指三种梦书,即《致梦》《觭梦》《咸陟》等,其经有十运,其别有九十,现也失传。当时的大卜根据"三兆""三易""三梦"等书的占法,来卜问邦国八命的吉凶,若凶则告王以救其政。由此可见,大卜负责国家各种卜问之事,因事的大小不同,用龟的用法也有差异。

第二种称为"卜师",是辨识兆象之官,是比较专业的工作人员,如《周礼·春官宗伯》曰:

卜师:掌开龟之四兆,一曰方兆,二曰功兆,三曰义兆,四曰弓兆。凡卜事,视高。扬火以作龟,致其墨。凡卜,辨龟之上下、左右、阴阳,以授命龟者而诏相之。②

卜书虽然有百二十体,可以分成四大部,即方兆、功兆、义兆、弓兆等,卜师负责以火烧龟甲以形成兆纹,还要能辨识兆纹之象。第三种称为"龟人",负责掌管各种卜用的龟,如《周礼·春官宗伯》曰:

---

① 《十三经注疏·周礼》,第369页。
② 《十三经注疏·周礼》,第373页。

剥卦的龟卜文化与生命关怀

> 龟人：掌六龟之属，各有名物。天龟曰灵属，地龟曰绎属，东龟曰果属，西龟曰雷属，南龟曰猎属，北龟曰若属。各以其方之色与其体辨之。凡取龟用秋时，攻龟用春时，各以其物入于龟室。上春衅龟，祭祀先卜。若有祭事，则奉龟以往；旅亦如之，丧亦如之。①

卜用龟甲分成六种，根据其色与体来辨识，即天龟玄色、地龟黄色、东龟青色、西龟白色、南龟赤色、北龟黑色。六龟各有其存放之室。第四种称为"占人"，掌管龟卜时的颂文，以辨吉凶，如《周礼·春官宗伯》曰：

> 占人：掌占龟，以八筮占八颂，以八卦占筮之八故，以视吉凶。凡卜筮，君占体，大夫占色，史占墨，卜人占坼。凡卜筮，既事，则系币以比其命。岁终，则计其占之中否。②

龟卜时，君、大夫、史与卜人等各自观察的要点不同，《礼记·玉藻》篇有类似的说法曰："卜人定龟，史定墨，君定体。"③ 君观察体的兆象，大夫观察色的兆气，史观察墨的兆广，卜人即占人观察坼的兆璺。第五种称为"筮人"负责辨识筮卦的吉凶，如《周礼·春官宗伯》曰：

> 筮人：掌三易以辨九筮之名，一曰"连山"，二曰"归藏"，三曰"周易"。九筮之名，一曰巫更，二曰巫咸，三曰巫式，四曰巫目，五曰巫易，六曰巫比，七曰巫祠，八曰巫参，九曰巫环。以辨吉凶。凡国之大事，先筮而后卜。上春，相筮。凡国事，共筮。④

---

① 《十三经注疏·周礼》，第374页。
② 《十三经注疏·周礼》，第375页。
③ 《十三经注疏·礼记》，第547页。
④ 《十三经注疏·周礼》，第376页。

筮人主要掌管"三易"来辨识九筮的卦名。"巫"为"筮"字,以卦辞来辨别筮卦的吉凶。国家大事是采用先筮后卜的方式,即先占卦再卜龟。第六种称为"占梦",负责占六梦的吉凶,如《周礼·春官宗伯》曰:

> 占梦:掌其岁时,观天地之会,辨阴阳之气。以日月星辰占六梦之吉凶,一曰正梦,二曰噩梦,三曰思梦,四曰寤梦,五曰喜梦,六曰惧梦。季冬,聘王梦,献吉梦于王,王拜而受之。乃舍萌于四方,以赠恶梦,遂令始难驱疫。①

梦兆也被视为一种与鬼神沟通的方法,把梦视为人的灵魂活动,视为神灵鬼魂对做梦者吉凶祸福的示兆。占梦是以人们自身的体验,作为沟通神人与预测吉凶的中介,有时运用星占术作为占梦的手段,根据岁时的阴阳消长与日月星辰的变异等现象,推演六种梦象梦兆所示的人事吉凶,但是实际内容已不传,今已不得其详。②

以占卜仪式来交通鬼神,早已成为国家体制的一部分,以卜筮作为工具来进行人与鬼神间的意识沟通,从而预测人事的吉凶祸福。孔子基本上认同祭祀与龟筮的仪式功能与价值。尤其是对于各种卜筮的操作形式与内容,仍承袭三代以来敬事神明的文化内涵,如《礼记·表记》曰:

> 子言之:"昔三代明王皆事天地之神明,无非卜筮之用,不敢以其私,亵事上帝。是故不犯日月,不违卜筮。卜筮不相袭也。大事有时日;小事无时日,有筮。外事用刚日,内事用柔日。不违龟筮。"③

---

① 《十三经注疏·周礼》,第381页。
② 参见宋镇豪《夏商社会生活史》,中国社会科学出版社2005年版。
③ 《十三经注疏·礼记》,第920页。

又《礼记·曲礼上》也有类似的记载,如曰:

> 外事以刚日,内事以柔日。凡卜、筮日:旬之外曰远某日,旬之内曰近某日。丧事先远日,吉事先近日。曰:"为日,假尔泰龟有常,假尔泰筮有常。"卜筮不过三,卜筮不相袭。龟为卜,策为筮,卜筮者,先圣王之所以使民信时日,敬鬼神,畏法令也;所以使民决嫌疑定犹与也。故曰:"疑而筮之,则弗非也;日而行事,则必践之。"①

到了春秋时代人们依旧敬仰天地之神明,肯定卜筮仍具有交通鬼神的功能与作用,遵行天人相互感通的宗教仪式,有不犯日月与不违卜筮的行为规范。不犯日月或称"不废日月",以日月来象征天地运行的规律与法则,其中也反映出神明意志的实践,所谓不犯或不废,即仍保有对日月的敬仰之情。同样地,不违卜筮是重视神人交感的精神体验,依循某些已定的常规来与神意相交接,比如卜与筮各自以不超过三次为原则,大事则卜,小事则筮,彼此不相因袭。大事的卜日有一定的时日规范,小事则无,外事用阳日,内事用阴日。先圣先王设立卜筮制度有其神道设教的文化功能。第一为"使民信时日",使人民能慎择时日的吉凶。第二为"敬鬼神",敬仰与奉行鬼神之意。第三为"畏法令",君行法令若依卜筮而为之,人民则敬而畏之。第四为"使民决嫌疑定犹与",经由卜筮来决断嫌疑与犹疑之事。

孔子虽然尊重古老的卜筮制度,肯定人具有与天地鬼神交通的神圣能力,但同时也重视人自身的性命体验与道德实践,强调生命的反省与觉察,不要只依靠卜筮,如《礼记·缁衣》曰:

> 子曰:"南人有言曰:'人而无恒,不可以为卜筮。'古之遗言与?龟筮犹不能知也,而况于人乎?《诗》云:'我龟既

---

① 《十三经注疏·礼记》,第59页。

厌，不我告犹。'《兑命》曰：'爵无及恶德，民立而正事，纯而祭祀，是为不敬；事烦则乱，事神则难。'《易》曰：'不恒其德，或承之羞。恒其德侦，妇人吉，夫子凶。'"①

此"恒"字指的是《周易》的恒卦，引文出自于恒卦九三与六五的爻辞，强调人要有持之以恒的动力与毅力，若无恒心，则不可以进行卜筮。南人是商代掌卜的人，认为有恒心未必能洞知龟筮，更何况是无恒心的人。其他引文也强调人自身德性的坚持与奉行，才能真正与神道交感与互通，否则经由卜筮也难以与鬼神交通。经由卜筮虽然可以与鬼神有攸往，但是最重要的还是自身德性有恒的实践与完成。

卜筮是国家礼制中的重要环节，重视的是人与天地相应的精神内涵，不是仰赖鬼神的灵感力量，其中也包含了生命的仁义之德，以自身德性来交感天地的利害与人事的成败，如《史记·日者列传》曰：

> 今夫卜者，必法天地，象四时，顺于仁义，分策定卦，旋式正棋，然后言天地之利害，事之成败。昔先王之定国家，必先龟策日月，而后乃敢代；正时日，乃后入家；产子必先占吉凶，后乃有之。自伏羲作八卦，周文王演三百八十四爻而天下治。越王勾践傚文王八卦以破敌国，霸天下。由是言之，卜筮有何负哉。②

又《史记·龟策列传》曰：

> 夫捧策定数，灼龟观兆，变化无穷，是以择贤而用占焉，可谓圣人重事者乎！周公卜三龟，而武王有瘳。纣为暴虐，而

---

① 《十三经注疏·礼记》，第935页。
② 《史记三家注》，台北：汉京文化公司1981年版，第1319页。

元龟不占。晋文将定襄王之位，卜得黄帝之兆，卒受彤弓之命。献公贪骊姬之色，卜而兆有口象，其祸竟流五世。楚灵将背周室，卜而龟逆，终被干谿之败。兆应信诚于内，而时人明察见之于外，可不谓两合者哉！君子谓夫轻卜筮，无神明者，悖；背人道，信祯祥者，鬼神不得其正。故书建稽疑，五谋而卜筮居其二，五占从其多，明有而不专之道也。①

卜筮之所以能与鬼神有攸往，就在于法天地与象四时的宇宙规律，相应于人的仁义之性，才进一步地分策定卦，形成整个大格局，其中捧策定数与灼龟观兆可以说是变化无穷，最重要的还是要回到与天命相符的性命上，问卜者与占卜者自身德性是关键所在，所有的兆象都是信诚于内，贤人能明察见之于外，是内外相合达到攸往的体验。如果本身是轻视卜筮且无神明信仰的人，就无法与卜筮相证验。同样地若行为已背反人道，却一味地信仰鬼神的祯祥兆应，实际上也无法攸往于鬼神。这就是《尚书·洪范》所强调的五谋，卜筮只占其中之二而已，是无法多数决，还要仰赖人意的仲裁。

剥卦的《象传》是比较后期的文字，未关注到"有攸往"的精神感通，却能从人文的观点，注意到天行的现象，如曰：

> 象曰：剥，剥也，柔变刚也。不利有攸往，小人长也。顺而止之，观象也。君子尚消息盈虚，天行也。

所谓"剥，剥也"，是本义训，指出剥卦的本义就是剥，强调阴气极盛，阳气将被剥落殆尽。所谓"柔变刚也"，阴为柔，阳为刚，五柔之阴势力强盛，一刚之阳势力甚微，柔阴足以改变刚阳，导致刚阳的剥落。如自然界冬季阴气压阳气，导致万物的剥落。又如社

---

① 《史记三家注》，第1322页。

会界，小人为柔，君子为刚，小人势力众压倒君子，导致国家剥落。①《象传》对于"不利有攸往"有三段解释。第一段为"小人长也"，是紧接着前面的"柔变刚"，指小人势重当权，阻碍了君子有攸往的祭祀权力。第二段为"顺而止之，观象也"，下卦为坤为顺，上卦为艮为止，直接就卦意来说，顺应"剥"的客观情势，要适时地停止下来，以保存自己，此种行为称为"观象"。所谓"观象"，要对卦象进行观察，领悟其中相应之理。第三段为"君子尚消息盈虚，天行也"，是对"观象"的补充说明，君子要能观察卦象中的各种消息盈虚的现象，尽可能把握时机适时而动，此谓之为"天行"。所谓"天行"，是指人之所行都能顺应天之自然而行。

剥卦的《象传》，以上卦为艮为山，以下卦为坤为地，加以会意后曰：

象曰：山附于地，剥。上以厚下安宅。

"附"字的篆文，由"阜"与"付"构成，"阜"字有梯田的含义，"付"字表示把东西交给别人，整个字的意思是在原有的梯田内部临时修的小堤，产生另外加上、附带、靠近等含义。②从卦象来看，坤的三阴爻加上艮的二阴爻，有着山基被侵蚀之象，整座山缺乏支撑附着于地，产生了剥落而倾颓的样态，故称为"剥卦"。君子观剥道如此危厉，务必厚植其本以安其身，即所谓安身立本。③"上"是指在上位者，即指君王或君子，在面对剥卦的情境时，要致力于两种德性的修为，一为厚下，二为安宅。所谓厚下，可以指施惠于民，也可以指奠基于己，二者都有厚植其本之意，巩固自身原有的根本。所谓安宅，此宅可以指家宅，也可以指人身，从安居乐业到安身立命，回到生命本原处来扩大生存的利基。

---

① 参见高亨《周易大传今注》，齐鲁书社2009年版。
② 参见窦文宇、窦勇《汉字字源——当代新说文解字》，吉林文史出版社2005年版。
③ 参见邓秉元《周易义疏》，上海古籍出版社2011年版。

三 爻辞的龟卜文化

剥卦的爻辞中出现了几次"剥床",学者们很少针对此"床"的意义进行考辨。"床"字,《说文解字》谓安身之坐,甲骨文象立起来的床形,后加上木旁。上古的床可以卧又可以坐,兼有休憩与办公的多重功能,当时人们既席地而卧也睡床。① 此字也常用来指称床形物,如此处的"剥床",指的是剥削龟甲或兽骨的床体。古代的卜龟有等级区别,天子龟尺二寸,诸侯八寸,大夫六寸,士与民四寸,不同等级、不同身份的人使用的卜龟有差别,王卜用的大龟大多属各地的贡品,平民或小贵族大多采用本地较小的龟。甲骨的整治,是卜前的准备工作,包括了甲骨取材、削、锯、切、锉、刮、磨、穿孔,以及钻凿等道工序,其目的是避免占卜时的杂乱无章。龟腹甲的整治,先锯开背甲与腹甲,再锯去腹甲两旁甲桥边缘上下的突出部分,锉磨使之成齐整的弧形,然后去除腹甲表皮的胶质鳞片,最后锉其高厚之处,再加刮磨,使版床匀平光润。②

"剥床"是指龟甲版床的整治,比较符合爻辞的原始图像,也较有助于爻辞的解说,如初六的爻辞曰:

初六,剥床以足,蔑贞,凶。

初六爻辞的图像主要有二。第一个图像为"剥床以足",是指整治龟甲版床四周的突出物,经由锉磨去除边角,完成版床整治的初步工夫。卜龟用的版床是要经过多重剥削与锉磨的过程,第一道工夫是最为重要,整治出版床的基本模式。剥床始于剥足,有志于完成版床,以利于占卜。第二个图像为"蔑贞","蔑"字甲骨文为会意字,象以戈击人头的样子,被击之人,其头写成"眉"字,为消

---

① 参见唐冶泽《甲骨文字趣释》,重庆出版社 2004 年版。
② 参见宋镇豪《夏商社会生活史》,中国社会科学出版社 2005 年版。

灭意，引申为轻视。① "贞"字为卜问，即占卜的目的。两字合起来，为消灭卜问，或轻视卜问，或将"蔑"解释为无，指无卜问的仪式，其结果必然为凶。剥治龟甲版床是为了占卜，怎么后来没有占卜的仪式呢？这样状况的发生，在行事上必定得凶。第一个图像与第二个图像在内容上是对立的，无法衔接，前者为了占卜来进行龟甲的整治，后者强调占卜的仪式被轻视或取消了，为什么会发生如此的转变呢？或许初六象征政局的动荡，小人势力抬头，君子的权柄失落了，不能完成原来所朝向的目标，原先的占卜也无法正常举行，其所处的环境已危机四伏。

初六的《象传》只解释了第一个图像，忽略了第二个图像，如曰：

象曰：剥床以足，以灭下也。

此《象传》在爻辞上可能省略了第二句，"以灭下也"实际上是针对第二句来解释的，说明"蔑贞"的情况在于"以灭下也"，即原本在下位的基础已消失。第一句的"剥床以足"，若从龟甲版床的整治来说，是奠基而非灭下，导致灭下的原因在于"蔑贞"。此时君子的处境是极为恶劣的，不仅祭祀权被剥夺，连占卜权也丧失了，显示出为政者原有的统治基础已失，无法朝着原来已规划好的方向继续前进。《大象传》之所以强调"厚下"，实际上是针对上六的"灭下"而言的，必须从先固其本做起，方能避免因灭下而产生的凶险。占卜仪式的丧失，正是君子失位之象，原本依赖的基石被抢夺，危及整个运作的大局，连与神明攸往交通的感应请求，也难以得到回报。"下"对"上"来说是相当的重要的，上若指房子，下就指基石，基石崩了，房子也踢了。上若指君王，下就指人民，失去了人民的支持，政权也将灭亡。初六绝不可以"蔑贞"，否则大势已难有所作为，凶是必然之事。

---

① 参见王祥之《图解汉字起源》，北京大学出版社2009年版。

剥卦的龟卜文化与生命关怀

六二的爻辞与上六的爻辞出入甚小，第二个图像是一样的，第一个图像只有一字之差，如曰：

六二，剥床以辨，蔑贞，凶。

从"剥床以足"到"剥床以辨"，是指卜龟版床进入剥削的第二道整治工夫。"辨"字的篆文，由两个"辛"与"刀"构成，"辛"字表示戴木枷的罪犯，整个字的意思是把应用刀行刑的罪犯，从众多罪犯中挑选出来，由此产生出辨别的含义。[①] 在这里是指床身整治出来以后，接着要分辨出上下面来进行各自整治的工作。卜龟床体上下面的功能不同，上面是正面，是用来凿洞的，灼烧后以便观其兆纹。下面为火灼之处，要能耐高温，上下面的整治方法是不一样的。此时卜龟用的版床大致已成型，却面对着无法占卜的遗憾，此时"蔑贞"所带来的冲突，将比上六更为严重，其中的凶险更大。此时象征君子与小人已到了决裂的地步，君子的权力已几乎被小人架空，失去了主导权。龟床虽已成型，但是大势却消亡尽失，来不及用来卜问吉凶，凶险早已密布。

六二《象传》大致上类似于上六，似乎省略了第二句，但是真正的重点还是在第二句上，如曰：

象曰：剥床以辨，未有与也。

此《象传》对爻辞的叙述采用简略的方式，省略了"蔑贞，凶"，其"未有与也"的释词，主要还是针对"蔑贞"占卜仪式的取消，在于缺乏相互应和的救援，显示君王或君子完全被孤立了。小人势力的增长到了肆无忌惮的地步，君子势单力薄，内外的各种助力都已消散，连向神灵的攸往求援的时机也被断绝。为何会"未有与也"呢？或可归咎于事前对整个大势缺乏对应的辨识，当原本在下

---

① 参见窦文宇、窦勇《汉字字源——当代新说文解字》，吉林文史出版社2005年版。

的基础都被剥夺后，已来不及适时地回应。显示出原先缺乏了各种应有的防范准备，忽略了"厚下安宅"的重要性，不仅没有固本，连外援的助力也都消失了，等到意识到事态的严重性时，已难以有所作为。"剥床以辨"也可以当作譬喻来解，在整治龟卜版床时上下面要清楚地清除与琢磨，为政时也相似，上下之间的各种状况都不能被蒙蔽而无知，否则当事态严重时也可能丧失了各种辅佐的助力。

六三的爻辞更为简单，只有四个字，如曰：

> 六三，剥之，无咎。

六三只有一个主要图像"剥之"，是指兆卜版床成型之后，还要继续地剥削与整治，还有一些烦琐的整治过程。要使龟版能在占卜中使用，就必须完成整套的整治程序。虽然已知占卜仪式已取消，龟版完成未必能派上用场，还是要继续完成它，此完成龟版的动作是不会招来灾祸的。有凶的是"蔑贞"，此处可能承上省略，实际上"蔑贞"的状态还是存在，"无咎"是针对第一个图像来说的，卜龟版床的剥整，本身是无所谓过错的。但是潜在图像的"蔑贞"，并没有消失，只是暂时不去关注此事，期待还有转圜的余地。君子还是深陷于众小人之中，依旧无法脱身而出，若继续挣扎有可能越陷越深，不如关注些无咎之事，宽解掉忧心忡忡的各种难题。此时的不进不退，是君子较佳的应对方法，跳脱出任何积极与消极的作为，坚守自我心性的修持以待时变。

六三似乎省略了"蔑贞，凶"，凶依旧还在，其《象传》还是针对"蔑贞"来加以释解的，如曰：

> 象曰：剥之无咎，失上下也。

"剥之无咎"似乎很难与"失上下也"联结在一起，实际上还是因"蔑贞"，导致失上下的问题。没有占卜仪式这件事，其结果是失

剥卦的龟卜文化与生命关怀

上也失下。所谓失上，是指无法与天地鬼神攸往交感，缺乏灵感相通的神圣体验，阻断了来自上方的精神援助。所谓失下，失去了恩泽于民的厚下作为，因权力的失落与广大的人民失去了联系与互动。上不能通神，下不能治民，这是君子最大的忧患。小人之道长，迫使君子之道消，已到了灾祸及身的存有危机，比上六与六二更为严重，但是爻辞与象辞似乎有意地加以淡化，故意避重而言轻，感觉事态还存在作为的可能性，或翻盘再起的机会。

六四爻辞又回到"剥床"，到了卜龟版床最后完工的阶段，如曰：

> 六四，剥床以肤，凶。

"肤"字从人体的皮肤引申为物品的表皮，是指卜龟版床最后表层进行全面刮磨的阶段，使全版光润平滑，可以作为卜具来使用。凶之前似乎又省掉了"蔑贞"二字。"剥床以肤"的完工阶段，无所谓凶，真正的凶还是在于"蔑贞"。已有了卜具却无法占卜，这才是凶险所在。此凶已迫之在前，无法闪躲，必须立即处理。如何处理呢？在"蔑贞"与贞之间做出抉择，"蔑贞"为凶已是必然，贞可能依旧是凶，也可能转凶为吉，这或许是最后的机会。如何拨乱反正呢？除了自助外也需要神助，在已无路可走的情况下，期待在天之灵的指示，能有起死回生的契机，这是信仰给予的希望，是由攸往而来的精神感通。六四爻辞不言"蔑贞"，只言"凶"，含藏着一点生机，仰赖君王或君子到了最后能否奋力一搏，经由占卜的贞，带出新的生路来。

六四的《象传》依旧是针对"蔑贞"来解说的，如曰：

> 象曰：剥床以肤，切近灾也。

从卜具来说，最后"剥床以肤"的阶段，应有大功告成的喜悦。所谓"切近灾也"，依旧是"蔑贞"所造成的，外在的环境仍由小人把持，阻断了君王或君子祭祀与占卜的权力。当卜具告成，有意恢复占卜可以与神明有攸往，双方的冲突一触即发，已贴近于灾害的边缘。若灾害是无可避免的，就不必再受"蔑贞"的限制，经由贞来扭转出新的局势。这是一个大破大立的好时机，能否转灾为福，就在于君子能否战胜小人。君子虽然一再地被小人侵压，其忍辱负重是为了积累足够的能量，掌握最后反败为胜的契机。当卜具已整治完成，其他的准备工作也大致齐全，最后就是待时以动，占卜是交感天地鬼神的神圣时刻，也是依顺天行而做的反击，是静观其变展现出来的智慧一击。

当决定要举行占卜，卜具要进行钻凿等工序，形成排列整齐的兆洞，再经火灼，便可形成可以判定吉凶的兆纹。六五似乎是对卜龟钻凿工序的形容，如曰：

六五，贯鱼，以宫人宠，无不利。

卜龟上凿洞的兆坏，是有一定的排列要求的，以方便根据兆象来做占卜。六五以"贯鱼""以宫人宠"等来做形容。"贯"字甲骨文像穿物以便持之之形，金文像串起来的两个贝形。[①] 贯鱼是形容这些孔洞有条理与系统，鱼可以优游其中。"以宫人宠"也是用来形容这些孔洞，有如后宫的宫女井然有序地获得宠御。这些孔洞凿好后，接着就要进行占卜。占卜的过程有如祭祀的进献，称为"无不利"。可以分成三个阶段来理解。第一个阶段为"利有攸往"，经由祭祀来交感神明。第二个阶段为"不利有攸往"，没有祭祀也能交感神明。第三个阶段为"无不利有攸往"，有如祭祀般地交感神明。显示出占卜的功能有如祭祀，随时都能直接与神明感应相通。

六五是指卜具完成后，接着就要举行占卜的仪式，这是占卜最为重要的阶段，着重在与神明的精神感通。《象传》只提"以宫人宠"，实际上是偏重在"无不利"的解释上，如曰：

---

① 参见王宏源《字里乾坤——汉字形体源流》，台北：文津出版社1997年版。

> 象曰：以宫人宠，终无尤也。

《象传》只提中间一句，首尾省略。"无不利"即"无不利有攸往"，这是举行占卜仪式的目的，期求经由与神明的攸往来化解各种存在的困境。前面的爻辞一再显示君子受困于众小人之间，小人之势盛，君子之势衰，几乎不断地后退，甚至灾祸将及其身。当君子决定从"蔑贞"到贞时，局势就开始翻转，原本恶劣的情境逐渐地消融，从穷绝之地再度出发，经由占卜的有攸往，汇合各种生机的力量，以图再起，最终也可以无所怨尤。六五是经由占卜的决心，强化君子的正道来反凶为吉。此时君子的有所为含藏着无穷生机，能产生拨乱反正的积极力道，可以对抗原本权高势重的小人。占卜的功能可以用来整合各种神助与人助的潜在因缘，重点不在于其兆象的指示，是经由有攸往的精神体验，凝聚出生命具体实践的动能。

上九是指占卜仪式完成之后，开始来解读火烧后形成兆纹的兆象，这是占卜仪式最终要获得的结果，经由有攸往的神意，来协助人事的安排与实践，如曰：

> 上九，硕果不食，君子得舆，小人剥庐。

以"硕果不食"来譬喻兆象的功能，兆象解读原本就是因人而异，并无既有的定论，有如硕大的果实不一定要拿来食用，也可以作为祭祀用的献果，目的不同，作用也随之改变。同样的兆象，君子与小人在解读与作用上差异甚大。君子以自身厚德的修为，能与兆象互为印证，深入理解其中隐藏的含义，契合天道运行的自然规律，进而能满足人们生存利益的需求，得到万民的拥戴，以"得舆"来形容，肯定君子能得众以自重。小人刚好相反，处处以自身利益优先考量，经常扭曲或误读兆象的原意，不仅彼此间无法相合甚至相背，不仅违反天意，也背离人意，难以得到人民的支持，以"剥庐"来形容，说明小人引来民怨，不得容身之地。

对于兆象的注释，未必有统一性的解读方式，任何解读的内容，实际上也是纯供参考，很难有所定论。解读者的德性能否攸然与鬼神相通，是极为重要的因素，这正是君子与小人在兆象解读上的差异，如《象传》曰：

象曰：君子得舆，民所载也，小人剥庐，终不可用也。

"得舆"与"剥庐"是相对的概念，强调的是君子的得，与小人的剥。君子的得在于与兆象的攸往相通，小人的剥即等同于失，强调小人与兆象间的相离与相远。"舆"与"庐"都是古人重要的生活器物，为何君子能有所得，小人则有所剥失呢？差别就在于有攸往的精神感通，君子虽处于恶劣的生存环境下，其德性仍时时与天地鬼神相通，可以经由兆象来印证天行之理，也能经常以人民福祉为念，自然也能得到万民的拥戴。小人虽在乱世中扩大了其权势与利益，其心性却与天地鬼神相隔绝，只谋取个人的权力，也必然与人民福祉相背离，更难以相符于兆象，其所得最终也会完全被剥失。

四 剥卦的生命关怀

卦辞的"不利有攸往"，只有五个字，似乎过于简略，却可能含藏着深层的寓意。从"不利"到"有攸往"，都涉及人与天地鬼神相交与相通的灵感课题。"不利"是个遗憾，无法经由祭祀的进献仪式来实现与鬼神相互沟通的目的，此种遗憾可以透过"有攸往"的占卜活动来加以替代与化解。祭祀与占卜等仪式可以合并来举行，也可以分开来各自举行。剥卦不谈祭祀，只谈占卜，并非否定祭祀在远古社会中原有的重要地位，强调的是在祭祀之外还存在着其他与鬼神交感的方法。即祭祀不是人神灵感相通的唯一方式，当祭祀无法达成与神沟通的目的时，不必感到恐慌与无助，早在远古时代人们已使用占具作为中介，以龟甲或兽骨火烧后的坼文兆象,来进行人与神之间的意识沟通,用来预测未来命运的吉凶祸福。

各种占卜的方法在夏商时代已广泛流行与发展,在各地考古遗址中有不少出土的甲骨,大约起始于新石器时代早期偏晚阶段,夏商时代最为鼎盛,春秋战国以降是其末声。早先卜用的骨料较杂,有猪、羊、牛、鹿肩胛骨及龟甲等。龟甲主要流行于江淮与东部滨海地区,骨卜则为中原与北方地区所通见,一直分布到西北地区。①《尚书》中有关夏商文献中也有一些有关占卜的记载,最著名的是《大禹谟》,叙述舜帝与禹之间的对话,涉及当时官占的制度,以及君王对于龟筮的态度,即肯定龟筮有助于得知鬼神的意念,如曰:

> 禹曰:"枚卜功臣,惟吉之从。"帝曰:"禹!官占惟先蔽志,昆命于元龟。朕志先定,询谋佥同,鬼神其依,龟筮协从,卜不习吉。"禹拜稽首,固辞。帝曰:"毋惟汝谐。"②

《大禹谟》与《洪范》相类似,虽然早已有官占制度,但是帝王在政事的处置上不是完全仰赖龟筮,而是帝王之志先定,然后进行龟卜,其过程有三。第一是"朕志先定",是指帝王授禹之志已先确定。第二是"询谋佥同",询问众人的意见得到共识。第三是"鬼神其依,龟筮协从",最后才是经由龟筮来探知鬼神之意。当前两项已定,鬼神依人志而行。问题在于若帝王与众臣都无定见时,最后是否听从于龟筮的鬼神之言?这涉及对占卜行为的理性觉知,是人依从于鬼神还是鬼神依从于人呢?人原本就具有与天地鬼神相通的德性,回到德性的自觉与体验上,君王本身就具有感知与判断的能力,众臣也同样具有感知与判断的能力,当双方达成共识之后,经由龟筮来获得天命的认同,龟筮是居于"协从"的角色,而非最

---

① 参见宋镇豪《夏商社会生活史》,中国社会科学出版社2005年版。
② 《十三经注疏·尚书》,第56页。

后的裁决者。

《左传·哀公十八年》引用了《尚书·大禹谟》的"官占惟先蔽志，昆命于元龟"这一段话，说明君王知志的重要性，如曰：

> 巴人伐楚，围鄾。初，右司马子国之卜也，观瞻曰："如志，故命之。"及巴师至，将卜帅，王曰："宁如志，何卜焉。"使帅师而行，请承，王曰："寝尹工尹，勤先君者。"三月，楚公孙宁，吴由于，薳固，败巴师于鄾，故封子国于析。君子曰："惠王知志。夏书曰：官占，唯能蔽志，昆命于元龟。其是之谓乎。志曰：圣人不烦卜筮，惠王其有焉。"①

君王若能"知志"，不用占卜就能与鬼神攸往相通，也不能以其志来与天命相应。在这样的情况下，可以达到"圣人不烦卜筮"的境界。即圣人可以用卜筮，也可以不用卜筮。若已有明确的意志与决心时，圣人可以"如志"。所谓"不烦卜筮"，不是指圣人反对卜筮，当圣人未能先断意时，还是需要经由卜筮来与鬼神有攸往的。圣人不是遇到任何事都必须依赖卜筮来做决定的，而是有些事可以"不烦卜筮"。

所谓"知志"即"知命"，能与天命相知相合。卜筮的结果不是唯一的指令，君王还要能明其理而行之。所谓明理，在于深知天命的根本要义及其走向，如《左传·文公十三年》曰：

> 邾文公卜迁于绎，史曰："利于民而不利于君。"邾子曰："苟利于民，孤之利也。天生民而树之君，以利之也。民既利矣，孤必与焉。"左右曰："命可长也，君何弗为。"邾子曰："命在养民，死之短长，时也。民苟利矣，迁也，吉莫如之。"遂迁于绎，五月，邾文公卒，君子曰："知命。"②

---

① 《十三经注疏·左传》，第1047页。
② 《十三经注疏·左传》，第333页。

卜筮的结果，可以知天命，但是君王能自行判断，从或不从，从是知天命，不从也是知天命。比如有关迁都的占卜，其结论是"利于民而不利于君"。邾文公以"天生民而树之君"的道理，肯定君要从利于民，以民之利来优先考虑，不必在乎个人的命的长短。其志在于"命在养民"，也可以称之为知命之人。

"知命"或可称为"知大道"或"知道"，明白天命之道的根本要义，不依卜筮之言而行之。经由卜筮可以与鬼神相交，但是从与不从，仍须回到生命的德性来做出抉择，如《左传·哀公六年》曰：

> 初，昭王有疾。卜曰："河为祟。"王弗祭，大夫请祭诸郊，王曰："三代命祀，祭不越望，江汉睢章，楚之望也。祸福之至，不是过也，不谷虽不德，河非所获罪也。"遂弗祭。孔子曰："楚昭王知大道矣，其不失国也宜哉。夏书曰：惟彼陶唐，帅彼天常，有此冀方，今失其行，乱其纪纲，乃灭而亡。又曰：允出兹在兹，由己率常可矣。"①

卜问鬼神的目的，是基于信仰的需求，经由神圣的灵感来探知天命的旨意，比如经由卜问的结果，以"河为祟"来解释昭王有疾的病因，是将人与鬼神紧密地联结起来，肯定人的疾病祸福也有可能肇因于鬼神。至于该不该望祀河神，则涉及当时礼制的问题，有关名山大川的望祭，是天子的职责。楚国的望祭只局限于自身国内的江汉睢章等，不能逾越国境而祭。楚昭王由此领悟到祸福与自身得失有关，不是因为得罪于河神所造成的。如此人文意识的自我觉知，就是孔子赞为"知大道"，或称为"帅常"或"率常"，领悟与实践和天命相应的常道，避免因行为的失常，破坏了国家原有的纲常，甚至造成国家的灭亡。

春秋时代由于人文意识的兴盛，对于卜筮的结果还是要从生命

---

① 《十三经注疏·左传》，第1007页。

的常道来相互印证，不以卜筮的神意作为最高的指导原则。但是卜问鬼神的占卜仪式依旧需要，遇事而占卜，显示人与鬼神时时有攸往的精神感通之道。剥卦的初爻与二爻强调"蔑贞，凶"，"贞"是问卜的行为，"蔑贞"是对问卜行为的轻视或否定。前面几则历史事件，虽然对卜筮有不同的解读，但却未对卜筮行为有任何轻视或否定之意，强调的是卜筮之后还须依赖人意进行抉择。三爻与四爻在爻辞上无"蔑贞"一词，实际上隐藏着"蔑贞"之意，强调对占卜行为的轻视或否定，就可能存在着风险或逼近于灾祸。古老的占卜仪式与春秋时代的人文思潮，二者不是相互冲突的，神意与人意是同时并存的，即肯定人与神有攸往的生命体验。所谓"蔑贞"，是指轻视了问卜行为之后与鬼神的攸往关系，只凭个人的私念一意孤行，背反了天命，也有伤于人德，如《左传·僖公四年》曰：

> 初，晋献公欲以骊姬为夫人，卜之不吉，筮之吉。公曰："从筮。"卜人曰："筮短龟长，不如从长。且其繇曰：专之渝，攘公之羭，一薰一莸，十年尚犹有臭，必不可。"弗听，立之。生奚齐，其娣生卓子。及将立奚齐，既与中大夫成谋。姬谓大子曰："君梦齐姜，必速祭之。"大子祭于曲沃，归胙于公，公田，姬寘诸宫。六日，公至，毒而献之。公祭之地，地坟。与犬，犬毙。与小臣，小臣亦毙。姬泣曰："贼由大子。"大子奔新城，公杀其傅杜原款，或谓大子，子辞，君必辩焉。大子曰："君非姬氏，居不安。食不饱，我辞，姬必有罪，君老矣。吾又不乐。"曰："子其行乎。"大子曰："君实不察其罪，被此名也以出，人谁纳我。"十二月，戊申，缢于新城。姬遂谮二公子曰："皆知之。"重耳奔蒲，夷吾奔屈。①

"筮短龟长，不如从长"为占卜的基本法则，龟筮并用时二者

---

① 《十三经注疏·左传》，第203页。

出现差异，则采用龟卜的意见。根据《周礼》春官筮人的记载，是"先筮而后卜"，筮占必须逢吉，方能继之以卜，若筮占不吉，就不能再卜，否则会亵渎龟策。如果先卜而后筮，则没有如此顾忌，龟卜不吉，仍可继续筮占，但是二者结果不同时，则依龟卜的结果，这显示当时有重龟轻筮的现象。晋献公的"从筮"，是违反当时占卜的法则，也可能背离天命，导致后来衍生出各种皇室的纠纷，也印证了龟卜的爻辞。晋献公的"弗听"是一种"蔑贞"的行为，轻视卜问的结果，以一己之私来做决定，与天命相违，祸害已潜藏其中。

剥卦从初六到六四的爻辞，一再显示出"蔑贞"为凶之象，说明了龟床在未完成之前，不能经由卜问与鬼神有攸往相交，已隐藏了各种凶险，若加上"蔑贞"的心态，则已逼近于灾祸。到了六五爻辞，龟床已完成，进入凿洞准备卜问的阶段，有攸往精神的实现，有助于化凶为吉。上九爻辞为卜问之后，兆象的解释有君子与小人之间的区别，同样的卦象，君子与小人的认知是有明显的差异的，以"君子得舆"与"小人剥庐"形成强烈的对比。"得舆"是形容君子在兆象的解释上能与天命神意相契合，能明白天意之所在，提供采取行动时的参考，获得各种助力的支持。"剥庐"则形容小人在兆象的解释上未必能与天命神意相契合，反而坚持己见一意孤行，不仅无法与鬼神有攸往相通，也可能因此导致祸患无穷。《左传》记录了一些如此的案例，如《左传·昭公十二年》曰：

  南蒯枚筮之，遇坤之比曰："黄裳元吉。"以为大吉也，示子服惠伯曰："即欲有事何如。"惠伯曰："吾尝学此矣，忠信之事则可，不然必败。外强内温，忠也。和以率贞，信也。故曰黄裳元吉。黄，中之色也。裳，下之饰也。元，善之长也。中不忠，不得其色。下不共，不得其饰。事不善，不得其极。外内倡和为忠，率事以信为共，供养三德为善，非此三者弗当。且夫易，不可以占险，将何事也，且可饰乎。中美能黄，

> 上美为元，下美则裳，参成可筮，犹有阙也。筮虽吉，未也。"①

"黄裳元吉"为坤卦六五的爻辞，南蒯认为此兆象为大吉，自以为其叛变的所谋之事为吉。惠伯则持不同的观点，认为此卦爻象的吉凶，在于卜问的事上，如果是忠信之事为吉，非忠信之事则为凶。"黄裳元吉"针对忠信之事，强调的是外强内温与和以率贞之德，肯定的是三种德性，第一为"外内倡和为忠"，第二为"率事以信为共"，第三为"供养三德为善"。南蒯的叛变之事则与三德相反，形成三种不得的现象，第一为"中不忠，不得其色"，第二为"下不共，不得其饰"，第三为"事不善，不得其极"。惠伯进一步认为不可以用易筮来进行占险之事，即具有凶险之事是不适合占卜的，占卜的结果即使为吉，也未必是可行之事。

占卜结果的吉凶，可以因人而异，在君子为吉，在小人则为凶，有关兆象的解释，还必须将个人德性的善恶参与其中。何者为吉，可因观点与认知的差别而有所不同，如《左传·襄公九年》曰：

> 穆姜薨于东宫。始往而筮之，遇艮之八。史曰："是谓艮之随，随其出也，君必速出。"姜曰："亡。是于周易，曰：随，元亨利贞，无咎。元，体之长也。亨，嘉之会也。利，义之和也。贞，事之干也。体仁足以长人，嘉德足以合礼，利物足以和义，贞固足以干事。然故不可诬也，是以虽随无咎，今我妇人而与于乱，固在下位，而有不仁，不可谓元。不靖国家，不可谓亨。作而害身，不可谓利。弃位而姣，不可谓贞。有四德者，随而无咎，我皆无之，岂随也哉。我则取恶，能无咎乎，必死于此，弗得出矣。"②

---

① 《十三经注疏·左传》，第792页。
② 《十三经注疏·左传》，第526页。

剥卦的龟卜文化与生命关怀

"元亨利贞,无咎"是随卦的卦辞,可见穆姜亦尝学此《周易》,对于卦意有相当程度的理解。有关"元亨利贞"四字的诠释则出自乾卦的文言传,或可谓文言传在春秋时代已存在。穆姜有自知之明,了解自身的德性是与元亨利贞不符合,有元亨利贞四德者,此随卦为吉,应速出无咎。无此元亨利贞四德者,速出也无益。穆姜知道自身的恶行,不必出也,有决心必死于此。兆象的吉凶除了天意外,还必败关注自性的善恶,方能与鬼神感应相通。

同样的兆象,因观点与解读的不同,各自有不同的认知与体认。有关兆象的吉凶,有时可以征询多人的意见,来加以整合与判断,或者可以另行占卜,如《左传·哀公九年》曰:

> 晋赵鞅卜救郑,遇水适火,占诸史赵,史墨,史龟。史龟曰:"是谓沈阳,可以兴兵。利以伐姜,不利子商,伐齐则可,敌宋不吉。"史墨曰:"盈,水名也。子,水位也。名位敌,不可干也。炎帝为火师,姜姓其后也,水胜火,伐姜则可。"史赵曰:"是谓如川之满,不可游也,郑方有罪,不可救也。救郑则不吉,不知其他。"阳虎以周易筮之,遇泰之需曰:"宋方吉不可与也。微子启,帝乙之,元子也。宋,郑,甥舅也。祉,禄也,若帝乙之元子,归妹而有吉禄。我安得吉焉。"乃止。①

宋国伐郑国,晋国赵鞅为救郑国之事进行占卜,得到"遇水适火"的兆象,以此兆象请教了史赵、史墨、史龟三人,三人的说法各自不同。史龟认为可以兴兵作战,但利于伐齐,不吉于抗宋。史墨也认为此兆象,显示利于伐齐。史赵则不以为然,认为兆象显示出救郑是不吉的,没有显示出其他任何指示。阳虎则进行《周易》的筮占,主要根据泰卦的六五爻辞,"帝乙归妹,以祉,元吉",针对救郑之事来进行解释,认为宋国有帝乙归妹之兆,能获得福祉与元

---

① 《十三经注疏·左传》,第 1014 页。

吉，伐宋对赵国来说未必有利。赵国根据以上的各种解释，得到了不可敌宋的共识，停止了救郑之事。

对于兆象的诠释，吉与不吉的判断，出入甚大，尤其是对卦爻辞的理解，因分析的观点与立场的差异，得到的结论可能是相反的。这已不是君子与小人的德性问题，还涉及对卦辞与爻辞的认知与理解的程度。如《国语·晋语》曰：

> 公子亲筮之，曰："尚有晋国。"得贞屯、悔豫，皆八也。筮史占之，皆曰："不吉。闭而不通，爻无为也。"司空季子曰："吉。是在周易，皆利建侯。不有晋国，以辅王室，安能建侯？我命筮曰尚有晋国，筮告我曰利建侯。得国之务也，吉孰大焉。震，车也。坎，水也。坤，土也。屯，厚也。豫，乐也。车班外内，顺以训之，泉源以资之，土厚而乐其实。不有晋国，何以当之？震，雷也，车也。坎，劳也，水也，众也。主雷与车，而尚水与众。车有震，武也。众而顺，文也。文具，厚之至也。"故曰屯，其繇曰："元亨利贞，勿用有攸往，利建侯。"主震雷，长也，故曰元。众而顺，嘉也，故曰亨。内有震雷，故曰利贞。车上水下，必伯。小事不济，壅也，故曰勿用有攸往。一夫之行也。众顺而有武威，故曰"利建侯"。坤，母也。震，长男也。母老子强，故曰豫。其繇曰："利建侯行师。"居乐、出威之谓也。是二者，得国之卦也。①

晋国公子重耳对于未来的前途亲自占卜，得到了屯卦与豫卦，筮史之官都认为其结果为不吉，因屯卦有闭而不通之象，难以有所作为。司空季子则持相反的意见，认为这两卦都有"利建侯"之象。屯卦的卦辞曰："元亨利贞，勿用有攸往，利建侯。"豫卦的卦辞曰："利建侯行师。"两卦的卦辞都有"利建侯"的字眼，说明重耳会有得国之务，这是最大的吉。屯卦下卦为震，上卦为坎，有厚

---

① 《国语》，台北：里仁书局1980年版，第362页。

重之象。豫卦上卦为震，下卦为坤，有悦乐之象。司空季子先从两卦的卦象来做说明，肯定此两卦的卦象对公子重耳来说是有利的，其解说的方式颇有说服力。指出震卦有雷、车等意，坎卦有劳、水、众等意。屯卦的下卦有车有震之武，上卦有众而顺之文，即文武皆备为其厚之至。对卦辞的解释也相当独特，强调的是"一夫之行也。众顺而有武威"，其结论为"利建侯"。另指出坤卦为母之意，震卦为长男之意，合起来豫卦有母老子强之象，其卦辞则有居乐与出威之意，其结论为"利建侯行师"。司空季子认为这两卦都是得国之卦，预言公子重耳将重建晋国。

五 结论

剥卦卦辞的"不利有攸往"，指出远古时代人与天地鬼神有攸往的精神感通方式，除了祭祀的仪式外，占卜也是一种源远流长的原始宗教活动，利用自然或人为的占具，进行人与超自然力之间的意识沟通，经由兆象的诠释谋求最佳的对应模式。根据考古出土的文物，人为的占具早在6000年前即已存在，到了三代更加普及，尤其到了商代骨卜与龟卜已极为流行。周代延续了此一古老人神交感仪式，仍有大量的占卜官员为王室服务的制度，不同的是由于人文意识的崛起与发展，对占卜之后的神意启示采取保留的态度，更重视的是人自身自我德性的修持与实践，不是将人事的吉凶祸福全交付神灵来做决定，人本身也具有取决犹豫与定嫌疑的德性及能力，虽然天命神授的观念与信仰仍继续传承，但人的主体生命已有了自我的价值觉知，更重视精神上的体验与感通。

剥卦的爻辞前四爻带有"蔑贞，凶"之意，指出虽然人文意识已觉醒，但是不能轻视占卜的感应功能，否则凶险早已隐藏其中。从爻象来说，前四爻描述龟床整治的过程，所谓"剥"是指龟甲取得之后，要经过削、锯、切、锉、刮、磨等整治过程，方能进入第五爻所描述的凿钻穿孔阶段。还在琢磨阶段的龟床是不适合拿来作为占具，此时还无法举行占卜仪式，人与神之间尚难以有攸往与交感。即使如此，不能有"蔑贞"之情，虽然无法进行占卜，对于天地鬼神仍保有虔诚的感恩之心，深信人自身的德性仍能上闻于天，从而得到天命的护持与实践。"蔑"不只是轻视天地鬼神的形而上存在，同时也否定了人自身无限开启的可能性。六五爻的"无不利"，是指祭祀时以贡品与神明交感的体验，是可以无所不在的。占卜的功能与祭祀是相同的，可以实现人与神有攸往的精神感通。

　　剥卦的主要内容就在于有攸往的精神感通，占卜只是一种神人交感的工具而已，远古时期在浓郁的宗教氛围中特别崇拜权威无上的神，以及企图经由各种方式来与神相交接，帮助人得以辨识吉凶。商代如此的占卜文化已相当流行，王室遇到国家大事都会占卜以断吉凶，深信人事的祸福系于神灵主宰的权柄。周代以后崇拜神灵的风潮依旧遍在，但已意识到生命主体的人文价值，占卜虽然可以帮助人们理解与掌握神意，提供采取行动时的行为参考，但占卜后的结果已非绝对性的权威，人自身要经由道德的觉知与行动来与天命相交接。此卦涉及天意与人意互动的信仰问题，在相信天神的宰制权威下还要能坚守自我生命的主体价值，即天地鬼神的天命力量内在于人的生命之中，占卜只是人神沟通的一种有形工具，其目的在于打通人神之间交感后的神圣存有。

历代真武灵应文献编纂史考

王 闯

摘 要：宋元明时期，道教真武神得到社会各阶层的广泛信仰，并因此产生了十余种记录真武灵应故事的文献。这些文献之间有着明显的继承与改造关系，形成了一个内容丰富的完整文献演变链条。在此过程中，有三个关键性环节。其一，宋代先后问世的《启圣记》和《玄帝实录》构成了后世所有真武灵应文献的主体部分。其二，元代武当山道士将宋代真武灵应、本传文献予以合编，并对其图像化，为此系列文献提供了新的编纂范式。其三，明初伴随着武当山营建工程又产生了一批新的真武灵应故事，使得该系列文献在明代迎来了一个编纂高潮。

关键词：真武；灵应；文献编纂

作者简介：王闯，华中师范大学道家道教研究中心副教授（湖北武汉 430077）。

真武，又称玄武、玄天上帝、玄帝，起源于中国古代的星宿崇拜。自宋代开始，真武神在道教中的地位不断提升，受到社会各阶层的普遍崇奉。伴随着真武信仰的广泛传播，社会上诞生了一批记录真武灵应故事的文献。这些文献自宋代出现以后，不断被后人增辑和改编,从而形成了一个数量较为丰富的独特文献群。就学术界前贤研究和笔者目力所见,这些文献分别是:《启圣记》《玄帝实录》《玄天上帝启圣录》《玄天上帝启圣灵异录》《武当嘉庆图》《武当祥瑞图》《天真瑞应碑》《大明玄天上帝瑞应图录》《重刊武当嘉庆图》《大岳太和山启圣实录》《真武灵应图册》《新刻全像玄帝化书》等。围绕一位仙真而形成数量如此丰富的灵应类文献群,在整个道教史上并不多见。对于这些文献的相关情况,学术界已有不少研究成果[1],然大多局限于个别文献的考述,对它们之间的继承和演变关系尚缺乏全面清晰之梳理。笔者认为,这个文献群的各子文献之间并不是杂乱无章的关系,后出文献对先出文献有明显之继承与改造,下文详述之。

一 宋代真武灵应、本传文献的相继出现

宋代是真武信仰得以建立并广泛传播的关键时期,相关经典不断出世,其中两部与本文论述主题有关。一部是北宋时期诞生的《启圣记》,这是历史上第一部专门记载真武灵应故事的文献;另一部是南宋问世的《玄帝实录》,它主要叙述了真武神出身、修道、飞升、受封等一系列事迹,当属本传类文献。这两部著作均不见于明正统《道藏》及万历《续道藏》,完整本今已失传,但南宋陈伀所作《太上说玄天大圣真武本传神咒妙经注》中有大量引用,据此我们才得以窥其梗概。

---

[1] 相关研究有周绍良:《〈新刊武当足本类编全相启圣实录〉书记》,《文献》1985年第2期;林圣智:《明代道教图像学研究:以〈玄帝瑞应图〉为例》,《美术史研究集刊》1999年第6期;于育成:《新见明代彩绘真武图述略》,《艺术史研究》第2辑,中山大学出版社2000年版;王光德、杨立志:《武当道教史略》,中国地图出版社2006年版;王卡:《大明玄天上帝瑞应图目击记》,《道教årlig论丛》,巴蜀书社2007年版;肖海明:《真武图像研究》,文物出版社2007年版;萧登福:《玄天上帝信仰研究》,台北:新文丰出版公司2013年版。

(一)《启圣记》

南宋陈伀所作《太上说玄天大圣真武本传神咒妙经注》征引此书 20 多条，书名皆作"启圣记"，内容是真武神在各地的灵应故事。另外，据萧登福教授考证，南宋李昌龄《太上感应篇注》中有 19 条真武神的感应故事，虽未明言引自《启圣记》，但肯定来源于该书。① 关于《启圣记》的作者和成书时间，杨立志教授认为该书成于北宋仁宗时期。② 最直接的证据是元人刘道明《武当福地总真集》卷下"丰乾大天帝"条下的一段按语，曰："按宋侍中荆国公宋庠奉旨所编《真武启圣记》第九章称真武初学业，遇帝赐以黑蛇虬角断魔雄剑。"③ 宋庠，为宋仁宗时期的名臣，《宋史》有传，仁宗天圣年间状元，"开封试、礼部皆第一"，后被封为莒国公，英宗时期"改封郑国公"。④ 因此，刘道明言其为"荆国公"当是误记。从此处的记载来看，《启圣记》一书，又名"真武启圣记"，乃宋庠奉皇帝圣旨所编。

关于宋庠奉旨编书一事，除了《武当福地总真集》的记载外，并不见于其他史传，不过在一些道书中仍有蛛丝马迹可寻。《玄天上帝启圣录》"参定避忌"条载曰："中书门下三司礼部同奉圣旨，遍行根讨真武前后于国于民，或因供养，或自然得遇灵验事实，共成奏章，总为一百四件事。""进到仪式"条亦载道："伏惟上界真武真君，于今治世，助国安民。欲报恩德，已于内廷建立宝应阁，及括摘到前后感应事迹，共计一百四件，合随勋赠入阁，次第关送史馆，编修删定传录。"⑤ 这两条材料讲的是朝廷下令收集全国各地真武感应神迹，并编纂成册，虽然没有具体的时代，但可能反

---

① 参见萧登福《玄天上帝信仰研究》，台北：新文丰出版公司 2013 年版。
② 参见王光德、杨立志《武当道教史略》，中国地图出版社 2006 年版。
③ （元）刘道明：《武当福地总真集》，《道藏》，文物出版社、上海书店出版社、天津古籍出版社 1988 年版，第 19 册，第 664 页。
④ （元）脱脱等：《宋史》，中华书局 1977 年版，第 9590 页。
⑤ 《玄天上帝启圣录》，《道藏》，第 19 册，第 581 页。

映的就是前述宋庠奉旨编书一事。

《启圣记》虽成书于北宋，但却不见于宋代各公私书目。明人杨士奇《文渊阁书目》有记载："《启圣记》，一部四册。《启圣实录》，一部一册。"① 这说明该书在明初的时候还能在宫廷见到。

（二）《玄帝实录》

南宋陈伀《太上说玄天大圣真武本传神咒妙经注》征引此书20余条，名称不一，有时候称为"玄帝实录"，有时亦称"董真君实录""董真君降笔实录""降笔实录""玉虚师相真武实录"等。从陈伀所引来看，皆是叙述真武神出世、修道、飞升、受封等本传故事。此书不见于宋代各公私书目，明人杨士奇《文渊阁书目》载有"《玄帝实录》，一部一册"② 四次，应当就是该书。

关于它的编纂经过，陈伀曰：

> 今者，又自天降《玄帝实录》一本下凡，因襄阳紫虚坛班长张明道，出示蒋人玉虒，刊印于世矣。仰知玄帝圣神之事，固未易知哉。所编撰者，乃太真西王左上卿、上清天机都承旨、神应元惠真君、飞霞灵光真人、中黄先生臣董素皇，所编集成。上元九天掌籍玉堂学士、充下元水府转运使、兼九地提点刑狱公事、上仙元皇君张亚，为之叙焉。末纪曰：时在上天延康七劫无上大罗天开化十三年，下世大宋孝宗淳熙十一年，系中上元甲子内岁次甲辰正月辛卯溯十五日乙巳。③

《玄帝实录》的问世时间，不少学者根据以上文字断定是南宋孝宗

---

① （明）杨士奇：《文渊阁书目》，《丛书集成初编》，《丛书集成新编》（二），台北：新文丰出版公司1984年版，第204页。
② （明）杨士奇：《文渊阁书目》，《丛书集成初编》，《丛书集成新编》（二），第204页。
③ （宋）陈伀：《太上说玄天大圣真武本传神咒妙经注》，《道藏》，第17册，第91页。

淳熙十一年（1184）正月十五日。其实这个看法是错误的，孝宗是南宋第二个皇帝赵眘的庙号，所谓庙号，是帝王去世后在太庙享祭时所用之称呼。淳熙十一年赵眘还在世，不可能被呼为"孝宗"。虽然该书无法断定出具体成书时间，但是成于南宋应该是没有问题的。杨立志教授在《武当道教史略》中曾经引用了其在武当山紫霄宫发现的明刊梵夹本陈伀《太上说玄天大圣真武本传神咒妙经注》的一篇后跋，此跋是陈伀自作，其中谈到"伀近得上天都承旨董真君所编《玄帝宝录》"，跋文的落款时间是"宋改元端平三年岁次丙申中元日"①。端平是南宋理宗的年号，故《玄帝实录》至少在端平三年（1236）前就已经问世了。

此外，从陈伀的叙述中我们还可得知，该书是由襄阳紫虚坛的道士张明道，以仙真董素皇"降笔"的方式获得并刊印于世。署名董素皇的除了该书正文以外，还有一篇序跋，保存在元代《玄天上帝启圣录》卷一"五龙唐兴"条以及明初任自垣《大岳太和山志》卷十二《五龙旧观碑记》中，其言道：

> 臣每参玉历，得览玄文，谓玄帝事迹，出于太古。图记湮芜，世传讹舛，未究宗因。念欲编撰实录，降付名山，缘以事未际会，少阻殷勤。玄帝自宋启运以来，下世福佐社稷，今将四甲子矣，行化国内分野，别建紫虚坛，普度群品。而臣又得参侍灵轩，日亲宸陛，特因暇日考索三洞玉书，校成实录，不敢以鄙语雕诬绘素大德，盖摭诸实也。②

文字虽然是神降的方式产生，但从中我们可以得知两点重要信息。

其一，在真武信仰体系中，仙真董素皇是玄帝座下的护法神。关于这一点，《武当福地总真集》卷下的记载也可参证，其载道："上清天机都承旨神应元惠真君，姓董名素皇，天至真，莫究其旨。

---

① 王光德、杨立志：《武当道教史略》，第49页。朱越利教授以"文句不通"为由，怀疑这篇跋文是伪造的。（见朱越利《道教考信集》，齐鲁书社2014年版，第523页）
② 《玄天上帝启圣录》，《道藏》，第19册，第578页。

辅相玄帝，开教济物，位太清西王左上卿。"另一位给《玄帝实录》作序的仙真张亚，同为玄帝座下护法神。《武当福地总真集》卷下又载曰："九天掌籍上仙元皇帝君，姓张名亚，属三大神之一，掌桂禄籍，凡食禄为官、为儒者，皆隶之。为水府计度转运，相辅大道，佐玄帝济物。"①

其二，张明道做班长的紫虚坛，应当是一个供奉玄天上帝的道场，仙真董素皇、张亚等，都是该坛供奉的主要神仙。更为重要的是，该坛就在武当山，不然这段文字就不会出现在《五龙旧观碑记》中。关于这一点，还有更明确的史料证据。元人罗霆震《武当纪胜集》中载有一首名为"紫虚宫"的诗歌，文曰："建楚灵坛阐化初，祠庭想见大规模。空中楼阁空遗迹，安得如天复圣图。"②所谓"建楚灵坛"，毫无疑问就是指紫虚坛了。从诗歌来看，该坛在元代已经被毁，只留下遗迹。

《玄帝实录》的问世，体现了南宋武当山道士建构本山与真武神关系的努力。在北宋前期问世的《元始天尊说北方真武妙经》《太上说玄天大圣真武本传神咒妙经》中，已经有真武神成道前在武当山修道42年的表述，但对此并没有更多的阐发。而在《玄帝实录》中，武当山道士则着重细化了真武神修道、飞升的全过程，尤其是真武神在武当山的一系列活动，得到了进一步补充和描述。

二　元代真武灵应、本传文献的合编与图像化

元代在真武灵应文献的编纂史上有着重要地位。武当山道士一方面完成了对宋代真武灵应、本传文献的整合，并增补了元代新出的灵应故事，另一方面又实现了全书的图像化。元代所形成的这些编纂范式影响很大，后世真武灵应文献都是在此基础上再行增删或改编的。

---

① （元）刘道明：《武当福地总真集》，《道藏》，第19册，第664页。
② （元）罗震霆：《武当纪胜集》，《道藏》，第19册，第677页。

（一）《玄天上帝启圣录》

明《正统道藏》洞神部记传类收录一部内容完整的真武灵应文献，名为"玄天上帝启圣录"。明杨士奇《文渊阁书目》载有"《启圣实录》，一部一册"共四次，明晁瑮《晁氏宝文堂书目》亦载有《启圣实录》，可能就是此书，该书分为八卷。卷一主要叙述真武神出身、修道、飞升、受封等故事，与南宋《玄帝实录》内容相似。卷二至卷八主要叙述真武神在各地的感应故事，与北宋《启圣记》内容相似。故学者们普遍认为《玄天上帝启圣录》一书是对《启圣记》和《玄帝实录》的整合与改编①，萧登福教授甚至将陈伀《太上说玄天大圣真武本传神咒妙经注》所引《启圣记》《玄帝实录》的文字与《玄天上帝启圣录》相应章节一一比对，更加证明了前述观点的合理性。②

学者们的分歧主要在于《玄天上帝启圣录》的作者及成书时间。《道藏提要》认为"书中按语引用刘道明之《武当福地总真集》，则是书纂集当在元末明初"③。杨立志教授进一步断定该书即出于元代武当山道士张守清师徒之手，除《道藏提要》所列上述证据外，他还举出其他多种证据，如该书卷一多次出现元代武当山道士张守清所创"天一真庆宫"的字样④，此说有一定的合理性。然而，萧登福教授却有不同意见，他认为《玄天上帝启圣录》就是南宋紫虚坛道士张明道托仙真董素皇降笔的《玄帝实录》一书。其主要证据是前引《玄天上帝启圣录》卷一"五龙唐兴"条所收署名董素皇的那部分文字，文中董素皇自述其"校成实录"，萧教授认为这里的"实录"就是《玄天上帝启圣录》。

笔者难以同意这个看法，理由有三点。其一，如果《玄天上帝

---

① 参见王光德、杨立志《武当道教史略》，中国地图出版社2006年版；萧登福《玄天上帝信仰研究》，台北：新文丰出版公司2013年版。
② 参见萧登福《玄天上帝信仰研究》，台北：新文丰出版公司2013年版。
③ 任继愈主编：《道藏提要》，中国社会科学出版社1991年版，第438页。
④ 参见王光德、杨立志《武当道教史略》，中国地图出版社2006年版。

启圣录》成书于南宋,则难以解释书中为何大量出现有关元代武当山事迹的文字。其二,如果《玄帝实录》和《玄天上帝启圣录》是同一本书,那么该书后七卷自然就包括了《启圣记》所载真武灵应故事。既如此,则陈伀在《太上说玄天大圣真武本传神咒妙经注》中引用真武灵应故事的时候,直接征引《玄帝实录》或《玄天上帝启圣录》即可,为何还要单独引用《启圣记》呢?其三,萧教授最主要的证据是《玄天上帝启圣录》卷一"五龙唐兴"条有所谓董素皇"校成实录"的部分文字,其实这段文字恰恰可以证明《玄天上帝启圣录》是将《玄帝实录》与《启圣记》合编改造而来的。前文已谈及,《玄天上帝启圣录》一书可分为两大主题,即真武神的出身与其在各地的显应,而卷一"五龙唐兴"条恰恰是这两部分不同主题文字的分界线。这段文字比较完整,叙述了董素皇"校成实录"的缘由,同时还留下了时间和落款,文曰:"时在上天延康七劫,无上大罗天开化十三年,下世宋上元甲子,太岁甲辰,淳熙十一年正月辛卯朔十五日乙巳。太真西王左上卿,上清天机都承旨神应元惠真君,飞霞灵光真人,中黄先生,臣董素皇谨撰。"① 南宋陈伀在叙述《玄帝实录》成书经过的时候,谈到了该书结尾处有一段文字,他说:"末纪曰:时在上天延康七劫,无上大罗天开化十三年,下世大宋孝宗淳熙十一年,系中上元甲子内岁次甲辰正月辛卯溯十五日乙巳。"② 这段文字与"五龙唐兴"条署名董素皇的文字大致相同。由此我们可以推断,《玄天上帝启圣录》"五龙唐兴"条应当就是南宋《玄帝实录》书末结尾处的作者跋文。元人在整编《玄天上帝启圣录》时,并未将其删除,而是将冠以"五龙唐兴"的条目予以保留。

(二)《启圣嘉庆图》与《玄天上帝启圣灵异录》

元代武当山道士除了整合宋代真武灵应、本传文献以形成《玄

---

① 《玄天上帝启圣录》,《道藏》,第19册,第578页。
② (宋)陈伀:《太上说玄天大圣真武本传神咒妙经注》,《道藏》,第17册,第91页。

天上帝启圣录》以外，还进一步对其图像化，以图配文，并增补了元代最新的真武感应故事，形成《启圣嘉庆图》一书，增加其可读性和接受度。

《启圣嘉庆图》一书，明《道藏》未收，原本今已失传。今《道藏》洞神部记传类所收《玄天上帝启圣灵异录》一书，录有《启圣嘉庆图序》共7篇，其作者均为一时名流，如天师张与材、玄教嗣师吴全节、赵孟頫、虞集等，详述成书缘由，据此我们才得以知道该书之存在及其相关情况。此书多见于明清书目文献，如明晁瑮《晁氏宝文堂书目》载有《玄帝启圣加庆图》，清毛扆《汲古阁珍藏秘本书目》载有"元板《武当全相启圣实录》一本"①，清黄虞稷《千顷堂书目》载有"《武当嘉庆图》三卷"②。另外，明宣德七年（1432）道士徐永道曾在《启圣嘉庆图》的基础上，增补部分内容，刊刻成《重刊武当嘉庆图》。借由徐书，我们也可大概推知《启圣嘉庆图》的原始样式。关于《重刊武当嘉庆图》，我们留待下节再予讨论。

按《启圣嘉庆图序》的记载，该书由武当山天一真庆宫住持张守清师徒编纂而成。鲍思义的序说道：

> 洞渊张先生，开此山，构殿宇，规模宏丽，古昔未有。凡二十七年而后成，自非精修之至者，能如是乎。高弟唐中一、刘中和，继承师志，思惟玄帝实录，流布未广，作嘉庆图，形诸有相而叙其事，自初至终，至为周悉。募工锓梓，以传于世，俾观者因相以明其事，因事以知其灵，则皆起诚敬，而坚向善之心，渐可进于道矣。③

此处的"玄帝实录"，应当是《玄天上帝启圣录》，张守清师徒认

---

① （清）毛扆：《汲古阁珍藏秘本书目》，《丛书集成新编》（二），第73页。
② （清）黄虞稷：《千顷堂书目》，《丛书集成续编》（四），台北：新文丰出版公司1988年版，第414页。
③ 《启圣嘉庆图序》，《玄天上帝启圣灵异录》，《道藏》，第19册，第647页。

为其流传未广，便在其基础上，新绘图像配释文字而成《启圣嘉庆图》。另外，此7篇序言的写作时间大多在至大四年（1311）至延祐元年（1314）年间，故此书大约刊刻于此时前后。这段时间正是张守清在京师大显道法，得到朝廷封赏的时候。据程钜夫撰《大元敕赐武当山大天一真庆万寿宫碑》所载：至大三年（1310），因张守清声名日显，皇太后"闻师道行，遣使命建金箓醮，征至阙，及祷雨辄应，赐宫额曰天一真庆万寿宫"。"皇庆元年（1312）春三月，京师不雨，遍走群望不雨。诏武当道士张守清，祷而雨。明年春不雨，祷而雨。夏又不雨，又祷又雨。"① 张守清以其道法深得皇帝及太后赏识，故能在京师广邀贤达名流，为书作序。

虽然《启圣嘉庆图》对《玄天上帝启圣录》予以图像化，但是两者在内容上并不完全一样，《启圣嘉庆图》节录《玄天上帝启圣录》的部分内容，并增补了不少新东西。按张与材的序所言："取启圣记中数十图，加之圣朝高粱河示现龟蛇之瑞继其后，因曰嘉庆图。"② 从此处的记载来看，《启圣嘉庆图》所增补的是元代高粱河龟蛇显应的新故事。所谓高粱河显应，徐世隆《元创建真武庙灵异记》有较为详细之记载，文曰：

> 皇帝践祚之十年，奠新大邑于燕，落成有日矣。是岁冬十二月庚寅，有神蛇见于城西高粱河水中，其色青，首耀金彩，观者惊异。盘香延召，蜿蜒就享而去。翼日辛卯，复有灵龟出游，背纹金错，祥光绚烂，回旋者久之。夫隆冬闭藏之候也，龟蛇潜蛰之类也，出以是时，其为神物也，昭昭矣。既而，事传禁掖，皇后遣中使询于众，咸以为玄武神应。于是，有旨以明年二月甲戌，即所现之地构祠焉，昭灵既也。③

---

① （元）程钜夫：《大元敕赐武当山大天一真庆万寿宫碑》，载（明）任自垣《大岳太和山志》，《明代武当山志二种》，湖北人民出版社1999年版，第163页。
② 《启圣嘉庆图序》，《玄天上帝启圣灵异录》，《道藏》，第19册，第645页。
③ （元）徐世隆：《元创建真武庙灵异记》，《玄天上帝启圣灵异录》，《道藏》，第19册，第645页。

元世祖至元六年（1269），营建大都的工程暂告成功。当年十二月寒冬，有龟、蛇出现在大都城西的高粱河中，且异象连连。龟、蛇在冬季应当冬眠，此时却能现身，时人都觉得这是真武神的感应。此事被当作祥瑞上报给皇后，皇后下旨在龟蛇现身之地营建真武庙。这是真武神在元代的新感应故事，且与首都兴建工程有关，其政治意义重大，张守清觉得理应将其加入《启圣录》中，于是便有了《启圣嘉庆图》。

前文已经谈到，《启圣嘉庆图》原书虽已失传，但其七篇序言却完整保存在明《道藏》的《玄天上帝启圣灵异录》中。《灵异录》除了这几篇序言外，还收有《元创建真武庙灵异记》《元创建昭应宫碑》两篇、《元赐武当山大天一真庆万寿宫碑》，以及元代加封真武神的诏书五篇、加封张守清的诏书一篇。这些文字记载的恰恰就是前文所言真武神在元大都高粱河显圣的故事，由此我们可以推测，《玄天上帝启圣灵异录》很可能就是从《启圣嘉庆图》中节选出来的。杨立志教授曾经推论道："明初参加编纂《道藏》的武当道士认为《嘉庆图》内容与《启圣录》重复，故删去有关玄帝出身、显应的图文，留下元代碑记诏旨及序文，定其名为《玄天上帝启圣灵异录》，收入《道藏》。"① 笔者认为，从以上的分析来看，这个推论是比较可靠的。

三 明代真武灵应文献的编纂高潮

因明成祖及明皇室的推崇，真武崇拜在明代达于鼎盛。永乐十年（1412），朱棣决定开始大修武当山。在工程进行的过程中，据说真武神不断显圣，新的感应事迹层出不穷，这促使了真武灵应文献在明代有数次大规模增辑，从而迎来了编纂的高潮。

---

① 王光德、杨立志：《武当道教史略》，第87页。

(一) 与明初武当山兴建工程有关的新灵应文献

1.《天真瑞应碑》

明宣德六年（1431）成书的任自垣《大岳太和山志》载有一块名为"天真瑞应碑"的碑文，原碑目前尚未在武当山找到。碑文记载了从永乐十年（1412）九月朱棣决定兴建武当山宫观开始，至永乐十一年（1413）八月十九日期间，共17则真武神在武当山显圣灵应的故事。其中有6则故事文字较长且有标题，分别是："黄榜荣辉""黑云感应""骞林应祥""榔梅呈瑞""神留巨木""水涌洪钟"。其余故事则仅标明时间，并以简短文字述其内容。此碑在山志中仅录有文字，但从其内容来看，原碑应该也是有图有文，以图配文的形式。如："黄榜荣辉"条末尾载道："谨因图其实，并誊写敕谕于其上"；"神留巨木"条末尾亦载曰："仍图其事。"① 任自垣在编纂山志的时候，可能因为图像不便刊刻的原因，故仅录碑文，舍去了图画。

碑文17则故事集中发生在永乐十年和十一年，时间下限是永乐十一年（1413）八月十九日，这期间正是武当山营建工程如火如荼的时候。据山志记载，武当山的主体工程就是在永乐十一年八月宣告完工的。该年八月二十五日，朱棣给正一真人张宇清下旨，令其遴选道士充任新落成宫观的住持，圣旨中就谈道："今宫观告成，神明屡显休应，圆光煜烨，五色灿烂，神像昭彰，见于光内。"② 从时间上看，朱棣圣旨中所谈及的真武灵应事迹，应当与《天真瑞应碑》中所载有关。

值得注意的是，从碑文的记载来看，这17条瑞应故事和图画最开始并不是以碑刻的形式呈现的。"骞林应祥"文末载道："谨用采摘，进献于朝，仍附著《启圣录》，庶以扬其异也。""神留巨木"条文末载道："仍图其事，附著于《启圣录》云。"③ 随着武当

---

① 《天真瑞应碑》，载（明）任自垣《大岳太和山志》，《明代武当山志二种》，第179页。
② （明）任自垣：《大岳太和山志》，《明代武当山志二种》，第21页。
③ 《天真瑞应碑》，（明）任自垣：《大岳太和山志》，《明代武当山志二种》，第179页。

山营建工程的进展，不断出现新的灵应故事。时人便将这些故事以图文相配的形式，附著在元代的《玄天上帝启圣录》之后，并模仿其四字标题，以纪录真武神在明代的感应神迹。后来，可能是为了凸显明代灵应的特殊性，时人又将这些故事和图画单独析出，刻成了《天真瑞应碑》。

2. 《武当祥瑞图》

武当山的主体工程虽在永乐十一年（1413）就已完工，但随后还有其他配套工程陆续展开，如金顶大殿的铸造、安装等。在此过程中，真武显应的事件仍然不断发生，引起了明成祖的兴趣。永乐十六年（1418），朱棣给工程负责人隆平侯张信下旨："大岳太和山天真显现，瑞应祯祥，著提点每差人驰驿来奏。"① 他让武当山的各宫提点在出现瑞应的时候，一定要派人上报告诉他。道士们自不敢怠慢，便用图画的方式，将出现的瑞应景象一一送呈。幸运的是，这些珍贵的图像至今保存完好。今天北京白云观收藏有一幅长12.67米，高5.85米，名为"武当祥瑞图"②的巨幅画卷，其中共有彩绘图画15幅，画工精良，不似寻常人所作。每幅画前有一行字，叙述瑞应景象的出现时间、地点及内容。笔者判断这些图绘制的是武当山金顶兴建之时，在五龙宫、天柱峰、玉虚宫、南岩宫等处天空所出现的"五色圆光""五色彩云""皂旗"等奇异天象。之所以做此判断，原因在于这15幅图画中，有八幅发生的地点为天柱峰，而从图像来看，天柱峰金殿只有台基，说明工程还未完工。另外，据山志记载，金殿工程大致开始于永乐十四年（1416），该年九月初九朱棣下令"护送金殿船只至南京"③。前文已谈到，永乐十六年（1418），朱棣让人上报瑞应。因此，《武当祥瑞图》可能就在此前后绘制。

---

① （明）任自垣：《大岳太和山志》，《明代武当山志二种》，第23页。
② 2017年5月，第四届国际道教论坛在武当山召开，与此同时"中国（湖北）道教文物展"也在武当博物馆开展，笔者有幸在展览上见到了这幅名为"武当祥瑞图"的巨型长卷画册。
③ （明）任自垣：《大岳太和山志》，《明代武当山志二种》，第22页。

3. 《大明玄天上帝瑞应图录》

明《道藏》洞神部记传类收录有一部名为"大明玄天上帝瑞应图录"的文献，不署作者姓名，也没有创作时间。该作的内容主要有两大部分。其一，是永乐皇帝为武当山宫观营建相关事宜所下的一道圣旨、四道敕谕，以及两篇名为"御制大岳太和山道宫之碑"和"御制真武庙碑"①的碑文。其中，永乐十一年（1413）的圣旨，与永乐十六年的《御制大岳太和山道宫之碑》，均在武当山以巨型碑刻的形式分别矗立在玉虚宫、静乐宫、南岩宫、紫霄宫、五龙宫等处，至今保存完好。其二，则是17则真武神的感应故事与图画，这17则故事的内容与前述《天真瑞应碑》基本一致，《天真瑞应碑》不可见的图画部分，在这里被保存了下来。

《大明玄天上帝瑞应图录》所载内容均发生在永乐三年（1405）至永乐十六年（1418）之间，其中落款时间最晚的为永乐十六年十二月初三日所作《御制大岳太和山道宫之碑》，是朱棣为武当山营建工程整体完工而作的。因此，《大明玄天上帝瑞应图录》的成书时间当在此后不久，其目的是纪念永乐皇帝营建武当山的谋划及真武神在工程兴建过程中的显应。

（二）元明真武灵应文献的整合

明初因武当山的兴建而诞生的这些有关真武灵应的新文献，随后不久便在社会上流传开来，很多人将其与元代的《玄天上帝启圣录》予以整合，形成一部内容纵贯宋元明的完整真武灵应文献。

1. 《重刊武当嘉庆图》

《藏外道书》第32册载有一部名为"重刊武当嘉庆图"的文

---

① 《中华道藏》的整理者将本来属于《大明玄天上帝瑞应图录》的《御制真武庙碑》单独析出，独立成书，笔者不赞同这个做法。从《大明玄天上帝瑞应图录》的整体内容来看，《御制真武庙碑》虽被附在最后，但其与书前半部分所载的圣旨、敕谕、碑文等，同为永乐皇帝所作，且都与真武神崇拜有关，放入《大明玄天上帝瑞应图录》中并无不妥之处。

献，该书《中国古籍善本书目》"子部道家类"有收录①，藏于上海图书馆②，为海内外孤本仅存。因此，《藏外道书》应当是采上海图书馆藏本予以影印的。

书前收有赵弼撰于宣德七年（1432）的《重刊武当嘉庆图序》，由这篇序言，我们可以得知该书的编纂缘由及主要内容。其言道：

> 我朝太宗文皇帝德侔天地，治冠唐虞，尊礼百神，崇兴正教。惟以玄天上帝福佑生民，功垂永世，特敕大臣鼎新宫观。由是殿阁楼台巍然一新，金碧丹添，绚耀山谷。累感上真显化，神异昭灵，祯祥嘉瑞之应不可殚举。自两仪开辟以来，福地之盛，未有如今日者也。真成道人徐永道自念际遇圣明雍熙之世，皇冠鹤氅得逍遥于仙境中，无以补玄门之万一。乃求董、张、唐、刘四真师所著启圣嘉庆记图，首载国朝兴修之盛典，与夫圣真灵异昭应之迹。募缘绣梓，以寿其传。③

按序言所载，武当山道士徐永道有感于永乐皇帝兴修武当山的丰功伟绩，以及层出不穷的神灵显应，于是找来元代张守清师徒所编的《启圣嘉庆图》，将明代真武灵应神迹与之合编成一书，重新刊刻问世。

《重刊武当嘉庆图》，确如序言所说，采取图文相配的形式，图画占1页，文字占1页至2页，其内容主要由两大版块构成。第一部分为武当山兴建期间18则真武神显应之图画与相关说明文字，其中除第7则"玄帝圣号"条以外，其余17则的文字部分与《大明玄天上帝瑞应图录》及《天真瑞应碑》所载内容基本一致，仅个别用字有所不同。而图像的部分，两者在构图上十分相似，可能

---

① 《中国古籍善本书目》"子部下"，上海古籍出版社1998年版，第1070页。
② 《中国古籍善本书目》"子部下"，第1436页。
③ 《重刊武当嘉庆图》，《藏外道书》，巴蜀书社1992—1994年版，第32册，第1021页。

拥有共同的蓝本。第二部分为取自元代《启圣嘉庆图》的内容,共计 55 则故事和图画。其中除首则"净乐仙国"条外,其余 54 则均依《玄天上帝启圣录》的文本顺序,从"金阙化身"到"瓢倾三万"。在有些条目的文字结尾处,有署名"雪航道人赵弼拜手书"的"赞"诗。值得注意的是,这 54 则故事仅占《玄天上帝启圣录》不到一半的篇幅,因此,笔者怀疑今存《重刊武当嘉庆图》可能并不是完整本,而有残缺。

2.《大岳太和山启圣实录》

明初时类似《重刊武当嘉庆图》的文献还有不少,如《中国古籍善本书目》"子部道家类"收录有一部名为"新刊足本类编全相启圣实录"的文献[1],中国国家图书馆和北京大学图书馆均有收藏[2]。笔者在中国国家图书馆"中华古籍资源库"看到了该书的电子本[3],不过封面题签为"大岳太和山启圣实录"。另外,《中国古籍善本书目》将该书的成书时间定为"宣德七年",笔者在书中并未找到有关成书时间的只言片语,不知道其依据何在。

该书的内容同《重刊武当嘉庆图》类似,图文相配,亦分为两大版块。第一部分由 18 则真武神在武当山兴建过程中的感应神迹组成,图画占 1 页,文字占 1 页。绘图构思与布局同《大明玄天上帝瑞应图录》和《重刊武当嘉庆图》相似,但在细节上要更丰富和精致。文字与前两者相比差异不大,仅有个别不同。第二部分则与《重刊武当嘉庆图》有较大区别,分为前集、后集、续集、别集共四集。每集均有单独的标题,"前集"题为"新刊足本类编全相启圣实录",其余三集均题为"新刊武当足本类编全相启圣实录"。《中国古籍善本书目》可能是依据这第二部分的标题,从而将全书定名为"新刊足本类编全相启圣实录"。该部分的文字内容与《重刊武当嘉庆图》类似,均依据《玄天上帝启圣录》而来,且是完

---

[1]《中国古籍善本书目》"子部下",第 1070 页。
[2]《中国古籍善本书目》"子部下",第 1436 页。
[3] 该书也有影印出版,收入中国国家图书馆编《原国立北平图书馆甲库善本丛书》,国家国书馆出版社 2013 年版,第 648 册。

整收录，并多加了一则"净乐仙国"的内容。而在图画内容方面，其排版和绘制风格与该书第一部分及《重刊武当嘉庆图》差异较大。首先并不是一个故事一则图画，《玄天上帝启圣录》128则故事，此书虽收录了全部文字，但只给其中80则绘制了图画；其次每幅画仅占页面三分之一的内容，下部三分之二的页面则为文字。

从以上叙述来看，该书虽然也是将明代真武显圣神迹与《玄天上帝启圣录》加以合编，但是两部分的排版和绘图风格完全不同，给人的感觉更像是两部书拼凑在一起，而《重刊武当嘉庆图》则前后风格一致，没有这种问题。周绍良先生也注意到了这点，他指出，书的第二部分的排版"形式全同元至治刊本《全相平话五种》"①。此外，清毛扆《汲古阁珍藏秘本书目》载有"元板《武当全相启圣实录》一本"②。综合这些信息，笔者大胆推测，《大岳太和山启圣实录》后面取自《玄天上帝启圣录》的那部分，可能就是清毛扆所记载元代的旧版。时人在刊刻《大岳太和山启圣实录》的时候，保留了元版的旧貌，并在其前面增补了明代真武灵应的新内容，所以这前后两部分的排版风格才会出现不一致的现象。

3.《真武灵应图册》

1998年北京嘉德拍卖行以55万元的价格，拍卖了一幅明代真武灵应神迹的画作，后收藏于广东省佛山祖庙内。③ 在该画做拍卖前，拍卖方曾邀请国内道教研究学者们前去鉴定。据王育成研究员介绍："该批明代道教真武书画，拍卖时名为《真武灵应图册》，实际上并没有缀合或装订成册。原件实物是由八十二幅单页工笔彩绘图画和八十三幅单张对题文字纸页组成，前者为传说的真武玄天大帝的事迹画面，后者为同一故事的或长或短的文字载录。八十二幅工笔彩图已托裱为镜心片的形式，镜片画心呈正方形，高宽相同，均为二十八厘米左右。精工绘制，色彩古艳，画面风格十分一致，显系出自一人手笔。图右上侧画边写有泥金榜题，除个别彩图

---

① 周绍良：《〈新刊足本类编全相启圣实录〉书记》，《文献》1985年第2期。
② （清）毛扆：《汲古阁珍藏秘本书目》，《丛书集成新编》（二），第73页。
③ 参见肖海明《真武图像研究》，文物出版社2007年版。

的边脚有点不影响画面的缺损外，绝大部分彩图保存完好。与工笔彩图相配的对题文字，书写在典型的明代绵纸上，纸色微黄，但韧性良好，整纸纸面比对应的彩图画心稍大，竖写整行文字高二十四至二十五厘米，比画心要小，除个别纸面存有漫漶水纹外，大多数都完洁无损。"①

　　肖海明教授在其著作《真武图像研究》中以彩印的方式完整收录了《真武灵应图册》。这幅画册共有82幅图画、83幅题记，最后一幅图"三圣显形"对应两幅题记。其内容与前述《重刊武当嘉庆图》及《大岳太和山实录》一样，属于明代真武灵应神迹与元代《玄天上帝启圣录》的合编，不过收录并不完整，当是节选本。《大明玄天上帝瑞应图录》的17则灵应故事，《真武灵应图册》只收录了5则，且放在整个画册的末尾处而不是开头。《玄天上帝启圣录》的128则故事，《真武灵应图册》节选了其中78则，均有绘图。令人好奇的是，为什么此画册的绘制者要在100多则故事中单独挑出82个予以绘图呢？王卡先生认为："道教有老君八十二化而为玄帝真武之说，故为八十二图以应其数也。"② 真武神是太上老君第八十二化的说法出自《太上说玄天大圣真武本传神咒妙经》，原文为"玄元圣祖，八十一化显为老君，八十二化变为玄武"。此说有一定之合理性，在明末确有按"八十二化"来进行内容改编的文献，下文将会有分析。

（三）明末真武灵应文献的再次增辑与改编：《全像玄帝化书》

　　韩国首尔大学奎章阁韩国学研究院收藏一部明万历三十八年（1610）刊刻的《全像玄帝化书》，以图文并茂的方式刊载了道教神仙玄天上帝本传、灵应等故事，并增补了很多新的内容。借由此书，我们得以知道"真武灵应"这一系列文献在明代末年的最新

---

① 王育成：《新见明代彩绘真武图述略》，《艺术史研究》第2辑，中山大学出版社2000年版，第557页。
② 王卡：《大明玄天上帝瑞应图目击记》，《道教经史论丛》，巴蜀书社2007年版，第210页。

发展。

《全像玄帝化书》，共 8 卷，分 4 册，半页 10 行，每行 20 个字。每册封面均题名"全像玄帝化书"，不过在首册扉页处题名为"鼎锲全像玄帝化书"，在正文开始处题名为"新刻全像玄帝化书"。所谓"全像"，即在书中穿插整版图画，这是明代书坊为迎合读者的阅读喜好所设，风靡一时。所谓"化书"，是道教中专门记载神仙于世间显化、灵应神迹的一类书籍，如《道藏》洞玄部谱录类所载《西山许真君八十五化录》、洞真部记传类所载《纯阳帝君神化妙通纪》等，当属此同类书籍。

《全像玄帝化书》采取图文相配的刊刻形式，文字内容共由 6 大部分组成，分别是："修真始末""八十二化""国朝显应""武当山志""历代御制""名公艺文"。其内容均是根据历代已有道书、山志改编而来的："修真始末"记载真武神出身、修道、飞升、降魔、受封等本传故事，共 26 则，每则均有 4 字标题，其内容当出自《玄天上帝启圣录》卷一，不过在标题用语和内容文字上做了一定的改编。"八十二化"为全书的主体内容，记载了真武神在世间显化的 82 则故事，其内容出自《玄天上帝启圣录》卷二至卷八。这部分内容，《玄天上帝启圣录》共有 97 则，本书编纂者从中选取了 82 则，并对标题和文字做了相应的改动。之所以该书专选 82 则故事组成所谓"八十二化"，应当与前文所述道经记载玄天上帝乃太上老君八十二化有关。"国朝显应"共计 10 则，内容大多是明初武当山兴建过程中的真武显应故事，多出自《大明玄天上帝瑞应图录》。"武当山志"部分以图文并茂的方式，记载了武当山的历史沿革，以及八宫的基本信息。"历代御制"部分记载了宋、元、明三代共九位皇帝有关玄天上帝的赞语、诏书、碑记等。"名公艺文"部分记载了 8 篇明代文人士大夫所作有关武当山的游记、诗歌。后面这三部分内容均来自明代所编纂的武当山志书中。由此看来，《全像玄帝化书》虽名为"化书"，但实际内容却较为丰富，并不只是玄天上帝的应化神迹而已。除文字内容外，该书还刊载 32 幅图画，均根据相应文字内容绘制而成，每幅图均占两个页面，画工精良。

该书由"楚清江思诚孙希化纂集，南州奉道弟子龚寀参阅，金陵书林唐氏应元堂敬梓"①。书的编纂者孙希化，明代湖广行省施州卫人（今湖北恩施），为万历年间的贡生。② 书中有其自序，落款为"南直霍山庠训孙希化纂"③，据此，则孙氏曾在明代南直隶霍山县（今安徽霍山县）担任儒学训导，相关地方志的记载亦可佐证④。协助孙希化编纂工作的龚寀，生平事迹已不可考，不过从该书描述来看，应该是一位道教信徒。书的刊刻者，为明代南京书商唐应元。唐氏事迹也较难考，不过据学者研究，唐氏家族是明代南京的著名书商世家⑤，唐应元想必也是其中一员。

孙希化作为贡生、儒学训导，却来编纂、刊刻道教文献，与其一段神奇的人生经历有关。据自序所言："化自为诸生，以母疾，祷应。陟山（笔者注：武当山）叩谢，如身在天宫，日月风云，皆在其下。凛洌之气，令人不寒而栗；慈惠之容，令人不戚而悲。尘虑顿消，豪气若失。又四时佛号，响震山谷，匹夫匹妇，因而改弦，格于善良者，不知几万亿人矣。"孙希化因母亲疾病得愈，而去武当山进香还愿，在山中有过一段愉悦的精神体验，这让他认识到玄天上帝的信仰实有劝人向善的功能。其感慨道："今有强夫悍妇于此，甘恶靡悔，不可理谕势禁，质以武当香献，莫不发竖而舌噤。盖盛德大威慑其方寸，故至此耳。"基于此，孙希化对玄天上帝的认识便有超越道教的倾向，他论说道："洪惟三教祖师玄天上帝，盛德显业，直配乾坤。至其行化，累劫无量，莫可亿数。盖太

---

① （明）孙希化纂：《全像玄帝化书》卷一，明万历三十八年（1610）刻本，第1a页。
② 参见（清）张家枏修，（清）罗凌汉纂《恩施县志》卷二，清嘉庆十三年（1808）刻本。
③ （明）孙希化纂：《全像玄帝化书》序，第5b页。
④ 参见（清）秦达章修，何国佑纂《霍山县志》卷十二，清光绪三十一年（1905）刻本。
⑤ 参见张秀民著，韩琦增订《中国印刷史》，浙江古籍出版社2006年版，上册，第244页。

乙初劫，真气化形，非中古一门一法者可比。故神妙莫测，灵应如响，有如斯耳。"玄天上帝在过去的无数岁月里，行化显应，济世度人，在其心中地位远超三教，孙希化决心编纂玄帝的灵应文献，"以为世道人心之一助"。①

此书虽在国内少有收藏，但历代书目却多有著录。明祁承爜《澹生堂藏书目》载有"《玄帝化书》七卷"，不过著者却作"蔡淑达"②。无独有偶，清黄虞稷《千顷堂书目》也同样著录为"蔡淑达《玄帝化书》七卷"③。两部书目所载卷数、作者与《全像玄帝化书》的记载均不同，不知是著录失误，还是说存在另外一部由蔡淑达所编纂的七卷本《玄帝化书》，这有待更多史料的发现。《千顷堂书目》在"玄帝化书"条之前，还著录有"孙希化《玄帝真武全传》八卷"④，此书目前尚未得见，其与孙希化《全像玄帝化书》之间关系为何，也有待探讨。此外，据清代官修《秘殿珠林》记载，在宫中万善殿也收藏有"《玄帝化书》一部"⑤，这说明此书在社会上应当有一定影响，乃至宫禁亦有收藏。

四　结语

从北宋仁宗时期编纂《启圣记》开始，到明万历年间《全像玄帝化书》的问世，在这将近600年的时间里，以"真武灵应"为主题的系列文献不断得到增辑和改编，形成了一个内容丰富的完整文献演变链条。在此过程中，有三个关键性的环节。其一，宋代先后问世的《启圣记》和《玄帝实录》构成了后世所有真武灵应文献的主体部分。其二，元代武当山道士将宋代真武灵应、本传文

---

① （明）孙希化纂：《全像玄帝化书》序，第4a页。
② （明）祁承爜：《澹生堂藏书目》，《丛书集成续编》（三），台北：新文丰出版公司1988年版，第687页。
③ （清）黄虞稷：《千顷堂书目》，《丛书集成续编》（四），第414页。
④ （清）黄虞稷：《千顷堂书目》，《丛书集成续编》（四），第414页。
⑤ （清）张照等编：《秘殿珠林》，《故宫珍本丛刊》，海南出版社2001年版，第435册，第236页。

献予以合编，并对其图像化，为此系列文献奠定了新的编纂范式。其三，明初伴随着武当山营建工程又产生了一批新的真武灵应故事，使得该系列文献在明代迎来了一个编纂高潮。

  真武灵应文献的编纂者，主要由朝廷、道士和儒生这三股重要力量构成。历史上第一部真武灵应文献《启圣记》，是由北宋仁宗时期朝臣奉旨编纂而成的。明代作为真武神道场的武当山一跃成为皇室家庙，大批新的灵应文献问世。这些都反映了真武信仰的官方色彩，它得到了朝廷的大力支持。在此背景之下，道教界尤其是武当山的道士对真武灵应文献的编纂居功至伟。他们通过《玄帝实录》完整建构了真武神与武当山的密切联系，此后数次重要的文献编纂都能看到他们的身影。在朝廷与道教界的合力推动下，真武信仰在社会上得到广泛传播，影响力与日俱增，明末儒士加入编纂行列，就是明证。可以说，真武灵应文献的编纂史，也是一部宋元明时期社会各阶层共同参与的信仰共建史。

冥府图像：关于十王信仰的历史考辨*

张作舟

摘　要：宋元以来，冥府十王的信仰日益盛行，成为中国民间社会最为重要的一种习俗与文化现象。大量因果报应、审判罪人、地狱受刑的场景，通过民间传说、野史小说以及图像的形式，得以形象充分地展现出来。人们把公平与正义大多寄托于冥府十王的身上，对于那些乱臣贼子、天良丧尽的罪人，人间似乎没有惩罚，于是人们期盼着在幽冥的世界得以报偿。冥府十王的信仰源自佛教，入宋以后道教遂吸收了这种具有普适价值的信仰，并做了许多适当的调整，以便更加适于中国的民间社会，从而出现了一批有关的道经，以及奉太乙救苦天尊、冥府十王为主尊的黄箓斋仪、施食炼度科仪、破血湖灯仪、青玄济炼铁罐施食科仪、先天斛食济炼幽科仪、十王等，以审判天良丧尽的罪人、拯救深陷地狱的亡灵。

关键词：十殿冥王；审判罪人；拯救亡灵；施食炼度

作者简介：张作舟，四川传媒学院助理研究员（四川成都611730）。

---

* 本文是国家社会科学基金重大项目（10@ZH005）、四川省重大文化工程（川宣2012.110号）《巴蜀全书》2017年子项目《巴蜀水陆画》的阶段性成果。

太乙救苦天尊与十殿冥王是道教神系中的冥神，他们各有衙司，分别主理冥府地狱。为了救度地狱中受苦受难的众生，佛道两教专门配置了两位尊神主管教化，使之脱离苦海。佛门中有地藏王菩萨，在道教则是太乙救苦天尊。太乙救苦天尊下隶十殿冥王，十殿冥王分别管理冥府十殿，以及众多的大小地狱，担负着审判人间罪恶、决定六道轮回的责任，成为决定人们最终去处的主宰。

一　冥府十王的历史考辨

十王，也称十殿阎王、十殿冥王、十殿阎君等，即指秦广王、初江王、宋帝王、五官王、阎罗王、变成王、泰山王、平等王、都市王、五道转轮王。十王信仰，兴起于晚唐五代，一直持续到今天，成为我国民间信仰的重要部分，其六道轮回、因果报应的说法深刻影响着国人，为亡人作"七七斋"及周年斋、三年斋直至今日还在我国民间流传，成为中国民间一种重要的风俗习惯，甚至远播海外，成为东亚、东南亚国家普遍流行的信仰。

有关冥府十王的研究成果甚为丰富。早在20世纪30年代日本学者便开始关注十王信仰，塚本善隆即发表了《引路菩萨について》（京都《东方学报》第1期，1931年）。后以"引路菩萨信仰と地藏十王信仰"为名收入《塚本善隆著作集》第7卷（大东出版社1975年版）。之后，松本荣一发表了《地藏十王图と引路菩萨》（《国华》第515号，1933年）；在松本荣一所著《敦煌画の研究》（东京文化学院1937年版）第三章第七节、第八节"披帽地藏菩萨图""十王经图卷"专门分析了地藏与十王信仰。酒井忠夫《十王信仰に关する诸问题及び阎罗王受记经》（《斋藤先生古稀祝贺纪念论文集》，刀江书院1937年版），仁井田陞《敦煌发见十王经图卷に见ぇたる刑法史料》（京都《东方学报》第25卷3号，1938年），泉芳璟《〈十王经〉の研究》（《大谷学报》第22卷4，1941年），冈本三郎《敦煌发见十王经图卷に见ぇる狱门の犬について》（《东洋学研究》第1卷，1943年），秃氏佑祥、小川

贯式《十王生七经赞图卷の构造》（《西域文化研究》第 5 卷，法藏馆，1962 年版），田中一松《陆信忠十王图》（《国华》878 号，1965 年 3 月），梶谷亮治《日本における十王图の成立と展开》（《佛教艺术》第 97 号，1974 年），中野照男《朝鲜の地藏十王图について——日本传来品を中心として》（《佛教艺术》第 97 号，1974 年），吉冈义丰《中国民间の地狱十王信仰について》（《川崎大师教学研究所纪要》第 1 卷"佛教文化论集"，1975 年），小南一郎《〈十王經〉の形成と隋唐の民衆信仰》（《东方学报》第 74 册，2002 年），这些皆为研究十王信仰的力作。

进入 20 世纪 80 年代，中国学界开始重视对十王信仰的研究，并出现了一批颇具学术价值的成果。石守谦《有关地狱十王图与其东传日本的几个问题》（《中央研究院历史语言所集刊》第 56 本第 3 分册，1985 年）；萧登福《敦煌写卷〈佛说十王经〉的探讨》《敦煌所见 19 种"阎罗王授记经"〈佛说十王经〉之校勘》（《敦煌俗文学论丛》，台北：台湾商务印书馆 1988 年版）；罗华庆《敦煌地藏图像和"地藏十王厅"研究》（《敦煌研究》1993 年第 2 期）；汪玉祥《中国地狱"十殿"信仰的起源》（《古代西南丝绸之路研究》第 2 辑，四川大学出版社 1995 年版）；罗华庆《敦煌地藏图像和"地藏十王厅"研究》（《敦煌研究》1993 年第 2 期）；罗世平《地藏十王图像的遗存及其信仰》（《唐研究》第 4 卷，1998 年）；张总《〈阎罗王授记经〉缀补研考》（《敦煌吐鲁番研究》第 5 卷，2001 年）；何卯《试论大足"十王"对敦煌"十王"的传承》（《宗教学研究》2011 年第 3 期）；郭俊叶《敦煌晚唐"地藏十王"图像补说》（《华夏考古》2011 年第 4 期）；郝宪爱《敦煌十王信仰研究综述》（《兰台世界》2012 年第 1 期）；党燕妮《晚唐五代敦煌的十王信仰》（《麦积山石窟艺术文化论文集》，兰州大学出版社 2004 年版，下册）；美国学者太史文著，党燕妮、杨富学译，杜斗城校《中阴图：敦煌出土插图本〈十王经〉研究》（《西夏研究》2014 年第 4 期）；王娟《敦煌本〈十王经〉文本系统再考察——以经中长行为中心》（《世界宗教研究》2020 年第 1 期）；齐庆媛《榆林悬空寺万佛洞明代壁画地藏十王地狱变相考察》(《故宫博物院院刊》2016 年第 5 期);刘可维《敦煌本十王图所见刑具刑罚考——以唐宋〈狱官令〉为基础史料》(《文史》2016 年第 3 辑);张总、廖顺勇《四川安岳圣泉寺地藏十王龛像》(《敦煌学辑刊》2007 年第 2 期);张总《四川绵阳北院地藏十王龛像》(《敦煌学辑刊》2008 年第 4 期);张九玲《俄藏西夏本〈佛说十王经〉述略》[《首都师范大学学报》(社会科学版)2019 年第 2 期]。这些论文都是围绕佛教的十王信仰撰写的,其重点一是对敦煌本《十王经》的探讨,二是对四川石刻造像中十王造像的分析。

党燕妮在《晚唐五代敦煌的十王信仰》中指出,郭若虚《图画见闻志》记载画家王乔士"工画佛道人物,尤爱画地藏菩萨、十王像,凡有百余本传于世"。地藏菩萨与十王信仰息息相关,留存下来的地藏十王图与造像亦充分说明了晚唐五代至宋初这一时期十王信仰的兴盛。四川大足北山佛湾就保存了两龛地藏十王内容的造像,253 龛为晚唐五代时期造像,117 龛为五代所造。大足石篆山 9 号龛地藏十王像雕造于北宋绍圣三年(1096),大佛湾摩崖编号 20 则有地狱十王变相。另外,还有安岳圆觉洞 84 龛地藏十王像、内江清溪县五代十王像龛和巩县石窟寺十王像碑,张总先生认为圆觉洞十王像与敦煌纸本画极相似,并调查确认了山东东平县华严洞石窟、河北阜平的古佛堂,都有明代的地藏十王雕刻。塚本善隆提到四川有五代杜良造十王像,位于四川资中重龙山,可惜已被毁坏。山西蒲县东岳庙亦绘有包括地藏菩萨和十殿阎王的地狱变,一般认为是明代作品。麦积山第 2 窟也绘有十殿阎王及地狱变。大足 20 龛、蒲县东岳庙、麦积山 2 窟的地狱变时代靠后,为南宋、明代所造,故其内容更丰富生动,有关地狱的内容更多。地藏、十王图绘卷在中原遗存不多,由于其多绘于寺庙壁上或麻布、绢帛上用于供奉,历代画谱少有著录,但这并不能否定十王经图在民间的流传,只是由于种种原因,写经未能保存下来而已。20 世纪初在敦煌藏经洞发现的敦煌遗书中就有《十王经》等 30 多件及几十幅绢画像。敦煌、新疆出土加上传世本,现共保存 55 件《十王经》。另

冥府图像：关于十王信仰的历史考辨

外还有一些历史上流传海外的图卷，约有44件。造像与写经同样具有预修或追福的功德，是敦煌民众信仰冥间十王的表现形式之一。敦煌共遗存约有36铺十王地藏像，其中绢画20幅，石窟中壁画16铺。另外，还有莫高窟321前室西壁门南、榆林窟19前甬道北壁东侧、榆林窟33东壁门上均绘有地狱变，也与十王信仰息息相关。这些十王地藏图可分为两类，一种为说法图式，地藏居中，两侧从上至下分绘十王，每面五王，有的还绘有判官、道明和尚、善恶童子、金毛狮子等；另一种则将十王、判官等画像置于地藏菩萨像的下部，受密宗曼荼罗式影响。还有一些地藏十王与其他图像的组合图，如与观音菩萨、与净土说法图的配置，显示了十王信仰与观音信仰、净土信仰的密切关系。可见十王信仰在民间流行直至明、清两朝，有广泛而深刻的影响，最终成为中国传统文化与社会习俗的重要部分。其影响扩及日本、朝鲜等国，这从日、朝本国画师所画《十王图》（日本14幅、朝鲜18幅）及日本流传《生七经》（日本高野山宝寿院有藏本，收于《大正藏》图像部），就可看出。[①] 王娟指出，自敦煌藏经洞发现以来，中国的西北、东南、西南、中部等地又陆续发现了《十王经》。经统计，目前学界掌握的属于《十王经》系统的敦煌遗书本共有50余号；浙江台州黄岩灵石寺塔本5卷，内容完整；庐山开先寺本（现藏美国弗利尔艺术馆）1件，约为12世纪初大理国写本；陕西耀县神德寺本多号，残损严重。此外，河北定州、吐鲁番等地也有相关考古成果出土。大量《十王经》文本的发现，为研究《十王经》系统的演变提供了丰富的材料。在综合考察诸本同异的基础上，选择较易识别的列名菩萨数，将文本分为四种：三菩萨本、五菩萨本、六菩萨本、十一菩萨本。四种文本的演变，呈现四种特征：同出一源，三菩萨本最早，五、六、十一菩萨本的增衍异中有同，有赞本后出但不一定最晚。本文的考察可使《十王经》各种文本的思想及功能、十王信

[①] 参见党燕妮《晚唐五代敦煌的十王信仰》，《麦积山石窟艺术文化论文集》，兰州大学出版社2004年版，下册。

仰的演变过程更加明晰。①

在这些研究论文中,张总研究员的成就尤为突出。其著作《地藏信仰研究》(宗教文化出版社2003年版)、《中国三阶教史》(社会科学文献出版社2013年版),学界多有赞誉之言。之后,他将探索的领域由地藏信仰向十王信仰延伸下去。文章主要有《四川安岳圣泉寺地藏十王像》《四川绵阳北山院地藏十王龛像》(《敦煌学辑刊》2007年第2期、2008年第4期)、《十王地藏经图续说》(《2009年大足石刻国际学术会论文集》,重庆出版社2013年版)、《地藏菩萨统领十殿冥王之进程——兼议艺术考古中之读图程序》(《雷德侯教授荣退纪念专刊》2010年7月)、《风帽地藏像的由来与演进》(《世界宗教文化》2012年第1期)、《十王地藏信仰图像源流演变》(中国台湾"中研院"2012年"第四届国际汉学会议"论文)、《安岳香坛寺及川渝十王龛像等——2014年大足国际学术研讨会论文》《四川安岳香坛寺地藏十王龛像》(《美成在久》总8,2015年)、《〈十王经〉新材料与研考转迁》(《敦煌吐鲁番研究》第15卷,上海古籍出版社2015年版)。从这些文章发表的时间就可以看出,张总一直在关注十王信仰这一研究领域,自2007年以来,几乎每年都有相关成果发表。他的这些成果,无疑极大地推动了十王信仰的研究。②

以上所有的研究都是围绕佛教的十王信仰展开的,几乎没有任何涉及道教的内容。直至2012年李远国教授发表《从十殿冥王图看清代四川地区的十王信仰》一文,以清末十殿冥王图为基础史料,依据道经史籍所载,对图中的主要内容、神真、图像加以分析、辨识,详细的分析,指出十王信仰的出现与形成,与佛教的地藏王菩萨、道教的太乙救苦天尊有直接的关系。溯其渊源,十王信仰是由阿弥陀佛信仰经西域、河西发展起来的地藏信仰、六道轮回说,与中国传统的孝亲伦理、道教的太乙救苦天尊、魂归地狱思想

---

① 参见王娟《敦煌本〈十王经〉文本系统再考察——以经中长行为中心》,《世界宗教研究》2020年第1期。

② 参见王大伟《从地藏到十王——评张总十王信仰研究的系列成果》,《世界宗教研究》2016年第5期。

等诸多复杂因素的结合而产生的,并与四川有着非常密切的关系。早在晚唐五代,四川地区的十王信仰就已相当盛行。"唐末以来,在四川地区广泛流行的冥界十王信仰的形态……可直接追溯到成都大圣慈寺的僧侣译经活动。"① 唐末不仅有大慈寺沙弥藏川撰述《十王经》,而且在绘画方面也已经出现了这类题材:"以《阎罗王授经记》为内容的《地藏十王经变》和以《道明还魂记》为内容的《地藏菩萨六道轮回》,以及行道高僧、引路菩萨、天神、地祇、岳渎、神仙等类道释形象,显示出佛、道合流的新趋势。"② 从而打开了研究道教十王信仰的门户。③

二 道教十王信仰的历史考辨

道教十王的信仰源自佛教,这是十分明确的。在借鉴唐末大慈寺沙弥藏川《十王经》的基础上,道教编写了自己的《十王经》,从而具有与佛教《十王经》不同的内容。后经《玉历至宝钞》的充实,形成了一个独立的道教十王谱系。这个谱系是以太乙救苦天尊为主尊,其下隶属十殿冥王。十殿冥王分别管理冥府十殿,以及众多的大小地狱,担负着审判人间罪恶、决定六道轮回的责任,成为决定亡灵六道轮回、最终去处的主宰。正是为了救度地狱中受苦受难的众生,佛道两教专门配置了两位尊神主管教化,使之脱离苦海。佛门中有地藏王菩萨,在道教则是太乙救苦天尊。

按照地狱神灵谱系,陪侍太乙救苦天尊的左右神灵有十方救苦天尊、九幽拔罪天尊、朱陵度命天尊、火炼丹界天尊、法桥大度天尊、金阙化身天尊、逍遥快乐天尊、宝华圆满天尊等。他们因时降世,开度天人,又化生为十殿冥王。《元始天尊说酆都灭罪经》曰:"尔时,天尊说斯十会斋功十王名号,留传世间,开示愚蒙。一七,秦广大王泰素妙广真君。二七,初江大王阴德定休真君。三

---

① 王卫明:《大圣慈寺书画丛考》,文化艺术出版社2005年版,第169页。
② 金维诺、罗世平:《中国宗教美术史》,江西美术出版社1995年版,第171页。
③ 参见郭齐勇、蔡方鹿主编《存古尊经观澜明变》,四川文艺出版社2012年版。

七，宋帝大王洞明普静真君。四七，五官大王玄德五灵真君。五七，阎罗大王最胜耀灵真君。六七，变成大王宝肃昭成真君。七七，泰山大王等观明理真君。百日，平等大王无上正度真君。小祥，都市大王飞魔演庆真君。大祥，转轮大王五化威德真君。天尊告曰：众生父母眷属，当随地狱死亡之后，建修功德善会，死魂托生上天，不堕恶道，流传国界，依教修行，拔度亡魂，不经地狱。如修道教，功德无量，随罪轻重，各受果报，或造广恶，不修片善，命没之后，勒入二十四狱，依法考罪。第一曰监天地狱，第二曰平天地狱，第三曰九天地狱，第四曰律令地狱，第五曰清泠地狱，第六曰无量地狱，第七曰太真地狱，第八曰三六地狱，第九曰天乙地狱，第十曰黑劫地狱，第十一女青地狱，第十二拷掠地狱，第十三刀山地狱，第十四剑树地狱，第十五铜柱地狱，第十六勒床地狱，第十七火山地狱，第十八炉炭地狱，第十九铜汁地狱，第二十锯斫地狱，二十一石碛地狱，二十二寒冰地狱，二十三河伯地狱，二十四热火地狱。"① 太乙救苦天尊誓愿济度人鬼，其应化之十方救苦天尊、十殿冥王，职属罚恶扶善，而其罚恶之宗旨，即在纠转世人，裨使能祛兽性，返人性，复道性。

图1画面分上下层，上层乘毛驴车的为泰素妙广真君，下层正坐曹案前的为秦广王，他正在审理案件。

泰素妙广真君即秦广王。《地府十王拔度仪》曰："焚香供养，冥府第一宫泰素妙广真君。世人所谓秦广大王。其中地狱，长蛇吐焰，铁狗喷烟。亡人一七，先到此宫。天尊哀悯，救度亡魂，出离冥涂，乃称偈赞。玉宝皇上天尊。茫茫苦海实堪哀，恶业于身手自栽。魂魄已归司命府，幽关锁闭几时开。长蛇吐焰炎如火，铁狗喷烟阵阵来。稽首谛听三宝颂，普令超度出泉台。"② 陈仲远《十王告简全集》曰：泰素妙广真君，"位列震宫，尊居卯位，执掌风雷地狱，权衡霹雳之威。行善者作于青篇，作恶者标于黑簿，考察无私"③。

---

① 《道藏》，文物出版社、上海书店出版社、天津古籍出版社1988年版，第2册，第41页。
② 《道藏》，第3册，第597页。
③ 《藏外道书》，巴蜀书社1992年版，第14册，第388页。

冥府图像：关于十王信仰的历史考辨

一殿秦广王，专司人间寿夭生死册籍，统管幽冥吉凶。鬼判殿居大海沃石外，正西黄泉黑路。凡善人寿终之日，接引往生。凡勾到功过两平之男妇，送交第十殿，发放仍投人世。或男转为女，或女转为男，依业缘分别受报。凡恶少者，使入殿右高台，名为孽镜台，台高一丈，镜大十围，向东悬挂，上横七字曰："孽镜台前无好人。"押赴多恶之魂，自见在世之心之险，死赴地狱之险。那时方知万两黄金带不来，一生唯有孽随身。入台照过之后，批解第二殿。用刑发狱受苦。①

图2画面分上下层，上层骑狮车的为泰素妙广真君，下层正坐曹案前的为秦广王，他正在审理案件。

图1　泰素妙广真君秦广王
中华民国　纸本设色　李黎鹤藏

图2　阴德定休真君楚江王
中华民国　纸本设色　李黎鹤藏

---

① 《玉历至宝钞》，《藏外道书》，第12册，第789页。

阴德定休真君即楚江王。《地府十王拔度仪》曰:"焚香供养,冥府第二宫阴德定休真君,见世名曰初江大王。其中地狱,刀山剑树,火翳寒冰,亡人二七,须诣此宫。天尊哀悯,拔度亡魂,出离冥涂,乃称偈赞。玄真万福天尊。众生成造恶因缘,孰为回心见福田。剑树刀山屠一体,汤随烈火恣烹煎。无明种种欺方寸,一念思惟祗罪愆。汝等归依无上道,当来速得往生天。"① 陈仲远《十王告简全集》曰:南方玄真万福天尊,"位列离宫,尊居午位,执掌火翳地狱,威专烈焰之权。杳杳冥途,莫睹破幽之烛。茫茫苦海,难逢济险之舟。生死殊途,轮回不免"②。

楚江王主持第二殿,司掌大海之底。正南沃石下活大地狱。此重纵广五百由旬,另设以下十六小地狱。一名黑云沙小地狱,二名粪尿泥小地狱,三名五叉小地狱,四名饥饿小地狱,五名渴小地狱,六名脓血小地狱,七名铜斧小地狱,八名多铜斧小地狱,九名铁铠小地狱,十名幽量小地狱,十一名鸡小地狱,十二名灰河小地狱,十三名斫截小地狱,十四名剑叶小地狱,十五名狐狼小地狱,十六名寒冰小地狱。③

图 3 画面分上下层,上层骑马车的为洞明普静真君,下层正坐曹案前的为宋帝王,他正在审理案件。

洞明普静真君即宋帝王。《地府十王拔度仪》曰:"焚香供养,冥府第三宫洞明普静真君,世人所谓宋帝大王。其中地狱,吞火食毒,屠割身形。亡人三七,须诣此宫。天尊大慈,不令经涉,乃作偈颂。太妙至极天尊。冥冥幽府九重根,长夜唯闻苦毒声。狱卒强教吞毒炭,牛头屠割汝形身。前生业果重重积,殁后悲酸一一经。今日听宣无上道,此身速离广寒庭。"④ 陈仲远《十王告简全集》曰:洞明普静真君,"位列兑宫,尊居酉位,执掌金刚地狱,威司考掠之权。诠量功德,了无毫发之私。报对冤仇,备极再三之间。

---

① 《道藏》,第 3 册,第 597 页。
② 《藏外道书》,第 14 册,第 389 页。
③ 《玉历至宝钞》,《藏外道书》,第 12 册,第 789 页。
④ 《道藏》,第 3 册,第 597 页。

冥府图像：关于十王信仰的历史考辨

善篇有记，罪积无差"①。

宋帝王主持第三殿，掌大海之底东南方沃石下的黑绳大地狱。此地狱宽广八千里，另设十六小地狱：一名咸卤小地狱，二名麻环枷纽小地狱，三名穿肋小地狱，四名铜铁刮脸小地狱，五名刮脂小地狱，六名钳挤心肝小地狱，七名挖眼小地狱，八名铲皮小地狱，九名刖足小地狱，十名拔手脚小地狱，十一名吸血小地狱，十二名倒吊小地狱，十三名分髁小地狱，十四名蛆蛀小地狱，十五名击膝小地狱，十六名割心小地狱。②

图4画面分上下层，上层骑牛车的为玄德五灵真君，下层曹案前双手捧笏者为五官王，他正在祈请太一敕令。

图3　洞明普静真君宋帝王
中华民国　纸本设色　李黎鹤藏

图4　玄德五灵真君
中华民国　纸本设色　李黎鹤藏

① 《藏外道书》，第14册，第390页。
② 《玉历至宝钞》，《藏外道书》，第12册，第790页。

玄德五灵真君即五官王。《地府十王拔度仪》曰:"焚香供养,第四宫玄德五灵真君,世人所谓件官大王。其中地狱,负沙运石,无有休息。亡人四七,须诣此宫。天尊大慈,广垂哀悯,救度众生,而作偈颂。玄上玉晨天尊。酆都六洞大冥乡,窈窕穷魂实可伤。恶业沉魂归地府,善功圆满上天堂。负沙运石无休息,滚滚长河似沸汤。谛听慈悲无上语,今为甘露入饥肠。"① 陈仲远《十王告简全集》曰:玄德五灵真君,"位居坎宫,尊居子位,执掌冥冷地狱,权衡冰雪之威。城峙四周之铁,欲出无门。剑生万树之傍,实观有惧。众生无赖,五苦难逃"②。

五官王主持第四殿,司掌大海之底,正东沃石下合大地狱。此重亦广五百由旬,亦另有十六小地狱。一名池小地狱,二名蛰链竹签小地狱,三名沸汤浇手小地狱,四名掌畔流液小地狱,五名断筋剔骨小地狱,六名堰肩刷皮小地狱,七名锁肤小地狱,八名蹲峰小地狱,九名铁衣小地狱,十名木石土瓦压小地狱,十一名剑眼小地狱,十二名飞灰塞口小地狱,十三名灌药小地狱,十四名油滑跌小地狱,十五名刺嘴小地狱,十六名碎石埋身小地狱。③

图5画面分上下层,上层骑象车的为最圣耀灵真君,下层正坐曹案前的为阎罗王,他正在审理案件。

最圣耀灵真君即阎罗王。《地府十王拔度仪》曰:"焚香供养,冥府第五宫最圣耀灵真君,世人所谓阎罗大王。乃北阴天君之上佐,诸大地狱之总司,号同九幽,位齐五斗。亡人五七,当至此宫。业镜现形,随缘报对。天尊慈悯,普为众生。拔度亡魂,而作偈颂。度仙上圣天尊。众生颠倒昧元因,欲海茫茫错用心。金玉如山难济死,临行惟有业随身。三涂渺渺无超度,长夜冥冥正拷魂。地狱须臾皆解脱,一心恭敬大慈尊。"④ 陈仲远《十王告简全集》曰:度仙上圣天尊,"位列艮宫,尊居丑位,执掌镬汤地狱,威张

---

① 《道藏》,第3册,第597页。
② 《藏外道书》,第14册,第391—392页。
③ 《玉历至宝钞》,《藏外道书》,第12册,第790页。
④ 《道藏》,第3册,第598页。

煮溃之权,七情六欲,难逃业镜之分明,五体四肢,最苦风刀之拷掠,死生判注,善恶攸分,大悲大愿,大圣大慈,冥府五官阎罗天子最圣耀灵真君"①。

五殿阎罗王,本居第一殿,因怜屈死,屡放还阳申雪。降调司掌大海之底东北沃石下,叫唤大地狱,并十六诛心小地狱。凡一切鬼犯,发至本殿者,已经诸狱受罪多年,即有在前四殿,查核无甚大过。各按期七日,解到本殿,亦查毫不作恶,尸至五七日,未有不腐者也。鬼犯皆说在世尚有未了善愿,或称修盖寺院桥梁街路,开河淘井,或集劝善书章未成,或放生之数未满,或父母尊亲生养死葬之事未备,或受恩而未报答,种种等说,哀求准放还阳,无不誓愿,必做好人。今来本殿鬼犯,照过孽镜,悉系恶类,毋许多言,牛头马面,押赴高台一望可也。所设之台,名曰望乡台,面如弓背,朝东西南三向,湾直八十一里,后如弓弦,坐北剑树为城。台高四十九丈,刀山为坡,砌就六十三级。善良之人,此台不登,功过两平,已发往生。只有恶鬼,望乡甚近,男妇均各,能见能闻,观听老少,语言动静,遗嘱不遵,教令不行。搪塞不逊,一概舛错,尽推死人。三党亲戚,怀怨评论,儿女存私。略有几个,想念前情,抚棺一哭,冷笑两声。更有恶报,男受宫刑,妇生怪病,子被人瞒,女被人淫,业皆消散,房屋火焚,大小家事,倏忽罄尽。凡鬼犯闻见之后,押入叫唤大地狱内。细查曾犯何恶,再发入诛心十六小地狱受苦。小地狱内,各埋木桩,铜蛇为链,铁犬作墩,捆压手脚,用一小刀,开膛破腹,钩出其心,细细割下,心使蛇食,肠给狗吞。受苦满日,止痛完肤,另发别殿。②

图 6 画面分上下层,上层为天界,云端中有三官大帝、南斗六星、南极长生大帝。下即殿堂,中央匾额题"度命天宫",堂中朝案坐有一神真,为宝肃昭成真君。下层为地狱,殿堂中央题"崇王□府"。朝案前端坐者为卞城王,其右侧有侍童、判官。

---

① 《藏外道书》,第 14 册,第 393 页。
② 《玉历至宝钞》,《藏外道书》,第 12 册,第 791—792 页。

图 5 　最圣耀灵真君
中华民国　纸本设色　李黎鹤藏

图 6 　宝肃昭成真君卞城王
清代　纸本设色　四川
原道博物馆藏

宝肃昭成真君即卞城王。《地府十王拔度仪》曰："焚香供养，冥府第六宫宝肃昭成真君，世人所谓变成大王。其中地狱，金钉拔舌，铁斧剖胸。亡人六七，当诣此宫。昼夜拷魂，被受诸苦。天尊慈悯，奉为一切穷魂，而作偈颂。好生度命天尊。刀山剑树铁成林，恶业众生正苦吟。浮世电光来快乐，冥涂千劫永湮沉。阴司报对无容隐，拔舌剖胸痛莫禁。为汝灭除无量业，当来稽首谢三清。"① 陈仲

① 《道藏》，第 3 册，第 598 页。

远《十王告简全集》曰：东南方好生度命天尊，"位列巽官，尊居幽府，执掌铜柱地狱，威专足履之刑。辨明善恶，如日月之无私。注判姓名，若风雷之莫测。凡有众生，难逃六道"①。

六殿卞城王，司掌大海之底，正北沃石下，大叫唤大地狱，广大五百由旬。四围另设十六小地狱，一名常跪铁砂小地狱，二名屎泥浸身小地狱，三名磨摧流血小地狱，四名钳嘴含小地狱，五名割肾鼠咬小地狱，六名棘网蝗钻小地狱，七名碓捣肉浆小地狱，八名裂皮暨擂小地狱，九名衔火闭喉小地狱，十名桑火烘小地狱，十一名粪污小地狱，十二名牛雕马躁小地狱，十三名绯窍小地狱，十四名头脱壳小地狱，十五名腰斩小地狱，十六名剥皮揎草小地狱。②

图7画面分上下层，上层中骑马车的为泰山玄妙真君，下层中正坐曹案前的为泰山王，他正在审理案件。

泰山玄妙真君即泰山王。《地府十王拔度仪》曰："焚香供养，冥府第七宫泰山玄妙真君，见世名曰泰山大王。受上帝敕命，佐理北阴，昼居东岳，夜入冥府。亡人终七，须诣此宫。拷定因缘，校量罪福。天尊救度，普使超升，为诸众生，而作偈颂。太灵虚皇天尊。人间祸福本无门，汝等亲栽善恶根。方寸但知藏垢秽，百年数尽作孤魂。业风吹处生还死，万劫悲辛不忍闻。为汝灭除无量业，当来来敬大元君。"③ 陈仲远《十王告简全集》曰：泰山玄妙真君，"位列坤宫，尊居泉曲，执掌屠割地狱，威权刀割之刑。无偏无党，赏刑罚于多劫于生。难理难明，辨枉直于四旬九日。死生辗转，功德定分"④。

七殿泰山王，司掌大海之底，西北沃石下，热恼大地狱，周围广五百由旬，并另设十六小地狱。一名恤自吞小地狱，二名冽胸小地狱，三名笛腿火逼坑小地狱，四名权抗发小地狱，五名犬咬胫骨小地狱，六名燠痛哭狗墩小地狱，七名则顶开额小地狱，八名顶石

---

① 《藏外道书》，第14册，第394页。
② 《玉历至宝钞》，《藏外道书》，第12册，第792页。
③ 《道藏》，第3册，第598页。
④ 《藏外道书》，第14册，第394、395页。

蹲身小地狱，九名端鸮上下啄咬小地狱，十名务皮猪拖小地狱，十一名吊甲足小地狱，十二名拔舌穿腮小地狱，十三名抽肠小地狱，十四名骡踏猫嚼小地狱，十五名烙手指小地狱，十六名油釜滚烹小地狱。①

图8画面分上下层，上层骑狮子车的为无上正度真君，下层正坐曹案前的为平等王，他正在审理案件。

图7　泰山玄妙真君泰山王
中华民国　纸本设色　李黎鹤藏

图8　无上正度真君平等王
中华民国　纸本设色　李黎鹤藏

① 《玉历至宝钞》，《藏外道书》，第12册，第792页。

无上正度真君即平等王。《地府十王拔度仪》曰："焚香供养，冥府第八宫无上正度真君，世人所谓平等大王。其中罪人，手抱铜柱，身卧铁床。死经百日，方到此宫。罪业大深，拘留此狱。天尊大慈，哀悯众生，济度罪魂，而作偈颂。无量大华天尊。冥官鼓笔怒威惊，拷掠悲辛不忍闻。人世百年无片善，亡灵过恶似沙尘。阴关未隔阳光界，骨肉为谁救拔人。惟愿脱离幽锁去，得生恭敬大慈尊。"① 陈仲远《十王告简全集》曰：无上正度真君，"位列乾宫，尊居阴府，执掌火车地狱，威司运转之权。设衡石而考功过，平等无私。主夙人以判升沉，磨研有当。无私无曲，不顺不逆"②。

八殿平等王，司掌大海之底。西南沃石下，阿鼻大地狱。圜叠绕广八百由旬。密设铁网之内。另设十六小地狱，一名敲骨灼身小地狱，二名抽筋擂骨小地狱，三名鸦食心肝小地狱，四名狗食肠肺小地狱，五名身溅热油小地狱，六名脑箍拔舌拔齿小地狱，七名取脑填小地狱，八名蒸头刮脑小地狱，九名羊搐成盐小地狱，十名木夹顶小地狱，十一名磨心小地狱，十二名沸汤淋身小地狱，十三名黄蜂小地狱，十四名蝎钩小地狱，十五名蚁蛀熬眈小地狱，十六名紫赤毒蛇钻孔小地狱。③

图9画面分上下层，上层为天界，云端中站立二组仙真，共八位。殿堂中央匾额题"明皇天宫"，堂中朝案坐无上正度真君。下部为地狱，殿堂中央题"幽都市府"，都市王端坐堂中朝案，后有二侍童，右侧一判官。案桌前左侧有一手捧供食者、一文官，右侧有一判官，两手抓住罪人两足，将其投入油祸之中；一恶鬼添柴壮火，一罪人跪地求饶。旁有城名"铁围城"，一恶鬼抱腿而坐城门前，黑白二犬镇守其门。

飞魔演化真君即都市王。《地府十王拔度仪》曰："焚香供养，冥府第九宫飞魔演化真君，世人所谓都市大王。其中地狱，锯解镬汤，万死千生，无有休息。死经周岁，方诣此宫。天尊布化，普为

---

① 《道藏》，第3册，第599页。
② 《藏外道书》，第14册，第396页。
③ 《玉历至宝钞》，《藏外道书》，第12册，第793页。

众生，大启慈悲，救苦度厄，而作偈颂。玉虚明皇天尊。冥关一闭永无光，溟漠幽昏去路长。浮世何由通信息，酆都境界隔阴阳。危冠朱吏司刑刹，狱卒牛头掌镬汤。稽首慈尊来救苦，愿乘超度入仙乡。"① 陈仲远《十王告简全集》曰：飞魔演化真君，"敕合乾元，德隆坤域，执掌普掠地狱，威张炽盛之权。三百六旬之黜陵，事事难明。一十八地狱之经由，人人战栗。凡积愆于平日，必定罪于斯时。九地轮回，三途往返"②。

九殿都市王，司掌大海之底正西沃石下，大热恼大地狱，此狱纵广五百由旬。另设十六小地狱，一名车崩小地狱，二名闷锅小地狱，三名碎剐小地狱，四名孔小地狱，五名翦朱小地狱，六名常圊小地狱，七名断肢小地狱，八名煎脏小地狱，九名炙髓小地狱，十名爬肠小地狱，十一名焚小地狱，十二名开瞠小地狱，十三名剐胸小地狱，十四名破顶撬齿小地狱，十五名割小地狱，十六名钢叉小地狱。③

图10画面上层骑骡子车的为五灵威德真君，下层正坐曹案前的为转轮王，他正在审理案件，决定亡魂的去处。

五灵威德真君即转轮王。《地府十王拔度仪》曰："焚香供养，冥府第十宫五灵威德真君，见世名曰转轮大王。应诸罪魂，死经大祥，方至此宫。天尊悯济，救拔亡灵，而为偈颂。真皇洞神天尊。虚皇演教说真诠，普为众生度有缘。行满登高无色界，罪根深重入冥泉。逍遥宴处金华馆，累劫应知见福田。一切幽魂咸解脱，尽披重雾睹青天。"④ 陈仲远《十王告简全集》曰：五灵威德真君，"位尊幽都，名尊十帝，执掌罗酆之府，权衡宪法之严。有生有死，两分而入之机。无党无偏，三等幽冥之拷。他时所造，此际何逃"⑤。

---

① 《道藏》，第3册，第597页。
② 《藏外道书》，第14册，第397页。
③ 《玉历至宝钞》，《藏外道书》，第12册，第793页。
④ 《道藏》，第3册，第599页。
⑤ 《藏外道书》，第14册，第398页。

冥府图像：关于十王信仰的历史考辨

图9　飞魔演化真君都市王
清代　纸本设色　四川
原道博物馆藏

图10　五灵威德真君转轮王
中华民国　纸本设色　李黎鹤藏

十殿转轮王，殿居幽冥沃石外，正东直对世界五浊之处。设有金银玉石木板奈何等桥六座，专司各殿解到鬼魂，分别核定，发往四大部洲何处，该为男女寿夭富贵贫见之家投生者。逐名详细开载，每月汇知第一殿，注册送呈酆都，阴律凡胎卵湿化，无足两足四足多足等类，死就为轮推磨转。或年季生死，或朝生暮死，反复变换，为不定杀。为必定杀之类，概令转劫所内，查较过犯，分发各方受报，岁终汇解酆都。凡阳世读易儒士，诵经僧道，勾至阴司，念诵圣经咒语，致诸狱不能用刑。使受苦报者，解到本殿，逐

· 183 ·

名注载，并绘本来面目，名曰堕落生册，押交孟婆尊神下，灌饮迷汤，派投人胎。世人若于四月十七日，誓立信心，遵奉玉历，知警行事，常将以上诸语向人谈说者，来生发往阳世为人，不受鄙薄，不遭官刑水火伤体等项之灾。①

概而言之，道教的十王分别主理天庭与冥府，在天庭谓之真君，在冥府谓之大王。他们是同神而异体：秦广大王泰素妙广真君，楚江大王——阴德定休真君，宋帝大王——洞明普静真君，五官大王——玄德五灵真君，阎罗大王——最胜耀灵真君，变成大王——宝肃昭成真君，泰山大王——等观明理真君，平等大王——无上正度真君，都市大王——飞魔演化真君，转轮大王——五灵威德真君。

三 冥府世界的太乙救苦天尊

太乙救苦天尊，又称"太一救苦天尊""寻声救苦天尊""青玄上帝太乙元皇救苦天尊""东极青宫黄箓教主救苦天尊青玄九阳上帝"等。宁全真《上清灵宝大法》卷十说："太乙救苦天尊，乃始青一气分形，九圣九真九仙之师，掌普度生气之元，曰东极青宫长乐世界，青玄上帝太乙元皇救苦天尊是也。"②他本是玉清元始天尊之分真化气，历劫愿力无穷，为开三界之拔济接引，而应显十方之化号。他常为东方之救主，而开东方长乐世界，立东极之门庭，"乘九师之仙驭，散百宝之祥光，接引浮生"。

据《太一救苦护身妙经》载，在东方长乐世界有大慈仁者太乙救苦天尊，化身如恒沙数，物随声应，或住天宫，或降人间，或居地狱，或摄群邪，或为仙童玉女，或为帝君圣人，或为天尊真人，或为金刚神王，或为魔王力士，或为天师道士，或为皇人老君，或为天医功曹，或为文武官宰，或为都天元帅，或为教师禅师，或为

---

① 《玉历至宝钞》，《藏外道书》，第12册，第794页。
② 《道藏》，第30册，第730—731页。

风师雨师，神通无量，功行无穷，寻声救苦，应物随机。"此圣在天呼为太一福神，在世呼为大慈仁者，在地狱呼为日耀帝君，在外道摄邪呼为狮子明王，在水府呼为洞渊帝君。"① 这里称他为大圣威德，在天上、人间、地狱，三处应化救生，在天界为东方长乐世界的太一福神，在人间是救苦度厄的大慈仁者，在地狱是荐拔亡魂的日耀帝君。他的神格与地位，类似佛教中的阿弥陀佛、观世音菩萨和地藏王菩萨。

太乙救苦天尊的信仰，究竟始于何时，难以有确定的时间，但大抵可以确定在六朝中晚期已经存在。六朝道经《太上洞玄灵宝业报因缘经》卷八叙述："人死后由初七至七七至百日，天神下临检校善恶，家属若能为之造经造像，设斋行道，礼诵忏悔，烧香燃灯，放生赎命，则可以开度亡人，克得生天。"《太乙救苦天尊说拔度血湖宝忏》中讲述了酆都罗山的九幽之狱、二十四狱、三十六狱、一百八狱及阿鼻地狱、岱岳十八地狱、八万四千幽狱的悲苦情况，宣称众多罪魂冤鬼被拘其间，"煎煮身心，骨肉溃烂，苦楚难禁，动经亿劫，不睹光明……尔时，救苦天尊坐九色莲座，宣说真符玉册，颁行诸狱幽境，威光遍满十方，光明普照诸狱，赦宥罪魂，普使一切产厄、血湖罪魂，脱离苦趣。得睹阳光"。"已生未生，悉遂生成之乐；前化后化，俱蒙化育之深仁。"② 由此可见，太乙救苦天尊超度众生，拯救亡魂的功德甚大。

太乙救苦天尊青玄上帝，头戴碧玉冠，衣飞青翠羽离罗之帔，"左手擎碧霞琉璃钟，右手执空青羽枝，坐九头狮子金色莲花之座。狮子口中各吐火焰，围绕慈尊。天尊于光焰中，别有九色圆象，如日。顶出白毫光，光芒外射，如千万枪剑。莲花座上，又有三十六小莲花，乘天尊二足。金容玉相，慈尊慧日。左有救苦真人，右有大惠真人，侍从天尊。八十一位神君，五方太一吏兵，青玄功曹，黄箓童子，玉女金童，神王力士，现于东方五色灵光。天尊光明，

---

① 《道藏》，第 6 册，第 182—183 页。
② 《道藏》，第 9 册，第 892—893 页。

遍照天上地下，十方世界，无不洞明。天尊洒甘露，灌注法食，光明瑞气，流注无穷。天尊同兆真人及官君等，皆诵甘露真言，其斛摄化无碍，香气馥郁，充塞虚空，广大无量"①。

  自宋元以后，奉太乙救苦天尊为主尊的救赎科仪趋于烦琐，名相转多，并加入了血湖狱救度等内容。在各种救赎拔度斋醮仪式中，太乙救苦天尊都以冥界的拯救主出现。杜光庭编《道教灵验记》收有许多关于黄箓斋仪的异闻，说明唐代社会非常流行太乙救苦天尊信仰。在专度女性亡灵的破血湖灯仪中，即以太乙救苦天尊下入地狱，破狱度亡为主旨。宁全真《上清灵宝大法》卷五十八曰："血湖有五狱。王法及战阵杀戮。痈疽疾毒。坠在三狱。罪尤可赦。魂有出期。惟已产未产罪魂。各有一狱生生执对。血秽腥膻。滔滔血湖。饮浸形体。动经亿劫。不见光明。亦有妇人堕落胎孕。母丧子存。子丧母存。母子俱丧或肢体不完或败血泄血。癫病血痢。皆属血湖地狱所因。"② 这里讲述沉沦在血湖中的亡魂主要是产死妇人，血湖阴森恐怖，苦不可言。

  《元始天尊济度血湖真经》卷中讲述血污池的惨烈场景，说此地狱又分四子狱，曰血池、血盆、血山、血海。"四狱相通，有神主之，号曰血湖大神。在于无极水底，水流其上，臭气冲天。凡世间产死血尸女人，皆是宿世母子仇雠，冤家缠害，乃至今生，一一还报。寂寂于冥夜之中，号号于黑暗之下，浑身血污，臭秽触天，金槌铁杖，乱考无数，饥餐猛火，渴饮血池，万死万生，不舍昼夜，常居黑暗，不睹光明，虽遇符简善功，罪过小减，不能出离，虽得出离，化生异类，子须有神力，不能救拔。"③

  道教斋醮科仪中冥府十王的主管之神，为太乙救苦天尊。宋代道经《太上救苦天尊说消愆灭罪经》："救苦天尊设大慈悲，为诸众生灭除一切罪业，救拔沉沦，即令修斋布施，广建功德，大起福田，召请天龙地祇，四梵天王，阿修罗王，诸天帝主，阎罗天子，

---

  ① 《灵宝玉鉴》卷三十六，《道藏》，第10册，第387页。
  ② 《道藏》，第31册，第243页。
  ③ 《道藏》，第2册，第38—39页。

泰山府君，司命司录，五道大神，狱中典者，各恭敬礼拜，稽首叩颡，上白天尊。""天尊乃诏命左司阳官、右司阴官，较量功德，敕都二十四狱考官典吏，放出受苦一切孤魂滞魄，咸令登火炼之池，各执化形丹界灵符，尽获更生之因，俱归道岸。"①

从道经的记述中看，太乙救苦天尊虽有天上、人间、地狱救苦三种神格，但自唐宋以来，几乎所有的道经都强调太乙救苦天尊地狱救赎的神格。所以过去道士打醮办丧事，都请太乙救苦天尊降临，施食众鬼，超度亡魂。这时，太乙救苦天尊由十侍弟子相随，金銮袈裟，左有金童、右有玉女，持九环锡杖，挚玉明宝扇，有金睛独眼鬼跟随，亲自下到都地狱。都大帝、十殿冥王即刻虔诚恭迎。天尊用五明扇煽三下，九环锡杖顿三顿，扇开都门，让金睛独眼鬼照耀光明，接引十类鬼魂出离地狱，同赴道场。天尊为地狱鬼众及各方孤魂野鬼讲经说法，用杨柳枝蘸金钵盂中的甘露水，施食鬼众，超度十类孤魂，脱离地狱苦海，或升临天界，或转生人世。

施食，又被称为"施饿鬼""施食会""蒙山施食"，本系印度佛教的传统，施食对象包括人、畜生、饿鬼等。《佛说救拔焰口饿鬼陀罗尼经》记载：阿难独居，静处夜三更，有饿鬼现前，名"焰口"。形丑陋，口中吐火。白阿难曰："却后三日汝命尽，将生饿鬼中。"阿难畏问免之方便。饿鬼曰："汝明日对无数饿鬼与无数婆罗门仙等，施摩伽陀国一斛，并为我供养三宝，以此功力汝延寿，且我亦免饿鬼苦。"阿难以言于佛，佛为说陀罗尼，曰："诵此陀罗尼施食，一一饿鬼当得摩伽陀国七斛食，汝今受持此法，福德寿命皆增长。"② 修佛行以施为第一，六度中以施为最初，四摄中亦以施为第一，而施之中以施饿鬼为最，故三国诸师盛行此法。其法出于不空译《施诸饿鬼饮食及水法》，称宝掌如来（南方宝生佛）、妙色身如来（东方阿閦佛）、甘露王如来（西方弥陀佛）、广博身如来（中央大日佛）、离怖畏如来（北方释迦佛）、五如来之

---

① 《道藏》，第6册，第302页。
② 《大正藏》，东京：大藏出版株式会社1988年版，第21册，第464页中—465页上。

名号，则以佛之威光加被故，能使一切饿鬼等灭无量之罪，生无量之福，得妙色广博，得无怖畏，所得之饮食变为甘露微妙之食，即离苦身而生天净土也。①

图11 面燃鬼王究竟为何邂逅阿难，佛教说法有两种。一是他是观音大士的化身，故称"大士爷"。二是他原为诸鬼的首领，因受观音大士教化而皈依其门下，从此被称作"大士爷"，成为护持中元普度事项的神明。面燃大士的形象一方面是源自《妙法莲华经》中，观音大士"应以鬼王身得度者即现鬼王身而为说法"，是观音大士教化饿鬼界众生的需要而产生；另一方面是警惕人们不宜动贪爱及悭吝想，以免堕入饿鬼心识，成为"面燃"的眷属。

太乙救苦天尊信仰，于中元节得到极大的发挥。其时太乙救苦天尊化身为"面燃大士普度真君""幽冥教主冥司靨然之鬼王研子大帝"，主宰普度饿鬼，护佑冥、阳两界。

面燃鬼王也叫"焦面大士""焰口鬼王"，俗称"大士爷""大士王"，在道教神衔为"幽冥教主冥司面燃鬼王监斋使者羽林大神"，简称"羽林大神"。道教认为太乙救苦天尊化身为"面燃鬼王"，主宰诸鬼，护佑冥、阳两界。平时居沃焦之山下，为阴间诸

图11 面燃鬼王
清代 纸本设色 李黎鹤藏

---

① 参见丁福保编《佛学大辞典》，上海书店2015年版，下册。

鬼之统帅，在地官大帝赦罪之月，负责中元节，监督亡魂，享领人间香火事宜。据说，举凡阳间举办济幽斋醮道场，久困于阴司受罪的饿鬼穷魂因能难得施食赈济，便蜂拥抢食，秩序大乱，故天尊便化身为一相貌极其凶恶的鬼王，震摄群鬼，维持秩序。故凡度亡法事，除了设立焰口台、亡魂案之外，必另设一案，供奉鬼王之像。

作为地狱的救世主，太乙救苦天尊以大慈大悲的心怀，拯救着冥界的众多罪魂，因此受到民众的普遍信仰，成为道教及民间信仰中千年享誉、香火供奉的尊神。

佛学研究

从"体用"到"体相用"
——《大乘起信论》"三大"说思想渊源考*

张文良

摘　要："三大"说是《大乘起信论》(以下简称《起信论》)最有特色的内容。虽然梵文《楞伽经》有妄识的"体相用",但与《起信论》的"三大"说不同。《起信论》的"三大"说与《宝性论》、真谛译《摄大乘论释》的三种"信"在理论上具有同构性和同源性,但不同之处在于,《起信论》的"体相用"包括众生。在《起信论》的"三大"说出现之前,南北朝佛教中已经流行"体大"和"用大"的概念。而《起信论》"相大"的渊源可以追溯到《胜鬘经》的"不空如来藏"说,又吸收了《金刚仙论》的真如佛性的"法相"。随着《起信论》的问世和传播,"三大"作为一组范畴得到广泛运用。

关键词：《大乘起信论》；三大；体用；相大

作者简介：张文良，中国人民大学哲学院教授（北京100872）。

---

* 本文是教育部人文社会科学重点研究基地重大项目"南北朝《涅槃经》注释书的综合研究"（19JJD730005）的阶段性成果。

从"体用"到"体相用"

提到《起信论》，人们自然想到"一心""二门""三大""四信""五行"的内容结构，而在这一结构体系中，"三大"说无疑是最有特色的内容。"三大"即"体大""相大""用大"，是《起信论》为了说明"众生心"的属性和特征而使用的概念。"体大"表达"一切法真如平等，无增减"；"相大"表达"如来藏具足无量性功德"；"用大"表达"能生一切世间、出世间善因果"。① 概括言之，"三大"分别是指真如的实有性（体）、如来藏的有功德性（相）、出生善法以及到如来地的可能性（用）。在《起信论》中，"三大"说与"一心"（众生心）、"二门"（心真如门和心生灭门）说相结合，以"众生心"与一切诸法的关系为机轴，阐释一切染净之法存在、生起和转换的机制，构成《起信论》理论和实践体系的核心内涵。

与"三大"说有密切关系的是"体用"概念。实际上，在《起信论》的"三大"说出现之前，在南北朝佛教中，"体大"和"用大"的概念就已经流行开来。关于"体用"概念出自儒家还是形成于佛教，学术界有不同看法，但一个不争的事实是，在南北朝佛教中"体用"的内涵被极大丰富，成为一对具有哲学思辨色彩的范畴。但从"体用"范畴并不能直接推导出"体相用"的范畴，两组概念之间存在着巨大的理论上的跳跃。如果说，佛教中的"体用"概念的形成，有赖于中国的哲学传统和中国思维特质的影响和形塑，那么，"体相用"概念的形成，则需要更多地从印度佛教和中国僧人对印度佛教的再阐释中追溯其渊源。

以下，着眼于《起信论》"三大"说的形成，考察从"体用"到"体相用"嬗变的思想轨迹。

一 "三大"说与《楞伽经》

关于《起信论》与《楞伽经》之间的关系，早在隋代净影寺

---
① 《起信论》卷一，《大正藏》，东京：大藏出版株式会社1988年版，第32册，第575页下。

慧远的《起信论义疏》中就有明确的表达。在慧远看来，《起信论》在某种意义上就是《楞伽经》的注释书。虽然现代学术界否定了两者是注释与被注释的关系，但两者在许多方面确乎具有继承关系。有的学者就关注到《起信论》"三大"说与《楞伽经》之间的关系。梵文本《楞伽经》的"偈颂品"第二十五偈的内容如下：

【梵文】nāham nirvāmi bhāvena kriyayā lakṣaṇena ca |
vikalpahetuvijñāne nivṛtte nirvṛto hyaham || ①

【菩提流支译】我不取涅槃，亦不舍作相。转灭虚妄心，故言得涅槃。②

我不入涅槃，不灭诸相业。灭诸分别识，此是我涅槃。③

【日本语译】わたしは、体（"ありかた"）によっては、用（"はたらき"）によっては、相（"ありさま"）によっては、涅槃しない。分別の原因である識が滅した場合、わたしは涅槃し終えている。④

【现代语译】我不依"体"（基体）而得涅槃，亦不依"用"（功能）而得涅槃，亦不依"相"（相状）而得涅槃。作为分别之因的妄识断灭，我才彻底得涅槃。

按照《楞伽经》梵文的原文理解，这里确实出现了作为一组概念的"体相用"。于是有的学者推测，与《起信论》中的"体""相""用"相对应的，或许是梵文《楞伽经》中出现的"bhāva""lakṣaṇa""kriyā"。⑤ 但这种可能性很低，原因有二。其一，这里

---

① Bunyiu Nanjio ed., *The Laṅkāvatāra Sūtra*, Kyoto: The Otani University Press, 1956, p. 127, ll. 8-9.
② 《楞伽经》卷四，《大正藏》，第16册，第538页。
③ 《楞伽经》卷九，《大正藏》，第16册，第565页。
④ ［日］大竹晋：《大乘起信论成立问题の研究》，东京：国书刊行会2017年版，第436页。
⑤ 参见［日］竹村牧男《大乘起信论读释（改定版）》，东京：山喜房佛书林1993年版，第112页。

的"体相用"都是指"妄识"的属性和特征，属于被否定的对象。《楞伽经》作者要表达的是，涅槃意味着妄识的彻底断灭，而不是部分地断灭，如妄识的"体"断灭，或妄识的"用"和"相"断灭等。也就是说，在梵文《楞伽经》中，"三大"是作为妄识的属性而出现的，属于被否定、被克服的对象。而在《起信论》中，"体相用"属于真如、如来藏的属性，是需要被证得、被肯定的对象，两者在性质上可以说完全相反。所以，虽然《起信论》在思想上与《楞伽经》有关联，自净影寺慧远就认定《起信论》的成立与《楞伽经》有关，但《起信论》的"三大"说应该与《楞伽经》没有直接关系。

其二，可以进一步佐证这一点的是，无论是四卷《楞伽经》还是菩提流支的《入楞伽经》都没有出现"体相用"这样的译语。这至少说明菩提流支及其周边的僧人并没有意识到这样一组概念的重要意义。如果大竹晋最新的研究能够成立，即《起信论》的作者是与菩提流支译场有某种关系的北朝僧人，那么，既然菩提流支本人拒绝"体相用"的翻译，《起信论》的作者就更没理由基于《楞伽经》提出"体相用"的概念。这组概念应该另有来源。

二 "三大"说与《摄论释》《宝性论》

柏木弘雄认为，《起信论》的"三大"说，与大乘佛教经论对"大"的诠释传统有直接关系。[①] 大乘佛教成立之后，在许多经论中都在强调大乘相对于小乘的究竟性和圆满性。如《十二门论》序提到"摩诃衍"由于七种理由而名为"大"。[②] 玄奘所译《瑜伽师地论》等唯识系统的经论也有类似的说法。[③] 但这些大乘经论中所

---

① 参见［日］柏木弘雄《"体相用"三大说の意义とその思想的背景》，载高野山大学佛教学教研室编《佛教学论文集：伊藤真城・田中顺照良教授颂德记念》，和歌山县：高野山大学佛教学研究室1979年版。
② 《大正藏》，第30册，第159页。
③ 《瑜伽师地论》卷四十六，《大正藏》，第30册，第548页。

说的"大"是指大乘教义的无量无边、没有小乘的局限性之意,与《起信论》中的"三大"说之间还有相当的距离。但考虑到《起信论》的核心命题之一是"大乘",其立论的目标是对"大乘"生起信心,所以在对"大乘"的究竟性的论述方面,两者又是一脉相承的。

那么,直接为"三大"说提供理论素材或理论灵感的是什么大乘经论呢?法藏在《大乘起信论义记》中解释"三大"说时,引用了真谛译《摄大乘论释》关于三种"信"的说法,即"信有三处:一信实有;二信可得;三信有无穷功德。信实有者,信实有自性住佛性;信可得者,信引出佛性;信有无穷功德者,信至果佛性"①。法藏引用《摄大乘论释》以解释《起信论》的"三大"说不是偶然的。两者之间确实存在理论上的相似性,即两者都涉及"信"的主题;这里出现的"实有""可得""无穷功德"与《起信论》中的"体大""用大""相大"的内涵相近;这里作为"信"的对象是佛性,而《起信论》中作为"三大"主体的也是如来藏(佛性)。所以,法藏将两者联系起来相互诠释,显示出两者在理论上的同构性和同源性。只是,《摄大乘论释》这里讨论的主题是佛性,佛性的三种属性分别对应自性住佛性、引出佛性和至果佛性,这种属性本身还没有被抽象化、概念化。而在《起信论》中,"三大"的主体虽然是真如(如来藏),但已经有了作为独立范畴的抽象性格。

高崎直道则指出《起信论》的"三大"说与《宝性论》之间的渊源关系。即《宝性论》在论及"信"的内容时,指出众生应该"信"佛性之"实有"(astitva)、"有德"(gunavattva)、"有能"(sakyatva)。② 这一组概念,虽然表达不同,但在内涵上已经非常接近《起信论》的"三大"说,而且两种说法的主体都是佛性。更重要的是,无论是《宝性论》还是《起信论》,所表达的都

---

① 《摄大乘论释》卷七,《大正藏》,第 31 册,第 200 页。
② 参见 [日] 高崎直道《〈大乘起信论〉の素材》,载平川彰编《如来藏と大乘起信论》,东京:春秋社 1990 年版。

是一种法身一元论。在《宝性论》中，将生出佛、法、僧三宝之因，规定为如来藏（有垢真如）、法身（无垢真如）、佛功德、佛业四项，无论有垢真如还是无垢真如，皆是不变之真如，皆具有实有性。如此一来，作为信仰对象的佛、法、僧三宝，同时与真如的"体相用"相对应。可见，在逻辑结构上，《起信论》的"三大"说与《宝性论》的"三有"说最为接近。

但《宝性论》与《起信论》在思想上又有所不同，即两者虽然都是法身一元论，《宝性论》所说的法身是指佛的法身，即果位的"无垢真如"。换言之，真如的"体相用"仅限于佛的"体相用"，而不包括凡夫众生的"体相用"。这就是《宝性论》区别"有垢真如"与"无垢真如"的用意所在。而《起信论》所说的"体相用"则不仅是佛的"无垢真如"（法身）的"体相用"，而且也包括凡夫众生"有垢真如"的"体相用"，这也是为什么《起信论》强调"体相用"的主体是"众生心"的用意所在。这里特别值得关注的是两者对"相"和"用"的不同理解。"相"是指以根本智为中心的诸德性，由于有"相"，所以佛的法身不单纯是"理"，而且包含"智"等。"用"，在《宝性论》中是指佛济度众生的实践，这是佛所特有的功用。但在《起信论》中，众生不仅有"相"而且也有"用"。"相"就是众生的如来藏，而"用"则是真如随缘熏习无明而烦恼渐灭、菩提渐生。这是《起信论》的"三大"说相对于《宝性论》的"三有"说的最大理论特色。

三 "三大"说与南北朝佛教的"大"义释

以上考察了《起信论》的"三大"说与印度佛教经论之间的思想联系，但《起信论》作为在北朝成立的中国撰述，除了印度佛教背景之外，一定还存在中国佛教的背景。实际上，无论是《摄大乘论释》的"实有""可得""无穷功德"，还是《宝性论》的"实有""有德""有能"，虽然在内涵和逻辑结构上与《起信论》的"体相用"有很高的相似度，但在文字表述上毕竟没有关联性，即《摄大乘论释》和《宝性论》中都没有出现"体相用"的字眼。如果说《起信论》的"三大"说不是出自梵文《楞伽经》的"体相用",那么,其直接来源又是哪里呢?

在这里,我们注意到慧均在《大品经游意》(7世纪初)中对南北朝时期庄严智藏和开善法云关于"大"义的阐释:

> 明此"大"义有两家。招提涅槃师,述庄严义云:"'大'义有十种:一境、二人、三体、四用、五因、六果、七导、八利益、九断结、十灭罪也。"第一义境遍法界,故名境大;会此法者,名为人大。故《十二门论》云,世音、大势等大士所乘故,故名为"大"也。实相般若,是万行之本,容受万品,名为体大。所谓百华异色,皆成一阴;万品体殊,皆归波若。波若能照第一义空,此用最胜,故名为用大。上句直谓智能,此句作用为异耳。菩萨修万行,名为因大。因既广大,所得弥博,故名为果大。二乘所道,唯止于三。菩萨遍导万行,故名导大。既导万品,利功最胜,故名利益大。二乘唯断正使见谛思,不及习气无明。唯菩萨兼断,故名断结大。故《大品经》云,一念相应慧,断无量烦恼及习也。二乘唯灭轻罪,不及四重五逆。故《阿含经》云,阿阇世王堕毯毱地狱也。菩萨顿灭,故名灭罪大。《大品》云,若闻此经,即灭恶创癞病。《释论》第五十九卷"释法称品"云,恶创癞病者,谓四重五逆也。故《经》云,世王灭罪,谓此也。
>
> 龙光述开善义云:"'大'有六种,人、境、体、用、因、果也。"①

文中提到的"招提涅槃师""庄严""龙光""开善",分别指招提寺慧琰、庄严寺僧旻、龙光寺僧绰、开善寺智藏。他们都是南朝佛教界有相当影响力的僧人,特别是在《成实论》的阐释方面具有权

---

① 《大品经游意》卷一,《大正藏》,第33册,第63页中—下。

威性。与慧均的说法相类似的记载,亦见于吉藏的《大品经义疏》。① 由此可知,在南北朝时期的成实师和涅槃师中,"大"的内涵是当时普遍关注的命题,其代表性的说法有两种。其一是主张"大"有十义,即一境大、二人大、三体大、四用大、五因大、六果大、七导大、八利益大、九断结大、十灭罪大;其二是主张"大"有六义,即一境大、二人大、三体大、四用大、五因大、六果大。值得注意的是,无论是主张"大"有十义还是主张有六义,其中皆包括"体大"和"用大"。

南朝佛教以"体大""用大"概念主要表达"实相般若"的特征和属性,而在北朝菩提流支一系的讲义录《金刚仙论》(535年)中"体用"经常与佛的"三身"说联系在一起。② 此外,《金刚仙论》中还出现了将"体大"与"大乘"的语义联系在一起的用例:"一者体大,名大乘之体苞含万德,出生五乘因果,故名体大也。"③ 这里有两点特别值得注意:一是"体大"与"大乘"的内涵相联系,这与《起信论》的说法是一致的;二是这里虽然只出现了"体大",但实际上已经表达了"相大"和"用大"的内涵,即"苞含万德"和"出生五乘因果"。可以说,除了"相大"和"用大"的名字没有出现,"体相用"的"三大"说已经呼之欲出了。

---

① 吉藏:《大品经义疏》卷一:"摩诃翻为'大'。问:'大'有几种?解释不同。招提师明有十种'大'。一者境大,即是真谛无相境,亦名如、法性,法性遍一切处故。《经》云:'无有一法出法性者',所以为'大'也。如者,一切皆如耳。故开善云:'旷劫学于如,今得如提,流天下遍,只是瓶处如也。'二者人大,此法是大人法,行此法故,故名为人大也。三者体大,此是何法?谓忘相知,即是般若,故为大。四者用大。五因大,万行中,般若最大;六度中,般若最大。故是因大。六果大者,此法能得大果报也。七者导大,能导一切万行到佛果。八者离过大,谓寂灭四重五逆。九者用大,谓能出人天五乘。十者教大,此经通教三乘也。次招提后人嫌十大太多,故作五大。五大者:一境大、二体大、三用大、四因大、五果大。"《卍新纂续藏经》,第24册,东京:国书刊行会1975—1989年版,第196页中—下。

② 《金刚仙论》卷八"色相之身,显用于报应。真如法身,虽万德圆满,但据体而论故,无色相之用也"。将佛之法身与"体"相对应,将佛之报身和应身与"用"相对应。这种说法与《起信论》中对"体用"和佛身之间关系的说法是一致的。《大正藏》,第25册,第856页中。

③ 《金刚仙论》卷二,《大正藏》,第25册,第805页上。

关于"体用"范畴最早出自儒家经典还是出自佛教经典，在清初的学术界就有争论。当代学术界倾向于认为作为思辨概念的"体用"首先出现于佛教典籍中。① 无论如何，在南北朝时期的佛教界，"体大"和"用大"作为一组概念已经被广泛运用是不争的事实，而从《金刚仙论》的"体用"说中已经可以看到《起信论》"三大"说的雏形。

四 "相大"与"三大"说的形成

但"体大""用大"与"体相用""三大"说之间还存在巨大的理论鸿沟，此即"体大"和"用大"之间增加了"相大"。"相"，如在上面提到的《楞伽经》中的用例，主要是指妄识之"相"，或虚妄之"相"，是被否定的对象。而在《起信论》中出现的"相"，在大多数场合是作为梵文抽象名词的接尾辞"－tā"或"－tva"的译语出现的。如作为"心生灭法"的能见相、境界相、智相、相续相、执取相、对名字相、起业相、业系苦相等概念中出现的"相"即是如此。这种场合的"相"是一个中性词，既无肯定义也无否定义。如"心真如相"和"心生灭因缘相"中的"相"，并不表达特定的内涵。

那么，作为肯定性概念的"相大"是借助怎样的理论中介出现在《起信论》的思想体系中的呢？

如上所述，《起信论》在立论的主题和结构框架方面，都与《胜鬘经》有极高的相似度，而追溯"相大"的渊源，可以追溯到《胜鬘经》中的"如来藏"说，具体而言，可以追溯到《胜鬘经》

---

① 如日本著名学者岛田虔次在《朱子学与阳明学》中，从佛教对宋明理学的影响的角度对这一问题做了考察，认为"作为哲学思辨范畴的体用概念，在唐以前的儒家或儒家之外的中国古典文献中，从迄今为止的考察看，未见踪影。但我仍然认为，体用概念与中国式的思辨方式具有很高的亲和度，或者说，中国传统思想本来就是一种体用式的思考，是一种潜在的体用思想"。[日] 岛田虔次：《朱子学与阳明学》，东京：岩波书店1967年版，第3—4页。

的"不空如来藏"说。关于如来藏的"空"与"不空",《胜鬘经》云"世尊!有二种如来藏空智。世尊!空如来藏,若离、若脱、若异一切烦恼藏。世尊!不空如来藏,过于恒沙不离、不脱、不异、不思议佛法"①。"不空如来藏"或者说如来藏"不空"的一面,是指如来藏与恒河沙数的佛法联系在一起。《起信论》中关于真如的"空"与"不空"云"依一切众生以有妄心念念分别,皆不相应,故说为空。若离妄心,实无可空故;所言不空者,已显法体,空无妄故,即是真心常恒不变,净法满足,故名不空"。② 这里的"净法满足",与"相大"的内涵即"如来藏具足无量性功德"的说法是相通的。③ 从"相大"的内涵来说,其直接来源应该是《胜鬘经》的"不空如来藏"说。

虽然《起信论》的"相大"在内容上与《胜鬘经》的"不空如来藏"有直接关联,但在形式上,《胜鬘经》中并没有出现"相"这一概念本身。那么,"相大"这一概念又来源于何处呢?或者说,"相"如何从一个中性词的词尾,变成《起信论》中形容如来藏的性功德的呢?解决这一问题的线索之一,或许是《金刚仙论》关于真如之"空"与"不空"、"相"与"法相"的辨析。

关于真如之"空"与"不空",《金刚仙论》云:

> 疑者闻十二入一切法空,便谓真如佛性无为之法亦皆性空故空,同虚空、龟毛、兔角等无为。
>
> 对治此疑故,答云亦非无法(原文作"明")相。今言一切法空者,有为之法,无体相故空。然真如佛性法,万德圆满,体是妙有,湛然常住,非是空法。直以体无万相,故说为空。不同前有为诸法性空之无,又亦不同兔角等无,故言亦非无法相也。④

---

① 《胜鬘经》卷一,《大正藏》,第 12 册,第 221 页下。
② 《起信论》卷一,《大正藏》,第 32 册,第 576 页中。
③ "性功德"的说法,亦见于《宝性论》卷三"诸过客尘来,性功德相应。真法体不变,如本后亦尔"。《大正藏》,第 31 册,第 832 页中。
④ 《金刚仙论》卷三,《大正藏》,第 25 册,第 813 页下—814 页上。

值得注意的是,《金刚仙论》的作者在论述真如佛性的"空"与"不空"时,提到了两种"相":一种是有为法的"相",即一切有为法因为无"体相"而为"空";另一种是真如佛性的"相",真如佛性作为无为法,没有有为法所具有的"万相",所以为"空"。但真如佛性的"空"不同于有为法的"性空"之"无",也不是龟毛、兔角意义上的"无"。由于它万德圆满,湛然常住,所以它也有"相"。只是这种"相"不同于有为法之"相",而是一种"法相"。这种将"相"(法相)与真如佛性之种种功德联系起来的说法,可以说就是《起信论》"相大"的雏形。因为《起信论》的"解释分"中,有与上述《金刚仙论》相类似的表述:

> 闻修多罗说世间诸法毕竟体空,乃至涅槃真如之法亦毕竟空,从本已来自空,离一切相。以不知为破著故,即谓真如、涅槃之性唯是其空。
>
> 云何对治?明真如法身自体不空,具足无量性功德故。①

《起信论》虽然没有将真如法身的"不空"与"相"直接联系起来,但前面在论述真如法身的"体空"时,提到了"离一切相"。这里的"相"显然是指有为法之"相"。真如法身作为无为法,虽然否定有为法之"相",但由于它具足无量性功德,所以从积极的方面,提出与有为法之"相"相反的"相大"的概念,便具有了逻辑上的必然性。

可以说,《金刚仙论》为了肯定真如佛性不是虚空、虚无而提出它亦有"法相"的说法,标志着"相"的概念内涵的重大转变。即由一个纯粹的语法意义上的中性词,转变为形容真如佛性属性的肯定性词汇。考虑到《起信论》在内容上与《金刚仙论》之间的

---

① 《起信论》卷一,《大正藏》,第32册,第580页上。

继承关系，我们可以合理地推测，《起信论》正是在吸收《金刚仙论》的"法相"概念基础上，对"相"这一概念做了改造，进一步构想出"相大"概念，并与南北朝时期早就流行的"体大""用大"说相结合，从而提出了"体大""相大""用大"的"三大"说，丰富了如来藏思想的内涵。

五 "三大"说的展开

《起信论》中的"三大"说，从三个方面对真如如来藏属性的一种阐释。至少在《起信论》的语境中，"三大"说还仅仅限于对真如如来藏的描述，还不具备"体用"范畴所具有的哲学思辨色彩。或者说，"三大"原本是就事论事的一组用语，还不是一种带有普遍性的概念框架。但思想发展有自己的逻辑，随着《起信论》的问世和传播，特别是随着《起信论》注释书的出现，"三大"说逐渐脱离原有的狭义内涵，发展成为带有普遍意义的、有哲学思辨色彩的一组概念。

在《起信论》问世之后，首先出现的或许是"三大"说与"佛身"论的结合。关于"三大"说与佛的"法身、报身、应身"说之间的关系，学术界早有关注。以往认为先有"三身"说，后有"三大"说，《起信论》的"三大"说是受到"三身"说的启发才提出的。但最早将两者直接联系起来的文献是敦煌佛教文献 Stein 4303"论法，就理以彰体；语报，据德彰相；论应，随缘辩用"①。这种以"体相用"分别与佛的"三身"相对应的说法，据大竹晋的解释，应该是《起信论》问世之后受到《起信论》"三大"说的影响而出现的。② 因为《起信论》本身是将"体大"和"相大"与佛法身相对应，将"用大"与报身和应身相对应，尚没有将"体大"和"用大"进行严格区分。这说明，敦煌文本的作者已经将

---

① 金刚大学佛教文化研究所编：《藏外地论宗文献集成》第 1 集，首尔：CIR 出版社 2012 年版，第 233 页。

② 参见［日］大竹晋《大乘起信论成立问题の研究》，东京：国书刊行会 2017 年版。

"三大"说与原本的真如佛性相剥离，将"体相用"作为单独的一组概念来使用，以这种概念框架解释佛之"三身"的内涵及其相互关系。

"三大"作为一组范畴得到广泛运用，始于净影寺慧远。慧远除了在《大乘义章》中屡屡使用这组范畴外，在《十地经论义记》中解释"真识"时，亦以"体相用"释之。① 嘉祥吉藏在《涅槃经游意》"释名段"解释"大"义时，借用了《起信论》中的"体大"和"用大"。② 在《大乘玄论》卷三，介绍了以"体相用""三大"配释法身、报身、化身的说法。③

值得注意的是，"三大"说或许为中国天台宗接受《起信论》提供了重要契机。本来天台宗的"性具"说与《起信论》的"真如缘起"说是难以兼容的，所以一般认为在天台智者大师那里看不到《起信论》的思想影响。然而，章安灌顶在《大般涅槃经玄义》中解释"大"义时，提到"理大""智大""用大"的"三大"说，并以此与《大智度论》的"大、多、胜"，"性灭、圆灭、方便灭"，"性净解脱、圆净解脱、方便净解脱"相对应。灌顶也有将"理大""智大""用大"与佛的法身、报身、应身相配释的说法。学术界一般认为，《起信论》在天台宗中的容纳始于湛然。但章安灌顶的"三大"说很可能是受到《起信论》"三大"说的启发而构想出来的概念。如果这种推测能够成立，那么，《起信论》与天台宗之见的关系还可以进一步追溯到章安灌顶。

---

① 《十地经论义记》卷一"真识为体，真识之中，义别三门，谓体相用"。《大正藏》，第45册，第43页中。

② 《涅槃经游意》"虽有六大，名不出二种：一体大，二用大。体大者，则是法性也。涅槃者，则诸佛之法性也；用大者，八自在我，故名用大也"。《大正藏》，第38册，第233页上。

③ 《大乘玄论》卷三："法身为体，报身为相，化身为用。体相用故，立三身也。"《大正藏》，第45册，第46页上。

《金刚经》的解释与佛教中国化*

闵 军

摘 要：《金刚经》是佛教中国化过程中影响最为深远的一部经典。传统学者对于《金刚经》的研究缺少解经史的关照，从而忽视了《金刚经》的解释与佛教中国化之间的内在关联。本文将从"般若学的兴起与《金刚经》的传译""《金刚经》解经史的发展阶段""《金刚经》的解释与佛教中国化"等方面梳理《金刚经》解经史在中国的发展脉络，探讨《金刚经》解经史与佛教中国化之间的关系。笔者认为：《金刚经》的传译是般若学在中国有一定的发展基础的情况下出现的；《金刚经》解经史在中国的发展经历了一个不断变化的过程；《金刚经》的解经史与佛教中国化有着十分密切的关系。

关键词：金刚经；解经史；佛教中国化

作者简介：闵军，长安大学马克思主义学院讲师（陕西西安710064）。

---

* 本文是国家社会科学基金项目"《金刚经》解经史与佛教中国化问题研究"（16BZJ010）；长安大学中央高校基本科研业务费专项资金项目"佛教与中国文化的关系研究"（310811170652）；教育部高校"双带头人"支部书记工作室资助项目的研究成果。

《金刚经》是佛教经典中的一部小经，但在佛教中国化发展过程中的影响却甚为巨大。自鸠摩罗什首次翻译《金刚经》开始，中国学者对于《金刚经》的研究就一直没有中断过。但传统学者对于《金刚经》的研究缺少解经史的整体关照，从而忽视了《金刚经》的解释与佛教中国化之间的内在关联。

一 般若学的兴起与《金刚经》的传译

《金刚经》属于大乘佛教般若学经典。在鸠摩罗什翻译《金刚经》之前，般若学经典已经在中土有一定的传播。早在东汉桓帝末年，西域月氏国人（今中亚巴基斯坦一带）支谶就来到中国内地（公元167年至洛阳），翻译大乘经典，支谶翻译的三部佛经《般若道行品经》《般舟三昧经》《首楞严三昧经》就已经包含了般若学的理论和实践。① 支谶的学生支谦出生在中国，接受过良好的汉语教育，他传承并发扬了支谶的般若学思想。由于此时般若经典翻译得不完备（只有《道行般若经》），而且翻译方面也是按照印度人的思维习惯，中国人不容易接受。于是朱士行西行取经，让无叉罗和竺叔兰于元康元年（291）又翻译出了《放光般若经》，比《道行般若经》更为详细一些。与此同时，另有一位西行取经的僧人竺法护，翻译出《放光般若经》的另外一个版本《光赞般若经》，并且译出了《华严经》《宝积经》《大集经》《涅槃经》《法华经》等大乘经典，以帮助人们从佛学整体中去理解般若思想。由于竺法护精通西域三十六国语言，他翻译的《般若经》更为周详，质量也提高了不少。《放光般若经》译出后，很受人们的重视，相传当时的中山王和众多出家人在"城南四十里幢幡迎经"（道安：《合放光光赞随略解序》）②。般若学说与当时的玄学思想相互影响，

---

① 参见吕澂《中国佛学源流略讲》，中华书局1979年版。
② （南朝梁）僧祐：《出三藏记集》，中华书局1995年版，第266页。

一方面，使得人们对佛学的认识玄学化；另一方面，也用佛学发展了老、庄思想。

在鸠摩罗什来华以前，中国人对于般若学的理解有许多偏颇。据罗什的弟子僧叡《毗摩罗诘提经义疏序》记载，主要表现在"格义"的解经方法和"六家七宗"对般若"性空"思想的误读。《序》中说："自慧风东扇，法言流咏已来，虽曰讲肄，格义违而乖本，六家偏而不即。"①"格义"与般若本意违背，"六家七宗"更是偏离般若思想宗旨。所谓"格义"，就是"以经中事数，拟配外书，为生解之例"②，也就是把佛经中的名相（概念）同中国本有书籍的概念进行比较，外典佛经相互解释。"格义"的方法有利于推动佛学在中国的传播，但由于受到固有概念的影响，使得对于佛学概念的理解出现误读。"六家"的偏颇也正是受到了"格义"这一解经方法的影响。吕澂认为，"格义"是专在文字上着眼，流于章句疏解；而"六家七宗"则是自由发挥其思想。③ 实际上，我们看到"六家七宗"偏颇与"格义"的方法是分不开的。"格义"是受到概念比附的影响，使得人们对于佛教的整体教义缺乏准确的理解。而"六家"的偏颇也在于不能整体把握佛教般若学教义。"六家"与"格义"并不是独立的两派，而是当时对于佛教教义研究不深入的两种表现。吕澂曾指出，"六家偏而不即"主要是因为它们在讲本体空时看不到"假有"一面。④ 这种偏颇与玄学"贵无"、崇尚"自然"的主张有一定的关系。所谓的"六家"包括：本无宗、心无宗、即色宗、识含宗、幻化宗和缘会宗，其中以前三宗影响最大。罗什的弟子僧肇在《不真空论》中批评了三家对于般若空义理解上的偏差。僧肇指出，心无宗认为"无心于万物"就行了，万物本身是空还是非空，可以不去考虑。吕澂指出，此所谓的

---

① （南朝梁）僧祐：《出三藏记集》，第 311 页。
② （南朝梁）慧皎：《高僧传》，中华书局 1992 年版，第 152 页。
③ 参见吕澂《中国佛学源流略讲》，第 45—46 页。
④ 参见吕澂《中国佛学源流略讲》，第 49 页。

"心无"只是对玄学"至人之心"的另一种表达。① 即色宗认为"色不自色，故虽色而非色也"。意即万物是因为他物而存在，没有独立自性。但是僧肇指出，即色宗看到了万物因缘而有，没有看到万物本性是空的一面，还是把万物看作实有，而不是看作"假有"。本无宗，偏重讲"无"，"有"是"无"，"无"也是"无"，这种好"无"的言论，不符合现象"假有"的实际情况，是大乘佛教所批评的断见。"六家"中的识含、幻化、缘会三宗与即色宗类似，偏向于谈"色无"，即万物的虚无性，错误仍在于未看到事物的"假有"性。可见，"六家"对《般若经》的解释都偏向了虚无的一面，心无宗讲心神的虚无，本无宗讲本体的虚无，即色等其他四宗讲万物的虚无，对于"假有"的一面则未能阐述。也就是说，般若学的真谛是，就"假有"的事物来讲"性空"，而不是在现存事物之外别立一空的实体。般若学的"六家七宗"还没有认识到这一点。

从"格义"佛教和"六家七宗"的学说来看，般若学随着朱士行、竺法护译出《放光般若经》和《光赞般若经》之后，曾经引发了一个研究热潮，虽然这一时期对于般若"性空"思想的理解偏向于虚无、即实空、断灭空，对于大乘般若学的"性空"幻有的中道思想还没有把握，但是已经为罗什系统翻译般若类经典打下了良好的思想基础。《金刚经》的传译也正是在这一基础上展开的。

现存最早的《金刚经》中文译本也是最为流行的汉语译本是由鸠摩罗什翻译的。据隋智者大师（538—579年）所著《金刚般若经疏》，"罗什法师，秦弘始三年，即晋安帝十一年"译出《金刚般若经》，唐道氤《金刚般若波罗蜜经宣演》说"后秦弘始四年，鸠摩罗什法师于长安草堂寺"译出十一纸《金刚经》。但是考查《高僧传》罗什本传，对于《金刚经》的译出时间并无具体记载。鸠摩罗什从后秦弘始三年（401）到长安，直至弘始十五年（413）迁化，其间译经和讲经不辍。据《高僧传》，罗什在长安译经共计

---

① 参见吕澂《中国佛学源流略讲》，第48页。

三百余卷,《祐录》著录三十五部,二百九十四卷,其中可以确定翻译时间的是:弘始五年(403)在逍遥园开始翻译《大品般若经》;弘始六年(404)完成《大品般若经》的翻译,并译出《百论》两卷;弘始七年(405)译出《大品经》的解释著作《大智度论》;弘始八年(406)译出《维摩诘所说经》;弘始十年(408)译出《小品般若经》;弘始十一年(409)译出《中论》《十二门论》。至此,罗什已经将大乘般若系的《大品经》《小品经》以及发挥般若思想的龙树中观派的《中论》《百论》《十二门论》和《大智度论》这些著作全部译出。其中《大品经》是朱士行《放光般若经》和竺法护《光赞般若经》的重译,《小品经》是支谶《道行般若经》的重译,《金刚经》则是《大品经》《小品经》之外新译的般若类经。从僧肇所著《肇论》(约在弘始十一年之后)的引用情况来看,僧肇引用了《道行般若经》《放光般若经》《大品经》《维摩诘所说经》《中论》《大智度论》等《般若经》论,其中没有引用《金刚经》,由此推论,在鸠摩罗什译出《金刚经》之初,其影响并不及《道行般若经》(即《小品经》)、《放光般若经》(即《大品经》)等《般若经》。然而,中国佛教界对于《金刚经》的研究从此时便正式开始。鸠摩罗什在长安的十三年,主要从事佛经翻译,但在翻译佛经的同时,也讲经立说,在其仅有的几部著述中就包含了《注金刚经》,可惜已经亡佚。罗什的弟子僧肇著有《金刚经注》,是现存最早的中国人所著的《金刚经》注疏。该注秉承了中国儒家经学"述而不作"的传统,在著作之结构方面,"僧肇之《金刚经注》完全取中国之注经形式";在内容方面,"僧肇之《金刚经注》已全然不见印度论著中令人炫目的名相事数了,代之而起的,是简明扼要的、中国人的理解"。① 在罗什之后,中国人翻译佛典进入了繁盛期。元魏宣武帝年间(483—515),北方地论师之祖菩提流支在洛阳永宁寺二译《金刚经》,菩提流支在魏生活近三十年,所出经论,共三十九部,一百二十七卷。南朝真谛

---

① 顾伟康:《金刚经解疑六讲》,上海古籍出版社2011年版,第137页。

三藏于陈天嘉三年（562）在广州建造寺重译《金刚经》，并著有《金刚经文义》十卷，真谛译本是为第三译，真谛在华共译出六十四部，二百七十八卷佛典。隋代笈多三藏进入长安大兴善寺，后移洛阳上林园，十九年间，共译佛经四十余部，《金刚经》是其一，是为第四译。唐太宗贞观年间（627—649），玄奘于玉华宫译出《金刚经》十八纸，名为"能断金刚般若波罗蜜经"；唐高宗显庆五年（660）玄奘又开始译出《大般若经》六百卷十六会，其中第九会便是《能断金刚般若波罗蜜经》，奘译流传下来了后一种，是为第五译。第六译是义净三藏于武则天圣历二年（699）于佛授记寺译出十二纸，亦云"能断金刚般若波罗蜜经"。开元二十三年（735）唐玄宗亲注《金刚般若》，"诏颁天下，普令宣讲"，于是道氤"君唱臣和"，于同年著成《御注金刚般若波罗蜜经宣演》，六译之说，从此成为定论。此后，《金刚经》在中国流传的汉译本不出这六种：即后秦鸠摩罗什译本、元魏菩提流支译本、陈真谛译本、隋笈多译本、唐玄奘译本和唐义净译本。

二　《金刚经》解释史的发展阶段

（一）初创期

《金刚经》作为《般若经》的一种，在鸠摩罗什译出后的较长一段时间里，并没有太大的影响。从现存的《金刚经》解经资料来看，鸠摩罗什曾经对《金刚经》做过注解，但是已经亡佚。罗什的弟子僧肇也做过《金刚经注》，但在其影响最大的《肇论》中却没有征引此经，可见在《金刚经》译出初期，并没有引起般若学者太大的注意。僧肇《金刚经注》是现存最早的一部中国人所做的《金刚经》注疏。但这一注疏在唐代以后久已不传，僧传中也无明确记载，现存日本僧人敬雄校本《金刚经注》（日本宝历十二年为西元1762年，即为我国清乾隆二十七年完成）传为僧肇所著，内容较为简要，其原本据传为日本僧人于唐代从中国取得，是否为僧肇原著，还有待考证。可以说，从罗什译出《金刚经》至隋代,为《金刚经》解经史的开创阶段,还没有较为突出的成果。

(二) 发展期

随着菩提流支和真谛三藏重译《金刚经》以及菩提流支译出《金刚般若经论》(印度天亲菩萨造),《金刚经》的解经史进入一个新的阶段,即发展阶段。智者大师的《金刚般若经疏》、吉藏的《金刚般若疏》等就是颇具代表性的解经之作。

智顗(538—597年),隋代高僧,又称智者大师,著有《金刚般若经疏》一卷。智顗是天台宗祖师,南朝陈代末年,他曾在金陵瓦官寺讲经八年,除了讲《法华经》,还讲《大智度论》《仁王般若经》和《维摩诘经》。智者大师著作宏富,有《法华经玄义》《法华经文句》《维摩经疏》《仁王护国般若经疏》等。智者大师与吉藏差不多是同时代人,智者比吉藏稍微年长一些,隋开皇十七年(597),吉藏曾奉书天台山,邀请他到嘉祥寺讲《法华经》,他因病未能前往。智者大师对佛教经典做了五时八教的分判。所谓五时八教是指天台宗智顗大师判解一切佛教大藏,以五时确定释迦说法之次第,以八教分别其说法之仪式(化仪之四教)与教法之浅深(化法之四教)。按照五时八教的分判,在佛陀说法的五个时期中,《金刚经》所在的般若部属于第四时,是从小乘回向大乘的过渡经典;在化仪四教(顿、渐、秘密、不定)中,《金刚经》属于渐教,在化法四教(藏教、通教、别教、圆教)中,《金刚经》属于通教、别教。智者认为《般若经》相对《法华经》和《涅槃经》还只是方便善巧的权教,而后者才是"开权显实,废权立实"的圆教。因此,智者大师更重视《法华经》和《涅槃经》。由于智者大师生活在中国佛教发展的鼎盛时期,智者本人又是开宗立派的一代祖师,不同于东晋道安、罗什等高僧以翻译佛经为主要任务,智者大师一生以著书立说为主要任务。智者大师除了天台宗的《法华玄义》《法华文句》《摩诃止观》等著作外,尚有《四教义》《净名经疏》《金刚般若经疏》《阿弥陀经义记》等共二十九部一百五十一卷。智者大师对于《金刚经》的注解是在僧肇《金刚经注》的基础上完成的。日本人敬雄所校僧肇《金刚经注》便是以智者大师《金刚般若经疏》为参照的。智者大师的注疏中引用了《中论》《百论》《大智度论》等龙树一系大乘中观学的论著。对译者只介绍了鸠摩罗什一家，同时还提到了元魏菩提流支所译弥勒作偈八十、世亲长行解释的《金刚般若经论》。对于"般若"的认识，智者大师引用《大智度论》的说法，分般若为实相般若、观照般若、文字般若三种，并以之分别对应佛的"三身"：法身、报身、应身。在《般若经》的教相上，以《仁王般若经》五时说法，判为一《摩诃般若经》，二《金刚般若经》，三《天王问般若经》，四《光赞般若经》，五《仁王般若经》。智者并不认为《摩诃般若经》与《金刚般若经》有先后高下之不同，只是广说与略说，针对根基不同的人所说而已。总体上看，智者大师对于《金刚经》思想的解读参考了当时流行的印度论本，并从中观二谛的角度发挥经义。但在《金刚经》译本上只关注了罗什译本，而吉藏的《金刚经义疏》中则关注到了更多的译本。

嘉祥吉藏大师（549—623年），隋末唐初人，著有《金刚般若疏》，又称《金刚经义疏》，"义疏"的特点是明经大义，以区别于"文疏"的章句训诂。在吉藏《义疏》中，论及《金刚经》的译本时，提到了罗什、流支和真谛三种，多次引用了印度僧人天亲（又称世亲）所作《金刚般若经论》。其注疏融合了当时流行的诸多译本、注释，并结合印度天亲的注释创立了中国人的新解，是中国第一部集大成式的《金刚经》注解。吉藏对《摩诃般若经》（《大品经》）和《金刚经》产生的先后次序进行了判别，坚持认为《金刚经》要早于《摩诃般若经》（《大品经》）。这一判别可以看作《金刚经》在中国佛教的影响开始超过《摩诃般若波罗蜜经》的先兆。吉藏在解经中将经文分为两部分，指出了世尊"两周说法"（两次说法）的缘由，对后来的《金刚经》注疏影响深远；吉藏还指出经文中须菩提提出了四个问题而不是两个，"四问"正是菩提流支本对于经文的翻译，体现出吉藏对于不同译本对照研究的特色；吉藏还进一步指出本经的主旨是辨明因果，这对于把握《金刚经》的宗教意义有重要的启示。① 嘉祥吉藏的《金刚经义疏》在注释经文之前，对于《金刚经》首开十重玄义，对于该经的大意、该经在《般若经》中的位置、该经的宗旨等九个主要方面的疑惑做了详细解答，从这些解答中可以看出吉藏《金刚经义疏》已经将《金刚经》在佛教经典中的重要性提到了很高的位置，在注解中首次融合了中印注家的不同观点。

（三）繁荣期

近人范古农说："自古以来，解此经（指《金刚经》）者，无虑百数。……其契正义者，当以无著、天亲、功德施三论及僧肇、智者、吉藏三疏为最。"② 功德施所造《金刚般若波罗蜜经破取著不坏假名论》于唐武则天永淳二年（683）在山西太原寺归宁院译出。所出较晚，智者、吉藏等人大概还未能见到。在吉藏之后，唐人智俨的《佛说金刚般若波罗蜜经略疏》（略称《金刚经略疏》）和窥基的《金刚般若经赞述》都是很有特色的《金刚经》解经之作。智俨和窥基生活在中国佛教创宗立派的巅峰时期。他们代表华严宗和法相宗注解了《金刚经》。当时般若经典翻译逐步完善，《金刚经》的注解也进入了八宗并弘的繁荣期。智俨（602—668年）大师是华严宗第二祖，常驻长安至相寺。智俨的著述，据《华严经传记》卷三说，智俨所撰经论的义疏一共有二十余部，章句都很简略，而解释却很新奇。现存的有《大方广佛华严经搜玄分齐通智方轨》十卷、《华严一乘十玄门》一卷、《华严五十要问答》二卷、《华严经内章门等杂孔目章》（略称《华严孔目章》）四卷、《金刚般若波罗蜜经略疏》二卷，其他著作均已失传。智俨所著《金刚经略疏》以菩提流支译本为经文原本，这在《金刚经》的注

---

① 参见闵军《吉藏〈金刚经义疏〉解经思想初探》，载王博主编《哲学门》总第30辑，北京大学出版社2014年版。
② 范古农：《序》，载江味农《金刚经讲义》，国际文化出版公司2013年版，第1页。

疏中是很少见的。菩提流支曾与勒那摩提共译《十地经论》，为地论之祖。而华严宗之前身，正是北朝地论师，智俨取流支译本而不取罗什译本或许正是体现了其前后的文化传承性。南北朝时期，北方地论学派善于章句之学，受此学风影响，智俨的《金刚经略疏》大开《金刚经》章句注疏之风气，在结构分析上极尽细致之能事，"从传统的三分法（序分、正宗分、流通分）开始，分到最细处，居然有十一层次之多！"① 智俨注疏中，已经指出："《般若经》依梵本三十万偈译成六百卷，总作十六会，说处别有四。前六会同王舍城鹫峰山说，次三会同在室罗筏誓多林给孤独园说，次一会他化自在天说，次四会还同前誓多林说，次一会同前鹫峰山说，次一会在王舍城竹林园白鹭池侧。说此《金刚般若经》当第九会说，梵本有三百偈，今成一卷。"由此推测，智俨已经参考了唐代《般若经》最新的翻译成果，即玄奘所译六百卷《大般若经》。智俨在注疏中说："能诠教体者，若约一乘以唯识真如为体，不可以分别智知故；若约三乘有二义：一同小乘教，二同一乘教，具如经论。"似乎智俨对于瑜伽行派唯识思想也有一定的研究。

唯识宗窥基（632—682年）大师是玄奘亲传弟子，著有《金刚般若经玄记》（已佚）、《金刚般若经赞述》（以下简称《赞述》）《金刚般若论会释》，其中只有《赞述》是直接解释经文的。窥基大师号称百部疏主，其主要著作有《瑜伽师地论略纂》十六卷、《成唯识论述记》二十卷、《唯识二十论述记》四卷、《百法明门论注》一卷、《杂集论述记》十卷、《辨中边论述记》三卷、《大乘法苑义林章》七卷、《因明入正理论疏》三卷、《金刚般若论会释》三卷、《妙法莲华经玄赞》十卷、《观弥勒上生兜率天经赞》二卷、《说无垢称经疏》六卷、《异部宗轮论述记》一卷等共四十三种，现存三十一种。其所注疏的经典，除《金刚经》《法华经》《弥陀经》《弥勒上生经》《胜鬘经》等外，其余所释诸经论文本，都用玄奘译本。据说，当时由于玄奘新翻译的《金刚经》尚未润饰，因

---

① 顾伟康：《金刚经解疑六讲》，第142页。

而窥基的注疏仍用罗什译本经文来做解释，而罗什译本是当时流传最广的。窥基大师虽然未用玄奘译本，但是讲明了玄奘重译《金刚经》的缘由，即为太宗皇帝积善祈福，用一晚上的时间就完成了翻译工作，还未来得及润色，太宗皇帝就让手下抄写了一万本流通。因而玄奘译《金刚经》也就保持了原样，玄奘译与罗什和真谛等译本的名称不同，叫作"能断金刚般若波罗蜜经"。窥基注疏科判细腻，与智俨相类。窥基指出："《阿含经》唯为发趣求声闻乘说；《般若》空教唯为发趣求大乘者说，故下云为大乘者说，为最上乘者说也；《涅槃》《法华》《解深密》等，通为发趣一切乘者说。"《般若经》空教为发趣求大乘者说，这是窥基在判教中对《金刚经》作为大乘经的肯定。窥基对于印度的解经理论很是重视，它指出："论者，然今唐国有三本流行于世。［一］谓世亲所制，翻或两卷或三卷成。［二］无著所造，或一卷或两卷成。［三］金刚仙所造，即谓南地吴人，非真'圣教'也，此或十一卷或十三卷成也。"窥基尤为重视世亲与无著所著的《金刚经论》，认为《金刚仙论》是中国人的伪作。在注文中，窥基以世亲论作科判，还大量引用了无著论本中的解释。可以看出，窥基的解经偏向于对印度传统的继承。只可惜窥基的著作偏于印度化，在中土流传时间不长。现存《大正藏》本《金刚般若经赞述》是日本僧人顺艺法师于文化十二年（1815）依据日本法相宗的传本刊刻的。

（四）成熟期

中唐以后，《金刚经》的解经进入成熟期。以惠能（638—713年）的《坛经》《金刚般若波罗蜜经口诀》、道氤（668—740年）的《御注金刚般若波罗蜜经宣演》为代表。《金刚经》在中国能够变得家喻户晓，这与禅宗在中国的发展是密不可分的。禅宗五祖弘忍开创的东山法门以《金刚经》印心，而中国禅宗实际的创宗人六祖惠能和尚正是因听《金刚经》而开悟的。于是乎，自六祖以降，《金刚经》的般若智慧成为历代祖师参禅悟道的核心内容。六祖因"应无所住而生其心"的开悟经历成为禅宗修行中一个很著名的公案。伪托六祖之名而撰写的《金刚经》注解——《金刚般若波罗蜜经口诀》在唐宋以后广为流传。虽然《金刚经口诀》是否是六祖对于《金刚经》的注解，仍在争论之中，但是《坛经》这一禅宗经典却可以看作惠能对《金刚经》思想的一种"义疏"。《坛经》所标榜的"无念为宗、无相为体、无住为本"（《坛经·定慧品》）便是对《金刚经》"无我相、人相、众生相、寿者相"和"应无所住而生其心"等思想的发挥。《坛经》中惠能得法偈语中的"本来无一物，何处惹尘埃"与《金刚经》的"一切有为法，如梦幻泡影"在破除对现象的执着方面有着异曲同工之妙。读惠能的《坛经》，比读百家注解更容易领会《金刚经》的实相智慧。

　　道氤（668—740年）的《御注金刚般若波罗蜜经宣演》为唐玄宗所著《御注金刚经》之复注本，此书于历代经籍目录中仅见其名，内容不明，直至敦煌本《御注金刚般若波罗蜜经宣演》出土，方得尽悉其奥。《宣演》分五门。（1）叙教兴由：谓《金刚经》为"除疑断障，生信起行，识真俗理，摄福惠德，证法身果，佛种不断"，故而兴起。并叙述了传译经过，介绍了印度诸唯识大师的注疏。（2）明经体性：从唯识思想的立场，主张此经以"识心"为体。并用"圆成实"等分析此经之属性。（3）摄归宗旨，辨《金刚经》藏、分、乘、时、会之归属。（4）所被根宜，论述《金刚经》对哪些人适用。（5）依文正解，逐一引用经文，进行解说。《宣演》释文委曲详尽，文内引用了很多当时盛行的重要经论，保留了珍贵的材料，作者站在法相唯识的立场上注疏般若"性空"的基本著作，亦给后人留下宝贵的研究资料。《宣演》为《赵城金藏》所收，为六卷本，现残存第五卷。[①]《宣演》融合了当时中印各家注解，是唐中期《金刚经》注解的集成之作。《宣演》发现于敦煌莫高窟藏经洞，它已经流传到边远的敦煌地区，据此推断，作为御注的升级版，该注解在中唐时期可能大为流行。

---

　　① 参见方广锠《敦煌文献中的〈金刚经〉及其注疏》，《世界宗教研究》1995年第1期。

（五）融合期

宋元时期，由于理学的兴盛和禅宗不重经教思想的影响，《金刚经》的注解转入低潮，至明清时期，经学复兴，《金刚经》的注解又重新繁荣起来，其中代表性的有明永乐皇帝《金刚经百家集注大成》和清徐发《金刚般若波罗蜜经郢说》等。永乐皇帝辑《金刚经百家集注大成》又称"金刚经集注"，是明清以来较为流行的《金刚经》注本。《金刚经集注》原是南宋绍定四年（1231）杨圭所聚《十七家释义》，而后明代僧人洪莲演为《五十二家注》，明成祖加以删减增添最后定稿。《金刚经集注》集合了五十三家的解说，这五十三个注家中有出家人，有居士，有名僧名人，也有无名小辈，可惜这五十多人注解《金刚经》的专书现大多已经不可考。永乐皇帝《御注金刚般若波罗蜜经集注序》（写于1423年）中说："是经也，发三乘之奥旨，启万法之玄微。论不空之空，见无相之相。指明虚妄，即梦幻泡影而可知；推极根原；于我、人、众、寿而可见。诚诸佛传心之秘、大乘阐道之宗，而群生明心见性之机括（关键）也。"从"传心之秘""明心见性"可以看出《金刚经集注》偏于用禅宗思想解读《金刚经》，而所引五十多家注解中有一半左右的注家都与禅宗有关，说明禅宗在明代的盛行。明成祖注本在禅解《金刚经》的同时，积极融合大乘法华、华严、唯识、净土等宗思想，并且在个别地方还引用了《老子》和《论语》，可以看出《金刚经》解经学在宋明以后逐渐发展为八宗融合、三教合一的态势。

清人徐发《金刚般若波罗蜜经郢说》，仍是对罗什译本的注解。《郢说》以赵孟頫书写石刻本《金刚经》为底本，做了版本上的考证。这是清人考据方法在《金刚经》研究中的运用。《郢说》采用世亲"二十七疑"的科分法，融合儒佛道三家思想解经，有一定的代表性。著者在《郢说》中凡举"孔子""儒家"三十七处。他说："佛法与儒理，只是一性，此性亘天地而不变，岂以世之久远而有异乎？"佛法与儒理，本为一物，问题在于世之俗儒陋僧，歪曲了佛法真谛和儒家精义，才造成同室操戈的误会。他对儒佛的会通融合在《郢说》一书中。

（六）创新期

江味农《金刚经讲义》（以下简称"讲义"）与丁福保《金刚经笺注》都是晚近注解《金刚经》的经典之作。由于新文献的发现和新方法的运用，《金刚经》的注解在晚清民国时期出现了新局面。江味农（1872—1938年）居士的《金刚经讲义》，虽然在科判上，仍继承了传统台宗的"繁琐"特征，但是在版本的考证上，积极采用了敦煌文献出土的柳公权书写本以及晚近在日本发现的众多注疏，包括唐慧净的《金刚经注疏》、姚秦僧肇的《金刚经注》、智者大师的《金刚经智者疏》、吉藏的《金刚经义疏》、窥基的《金刚经赞述》、唐宗密的《疏论纂要》等。经江居士校勘的《金刚经》已经成为现今《金刚经》版本中的善本标杆。江居士的《金刚经讲义》是近代以来解释《金刚经》最为全面、宏富的集大成之作。《金刚经》原典译成中文不过数千字（罗什译文约5176字，玄奘译本有8200余字），而江味农的《讲义》则有近50万字，足见讲说者用功之勤、用心之细。范古农《序》赞曰："讲义发挥般若旨既详且尽，又复旁通诸大乘经。其指导学者观照法门，不第禅宗之向上，净宗之一心，皆有阐发而已。"[①]

丁福保（1874—1952年）居士的《金刚经笺注》与江味农的《金刚经讲义》相类，其中对于晚近在日本发现的《金刚经智者疏》《金刚经义疏》以及敦煌写本《金刚经》等新资料的积极吸收，与江著不同的是，丁著中还大量引用了《法华经》《维摩经》《大般若经》《大智度论》《大乘起信论》《大乘义章》等佛教经典来疏释文字，而且还引用了《文献通考》《郡斋读书志》《论语》等儒家经学研究的必备书籍，注重儒佛会通，俨然是把《金刚经》作为一部中国儒家经典来研究。《笺注》对于了解传统封建社会士

[①] 范古农：《序》，载江味农《金刚经讲义》，第1页。

大夫阶层对于《金刚经》的研究有一定的参考价值。书中引用了了翁陈氏的话说："此经要处只九个字'阿耨多罗三藐三菩提'，梵语九字，华言一字，'觉'字耳。《中庸》'诚'字即此字耳。"（《金刚般若波罗蜜经笺注序》）由此，可以管窥作者会通儒佛的注经思想。《笺注》重视六种译本比较研究，认为六种译本"俱不可废"，这一方法开创了现代学术史上《金刚经》比较研究之先河。

三 《金刚经》的解释与佛教中国化

《金刚经》的解经史就是一部中国佛教的发展史。从古至今，解释《金刚经》者数百家，仅现存刊本《大藏经》中收录的就有六十余种，还不算近现代以来各家各派的讲经与注解。限于时间和精力，本文对于《金刚经》解经史的研究仅仅选取了从两晋至中华民国时期的十几部《金刚经》解经的经典之作，进行了研究和探讨。在研究中，注重《金刚经》解经与中国佛教史发展之间的关系研究。初步划分出《金刚经》解经史发展的六个阶段，每个阶段列举几部代表性的注解加以分析和解说，它们是：（1）开创期：以后秦鸠摩罗什《注金刚经》和僧肇《金刚经注》为代表；（2）发展期：以隋智𫖮《金刚般若经疏》和唐吉藏《金刚经义疏》为代表；（3）繁荣期：以唐人智俨《佛说金刚般若波罗蜜经略疏》和窥基的《金刚般若经赞述》为代表；（4）成熟期：以唐慧能《坛经》和道氤《御注金刚般若波罗蜜经宣演》为代表；（5）融合期：以明永乐皇帝《金刚经百家集注大成》和清徐发《金刚般若波罗蜜经郢说》为代表；（6）创新期：以江味农《金刚经讲义》与丁福保《金刚经笺注》为代表。从中可以看出，《金刚经》解经史的发展与中国佛教史的发展是密不可分的。

从汉明感梦开始，中国人开始引进佛教思想文化。在汉末三国两晋时期，中国盛行老庄玄学，玄学的本末、有无之辨与佛教般若学的空有之说、真俗二谛之辨颇为相似，顺此环境，般若学经典逐渐向中土输入，直至鸠摩罗什译出《金刚经》、大小品《般若经》

以及《中论》《百论》《十二门论》《大智度论》，般若学著作才较为完整地被翻译成中文。但是直到罗什译出《金刚经》之时，中国人对大乘般若学的研究主要依赖旧译的大小品经，即《道行般若经》和《光赞般若经》。因此，罗什与僧肇开创的《金刚经》解经学还不能把《金刚经》在《般若经》中的重要位置体现出来，到了后来天台智者大师和嘉祥吉藏大师的《金刚经》注，才将《金刚经》解经史推向了发展，而这一时期《金刚经》也出现了菩提流支译本和真谛译本，同时印度学者所著的解经之作《金刚经论》也被翻译为中文，使得《金刚经》的研究资料更为丰富。至中唐时期，中国佛教宗派化发展势头迅猛，玄奘、义净等翻译家进一步译出更为详细的《大般若经》和《金刚经论》，大乘佛教的经典尤其是瑜伽行派的经典翻译更为完备，因而出现了像华严宗智俨和唯识宗窥基以宗派观念兼顾印度唯识家论本思想解释《金刚经》之作，尽管此类著作过于印度化，不适应中国土壤，但还是推动了《金刚经》研究的热潮，使之进入中国人注经的繁荣期。在此之后，惠能禅宗的兴起以及唐玄宗御注《金刚经》，使得《金刚经》注解转向中国本土化和平民化，中国人对于《金刚经》般若智慧的思考已经相当成熟。以致宋明以后《金刚经》注解不是禅学化便是三教合流的儒道化。明清时期注解《金刚经》者不比隋唐时代少，但正如《集注》和《郢说》一样，融合成为大势所趋，而创造性已不足。至晚清民国，江味农、丁福保等人参照敦煌与日本发现的新资料，吸取西方现代学术的考辨方法，试图对《金刚经》的注解有所创新，发前人之所未发，奠定了二人在近现代佛教学术史上的地位。

值得注意的是，在《金刚经》解释史发展的过程中，中国人特别注重新资料的翻译和发掘，特别注重资料的全面性和对最新研究成果的吸收，同时也注重佛教经典的中国化诠释。《金刚经》源自印度佛教，印度人的解经之作——弥勒八十偈语和无著、世亲所著的《金刚经论》一直是中国学者研究的热点，但又不囿于成说，中国人在《金刚经》的结构分析上创立了三分法，不同于印度的十二分法；对整体思想的把握创立了据传为昭明太子所创的"三十二分"章节划分,而不是仅限于世亲论本中的"二十七疑"说;在《金刚经》的旨趣方面,中国人偏向于把《金刚经》看作明心见性、体悟解脱境界的工具,而不是把它看作像大品《般若经》一样,纠缠于"空"的概念的思辨之中。《金刚经》的解说最终导入了禅修解脱和慈悲济世,导入了对于上求菩提、下化众生的大乘精神的把握,导入了以内圣外王、出世不离入世为特征的儒家式的理想人格塑造。所有这些都反映出《金刚经》的解释与佛教中国化之间有着密不可分的关系,《金刚经》的解经史是佛教中国化的一个重要体现。

儒学研究

先秦儒家的工夫与本体

崔海东

摘　要：儒家工夫在先秦时期已卓然挺立，自成体系，然有实无名。"工夫"概念则经过漫长发展至唐时方接近儒门修证义理，宋儒始使工夫名实相符。先秦儒家之工夫可强分为下学而上达（醒觉心体、反躬性体、对越道体）、上达而存养和存养而践履三大阶段，彼此相对应，工夫阶及本体三境，即欲仁斯至境、民胞物与境、天命流行境。

关键词：工夫；上达；存养；践履；本体

作者简介：崔海东，江苏科技大学人文社科学院副教授（江苏镇江 212008）。

儒家工夫源远流长，历久弥新，其主体乃凡庸百姓，其地位则大根大本，其对象乃常情常理，其方法则实证实修，可谓极高明而道中庸，是中国文化的独到之处、精妙之处。其在先秦时期已卓然挺立，自成体系，兹就此义，略发其绪，以待方家。

一 工夫的词源学考察

关于工（功）夫的由来，学界已多有讨论①，下面即据之参以己意逐步考察"工""功""夫""功夫""工夫"诸义的发展。

（一）工

"工"乃象形字，甲骨文字形作 ᙈ （《粹 137》）、ᴵ（《粹 1273》），象工具形。"工"的本义乃工匠的曲尺。②"工""巨"（矩）古同字，如云有"规矩"，即持有工具。由此工具义，又引申出三义。其一，由工具引申为工匠、工人，即对从事各种手工技艺的劳动者的总称。如"百工居肆以成其事"（《论语·子张》），"工欲善其事，必先利其器"（《论语·卫灵公》）。其二，由专业从事引申出擅长之义，如"工文学者非所用"（《韩非子·五蠹》）。其三，由从事引申出结果、劳绩、功绩，如"凡师不工则助牵王车"（《周礼·春官》），"此言多资之易为工也"（《韩非子·五蠹》）。

（二）功

"工"是"功"的母源字，"功"是会意字，从力，工声，工兼表义，指用力从事工作。如《小尔雅·广诂》云："功，事也。""功"有三义。其一，同"工"之义，指事情，包括农事、劳役、

---

① 参见沈俊《"工夫"与"功夫"》，《辞书研究》1980 年第 4 期；楼观伟《也谈"工夫"与"功夫"》，《辞书研究》1981 年第 4 期；屠承先《论本体功夫思想的理论渊源》，《中国哲学史》1997 年第 3 期；张学力《"功夫"词义演变研究——兼析"功夫""工夫"关系》，湖北师范大学，硕士学位论文，2013 年。

② 《说文解字》："工，巧饰也，象人有规矩也。"杨树达《积微居小学述林》云："许君谓工象人有规矩，说颇难通，以巧饰训工，殆非朔义。以愚观之，工盖器物之名也。知者：《工部》巨下云：'规巨也，从工，象手持之。'按：工为器物，故人能以手持之，若工为巧饰，安能手持乎……以字形考之，工象曲尺之形，盖即曲尺也。"

文事、武事等，如《尚书·无逸》"文王卑服，即康功田功"等。其二，特指土木工程等，如《尚书·益稷》"启呱呱而泣，予弗子，惟荒度土功"等。其三，指功绩、功劳，如《尚书·仲虺之诰》"德懋懋官，功懋懋赏"；《孟子·梁惠王上》"今恩足以及禽兽，而功不至于百姓者"等。

由上可见，在本义上"工"指人，"功"指事，区别甚明；然在引申义上，二者则出现交叉。

（三）夫

其一，本义。古人成年男子要绾发。"夫"，甲骨文作 夫（《前·5.32》）在 大（大，成人）的头部加一横━指事符号，代表发簪。金文 夫 承甲骨文。篆书作 夫，《说文解字》云："从大，一以象簪也。"故"夫"字表示"人"头上插一发簪，本义指成年男子。其二，引申义。一是指女子的配偶，即丈夫。如《庄子·让王》"于是夫负妻戴，携子以入于海"。二是泛指人，或特指某一群体的人，如某一职业、官职的人等。如《尚书·胤征》有"啬夫驰"，《诗经·小雅·宾之初筵》有"射夫"，《国语·周语》"宰夫"等。①

（四）功夫

"工""功""夫"，三者各自发展，本自相安。在先秦汉语单音节与多音节的互动过程中，"功"率先与"夫"相结合，成为新词"功夫"，其义演变有四。

其一，"功"指工程，"夫"指夫役。如据宋洪适《隶释》所

---

① "夫"可以与前字搭配组成偏正结构的词，这种用法在古代文献中的例子非常常见，先秦文献中出现的有："牧夫""勇夫""愚夫"（《尚书》），"哲夫""仆夫""狂夫""膳夫"（《诗经》），"士夫""元夫""金夫""后夫"（《易经》），"匹夫"（《吕氏春秋》），"恶夫"（《论语》），"顽夫""懦夫""薄夫""鄙夫""旷夫"（《孟子》），"作夫"（《商君书》），"农夫""独夫""馋夫"（《荀子》），"讼夫""御夫"（《晏子春秋》），"良夫""媚夫""善夫""臣夫"（《逸周书》），"命夫""行夫"（《周礼》），"篡夫""猎夫"（《庄子》），等等。

载,《广汉长王君治石路碑》有广汉长王君治路"功夫九百余日,成就通达"的碑文。①《辞源》和《汉语大词典》"功夫"最早的书证就是引用这句碑文。而《辞源》释"功夫",认为"功"指工程,"夫"指夫役;《汉语大词典》则认为"功夫",即指工程夫役。

其二,"夫"义弱化,偏在"功"上,指工程。这个词最早见于成书在西晋的《三国志》,六见②,皆是承接先秦"土功"之"功"义,指土木工程,然偏在"功"上,"夫"字已弱化。

其三,谓造诣、功力和素养。如《南齐书·王僧虔传》中有"宋文帝书,自云可比王子敬。时议者云:'天然胜羊欣,功夫少于欣'"之语。又如南北朝颜之推《颜氏家训·杂艺》云:"吾所见法书亦多,而玩习功夫颇至",此指书法。唐赵璘《因话录》云:"诗韵不为新语,体律务实,功夫颇深",此指诗歌。唐方干《水墨松石》云:"三世精能举世无,笔端狼藉见功夫",此指绘画。

其四,后来"功夫"又演变出"付出的时间和精力"义,如唐元稹《琵琶》诗"使君自恨常多事,不得功夫夜夜听",唐吕岩《醉江月》词"片晌功夫,霎时丹聚,到此凭何诀"。

---

① 《广汉长王君治石路碑》全文如下:"表惟右部官,国之珍宝,冲路危险,侠石磐岩(阙)道,人马(阙)行,为民隆害,历世弥久,靡有留心。长广汉王君,建和二年冬,任掾杨(阙)攻治破壤,又从涂口繇平(阙三字)井间道至别监,得去危就安,功夫九百余日,成就通达,永传亿岁无穷记。弟子杨子钦奉为作(阙)定远(阙六字)造。"(宋)洪适:《隶释》卷四,上海书店1985年版,第165—166页。案:碑文盖杨子钦所作也,子钦无考。据碑文,当完成于元嘉元年(151)。

② 分别是《三国志·魏书四·三少帝纪·齐王芳》"吾乃当以十九日亲祠,而昨出已见治道,得雨当复更治,徒弃功夫";《三国志·魏书六·董二袁刘传》裴松之引西晋司马彪《续汉书》"又陇右取材,功夫不难";"闻曹真发已逾月而行裁半谷,治道功夫,战士悉作"(《三国志·魏书十三·钟繇华歆王朗传》);《三国志·魏书十三·钟繇华歆王朗传》"今见作者三四万人,九龙可以安圣体,其内足以列六宫,显阳之殿,又向将毕,惟泰极已前,功夫尚大,方向盛寒,疾疢或作";《三国志·魏书十六·任苏杜郑仓传》"遂躬率吏民,兴立功夫,一冬间皆成";《三国志·魏书二十一·王卫二刘傅传》"汉武有求于露,而由尚见非,陛下无求于露而空设之;不益于好而糜费功夫,诚皆圣虑所宜裁制也"。

（五）工夫

"工"既为"功"的母源字，故以"工夫"通假"功夫"即不足为奇。"工夫"首见于东晋葛洪的《抱朴子》①，是与"功夫"一同使用的通假用法，义为"做事所费的精力和时间"。至唐时，"工夫"的使用极为普通，基本替代了"功夫"的全部含义。愚检全唐诗，"工夫"一词共32见。表时间、精力义，如罗隐《隋堤柳》："春风未借宣华意，犹费工夫长绿条"，表造诣一义，亦是寻常，如王建《别李赞侍御》："讲易工夫寻已圣，说诗门户别来情。"特别重要的是，开始出现了近似于儒门修证的意蕴，如孟郊《忽不贫，喜卢仝书船归洛》："日月更相锁，道义分明储。不愿空岩峣，但愿实工夫。实空二理微，分别相起予。经书荒芜多，为君勉勉锄。"其中的"但愿实工夫"，尤须引起重视。

（六）儒家工夫范畴的正式出现

直到宋儒，方有理论自觉，二程一反濂溪、横渠之外在地言天道而贯人事之路线，自人生界立言，据《礼记·乐记》"不能反躬，天理灭焉"，开出宋代儒学之工夫论转向，从而完全就内里复兴先秦儒学。如明道云："学者须先识仁"②，伊川云："学本是治心"③，此二句可谓洛学之关聚——识仁是体，治心为用，体用一源，显微无间。工夫开始在二程这里正式登场。略举《遗书》几则，如"朋友讲习，更莫如相观而善工夫多"④；"闲邪更着甚工夫？但惟是动容貌、整思

---

① 《抱朴子内篇·勤求》："闻甲乙多弟子，至以百许，必当有异，便载驰竞逐，赴为相聚守之徒，妨工夫以崇重彼愚陋之人也"；《抱朴子内篇·遐览》："既生值多难之运，乱靡有定，干戈戚扬，艺文不贵，徒消工夫，苦意极思，攻微索隐，竟不能禄在其中，免此垄亩"；《抱朴子外篇·自序》："先所作子书内、外篇，幸已用功夫，聊复撰次，以示将来云尔"；《抱朴子内篇·金丹》"其所营也，非荣则利，或飞苍走黄于中原，或流连怀觞以羹沸，或以美女荒沈丝竹，或耽沦绮纨，或控弦以弊筋骨，或博弈以弃功夫"。
② （宋）程颢、程颐：《二程集·遗书》卷二上，中华书局1981年版，第16页。
③ （宋）程颢、程颐：《二程集·遗书》卷十五，第156页。
④ （宋）程颢、程颐：《二程集·遗书》卷二上，第23页。

虑，则自然生敬"①；"须把敬来做件事着。此道最是简，最是易，又省工夫"②；"常人之至于圣贤，皆工夫到这里"③；"须是于'原'（按：指'原始要终'）字上用工夫"④；"出辞气，莫是于言语上用工夫否？"⑤ 二程正式将工（功）夫中表示时间、精力、造诣、功力和素养的意义引申为表示道德修行、证悟的术语，自此，工（功）夫一词便发展为儒家打通体用的一个核心范畴，指称针对心性情欲做自我调节、控制与优化的理性的道德实践。

二 先秦儒家工夫的基本内容

虽然"工夫"此一范畴迟至宋儒才正式建构完毕，但是早在先秦，儒家此一关于个体修养的途径与义理已经卓然挺立，自成体系，只不过处于"有其实而无其名"的状态中。故朱子云："《论语》一部书自'学而时习之'至'尧曰'，都是做工夫处。"⑥

为了行文方便，于此先集中交代先秦儒学之义理架框。按儒学本是明体达用的"一贯"之学，其在逻辑上展开为"下→上→下……"的连绵不绝的"实体⑦→工夫→本体⑧→发用→工夫→本体→发用……"之运动。首先，实体创生，道体（第一实体）下贯性体（第二实体）、心体（第三实体）。其次，在下学人事中凭工夫上达（即醒觉心体、反躬性体、对越道体），阶及本体三境

---

① （宋）程颢、程颐：《二程集·遗书》卷十五，第149页。
② （宋）程颢、程颐：《二程集·遗书》卷十五，第149页。
③ （宋）程颢、程颐：《二程集·遗书》卷十五，第150页。
④ （宋）程颢、程颐：《二程集·遗书》卷十八，第190页。
⑤ （宋）程颢、程颐：《二程集·遗书》卷十八，第208页。
⑥ （宋）朱熹：《朱子语类》卷一一七，《朱子全书》，上海古籍出版社、安徽教育出版社2002年版，第18册，第13691页。
⑦ "实体"一词，愚取诸朱子，其云"人见天地之实体，而知《易》之书如此"。见朱熹《朱子语类》卷七十四，《朱子全书》，第16册，第2498页。
⑧ "本体"一词，愚取诸横渠，其云"太虚无形，气之本体，其聚其散，变化之客形尔"。见张载《正蒙·太和》，《张载集》，中华书局1978年版，第7页。另儒学所言之本体，是实体本初状态之义，绝非近代以来反向格义所产生的"本体论"之"本体"。

（即欲仁斯至境、民胞物与境、天命流行境），而后存养之。再次，向外践履发用，以亲亲仁民爱物，参赞化育，最终峻极于天。①

作为体用之枢纽，工夫本是一体之事，不可断分，然为说理清晰，本文将其强分为三：下学而上达、上达而存养和存养而践履。上达是知，践履是行，存养位于二者之间，形成"知—养—行"之体系。

（一）上达道体

下学是工夫的第一阶段。其目标是通过专门的、有针对性的规范训练，来磨炼意志、陶冶心性。它包括两个步骤，即《大学》所言"格物致知"。然后上达。其目标是通过逆觉，层层向上提撕，抵达孟子所说的"尽心知性知天"之境界。《论语》中孔子频言"上达"，如云"君子上达"（《论语·宪问》）；又云"不怨天，不尤人，下学而上达。知我者其天乎！"（《论语·宪问》）上达乃不断向上从而超然拔出，发见本体之澄明清宁。其目的是疏通天地之性，对治当下的气质之病痛、戕贼、纠缠。依孟子的"尽心知性知天"，我们可将其分为以下三个阶段。

其一，醒觉心体。"醒觉"即唤醒义，愚取诸《孟子·万章下》"先知觉后知，先觉觉后世"。上达的第一环节，或因己悟，或由外缘，唤醒吾心使神明全具。

其二，反躬性体。"反躬"即返回义，取诸《礼记·乐记》"不能反躬，天理灭焉"。道心既醒，则当抵达那人性的宽阔宁静处。

其三，对越道体。"对越"即上达义，取诸《诗经·清庙》"秉文之德，对越在天"。此是逆觉工夫的末节，在抵达性体后更清扬向上，阶及道体。

（二）存养天机

上达之后，三分的道体、性体、心体即合而为一，曰本体，此时

---

① 愚引《易传》"原始反终"表达此范式，愚以为，此"原反"范式即由孔门所创，《论语》《孟子》《大学》《中庸》等已尽述此理，虽然它们可能并未出现所有概念，但这并不妨碍"无其名而有其实"。我们正可据其义理，参后儒之追忆，以还原圣贤之初衷。

即须存养之。存养在工夫格局中，位于上达、践履之间，就十分重要，我们可借《荀子·王霸》"涂秽则塞，危塞则亡"来表达之。存养的内容即《孟子·尽心上》所说的"存心、养性、事天"，此存、养、事三者一体，心即性即天。"存心"即不使道心走失。"养性"即《中庸》"喜怒哀乐之未发，谓之中"，保持心性本体的中正状态，以备践履发用。"事天"即涵泳于此天机之中。孔子云"回也其心三月不违仁"（《论语·雍也》），《中庸》亦云颜子"择乎中庸，得一善，则拳拳服膺，而弗失之"，这两章描述颜回逆觉仁体，则守护之，使不违离，此正是典型的存养工夫。存养依据操作的形式及难易程度，可以分为静、动、中三个级别，我们依次来看。

其一，静之存养。静是初级的存养形式，此取《荀子·解蔽》"虚壹而静"与《大学》"慎独"之义，指采取暂时隔离生活的相对安静的形式来集中体认并存养心性。如《论语·述而》云"子之燕居，申申如也，夭夭如也"，此是揭示孔子居家安静的存养工夫。

其二，动之存养。生活本身是变动的，故静之外，尚须展开动之存养。《论语》言动之存养极众，略撮《论语·乡党》几例，如"食不语，寝不言"；"席不正，不坐"；"寝不尸，居不容"；"乡人饮酒，杖者出，斯出矣"；"升车，必正立执绥。车中，不内顾，不疾言，不亲指"。以上均是在平日的扫洒应对、瞬间万变的生活中注意收拢调和心性。此动的存养与普通的生活对圣人而言是无区别的，然对处在工夫过程的凡庸来说，是有区别的，存养之动非普通的动，普通的生活无工夫之自觉，而存养则是自觉的。但是存养之动又没有明确的向外之目的，它不是一次精神力量的对象化，不以做成某项外在的功业为目的，它只是通过日常生活的细节，来锤炼心性，使渣滓化尽，廓然无物。

其三，中之存养。中指时中，它是存养的高级形式，超越动静，无时不存养，无养不持中。《论语》中说"时中"工夫者，如著名的"孔颜之乐"[1]。首先，孔颜之乐是存养之乐。伊川师弟的

---

[1]《论语·雍也》："子曰：贤哉回也！一箪食，一瓢饮，在陋巷，人不堪其忧，回也不改其乐。贤哉回也！"《论语·述而》："子曰：饭疏食，饮水，曲肱而枕之，乐亦在其中矣。不义而富且贵，于我如浮云。"

相关讨论可佐证之。鲜于侁问伊川"颜子何以能不改其乐?"伊川反问"颜子所乐者何事?"侁对曰"乐道而已"。伊川曰"使颜子而乐道,不为颜子矣"。① 伊川引而未发者,即是存养工夫。存养并不以外在的对象为目标,故孔颜并非乐道,即未欲将道作为一个明确的对象来把握,而只是在接通道体后涵泳其中,全体大乐。其次,孔颜之乐是时中之乐。孔子云"贫而无怨难,富而无骄易"(《论语·宪问》),孔颜之乐并非推崇饭疏食、饮水、居陋巷之类的苦行,更非提倡精神胜利法,只是特别用极端贫困的物质条件来作反衬,其实就是表明,存养超乎外在环境,随时随处调护心性本体的中正庄严。后来横渠,"言有教,动有法,昼有为,宵有得,息有养,瞬有存"②,此说最好。

既已接通道体源头,则左右逢源,不停获得新生命的滋养,越养越厚,没有局促逼仄,无一丝犹豫,无一丝困惑,随时可以对外开出发用。

(三)践履发用

吾人存养本体,再进入生活,即第二次下学,此乃自觉的下学,故以践履别之。二者在工夫格局中实际上处于同一位置。然与自发的生活不同,践履是一个"极高明而道中庸"者。"极高明"言其目标是为上达,以此来区别普通的生活。"道中庸"则表明它采取的还是普遍的人伦日用的方式,而非任何逃尘出世的非人间化的做法。存养是持守心性未发之中,而此践履是在再度发用中求已发之和。然凡庸最容易过或不及,则须省察,即在人伦日用中辨别苗裔动机之善恶而后加以对治,正则扩充,邪则反格,重做下一轮的上达存养。践履依其结果,可分三种,不及、过、和。

其一,践履之不及。此指践履中心性的发用太弱,未能中节。《论语》中讨论践履不及者甚众。如孔子云:"刚毅木讷,近仁。"

---

① (宋)程颢、程颐:《二程集·外书》卷七,第395页。
② (宋)张载:《张载集·正蒙》,第44页。

(《论语·子路》) 本来仁体廓然，物来顺应，然刚强坚毅则是对世界先有个对待心、分别心、攻取心而剑拔弩张；本来"有德者必有言"（《论语·宪问》），而木讷却是言语艰难笨拙，是明显的心性本体发用壅塞者。又如孔子云"见义不为，无勇也"（《论语·为政》）；又云"仁者必有勇"（《论语·宪问》），故当为而不为，显然是仁体之发用未畅如也。

其二，践履之过。此指践履中心性的发用太强。如孔子云"巧言令色，鲜矣仁"（《论语·公冶长》），此与上节"刚毅木讷"正好相反，本来"辞达而已"（《论语·卫灵公》），若搬唇弄舌，则多余无用。孔子又云"枨也欲，焉得刚"（《论语·公冶长》），认为申枨心性所发太盛，即成滔滔之欲，焉得清刚正大。再如子云"孰谓微生高直？或乞醯焉，乞诸其邻而与之"（《论语·公冶长》），认为人心之发，当取其直，以符物理，有人借酱，如有就借，如无就明告之，然微生高明明没有却冒充有，又向邻居借来再转借。孔子认为，此纾人之难、与人为善之心是对的，但发之太过，即成罔曲。此理孔门皆知，如"颜渊死，子哭之恸。从者曰：'子恸矣。'"门人认为夫子发之太过，孔子答曰："有恸乎？非夫人之为恸而谁为？"（《论语·先进》）其表达即此特殊情况，若不如此反不合中心所发。

其三，践履之和。和即"发而皆中节"。如孔子云"知者不惑，仁者不忧，勇者不惧"（《论语·子罕》），又云"知者乐水，仁者乐山；知者动，仁者静；知者乐，仁者寿"（《论语·雍也》），此"三不""两乐"，正是安详和乐之貌。另《论语·乡党》有大量这样的描写，此处只举一章："执圭，鞠躬如也，如不胜。上如揖，下如授，勃如战色，足缩缩，如有循。享礼，有容色。私觌，愉愉如也。"本章写了三个层次：一是在自己国君面前领圭，上堂接圭时双手高如作揖般，下堂时依如授玉时一样，面容勃如战色，恐辱君命，两脚小碎步走直线；二是向他国国君献礼，则颜色舒解，如沐春风；三是私下觌见他国国君，则轻松愉快。对于三种场合，孔子不同的肢体描写，我们可以鲜活地感受到孔子发而皆中节之和。

至此，工夫的第一轮修证正式完成，而后自动转入第二轮工夫之旅。如此螺旋式上升不已。

其四，工夫下手处。正是由于在发用践履中存在着过或不及的情况，故须针对这些新问题展开新一轮的上达与存养，而后再践履。从而不断循环，最终优入圣域。这就需要找到工夫下手处。所谓工夫下手处，即在人伦日用中寻得一个端点入手，来捕捉、辨别善恶之苗裔动机，从而对治，渐渐醒觉心体，开启工夫之旅。《论语》对下手处指示极为亲切，如前言之"内省"，曾子力行之，云"吾日三省乎吾身"（《论语·学而》），其确是一个可常态化执行的方式。除此之外，《论语》尚有如"观过知仁"（《论语·里仁》），"见过自讼"（《论语·公冶长》），"退而省其私"（《论语·为政》），"君子有九思：视思明，听思聪，色思温，貌思恭，言思忠，事思敬，疑思问，忿思难，见得思义"（《论语·季氏》）等等，不赘。

上述可以下图示之：

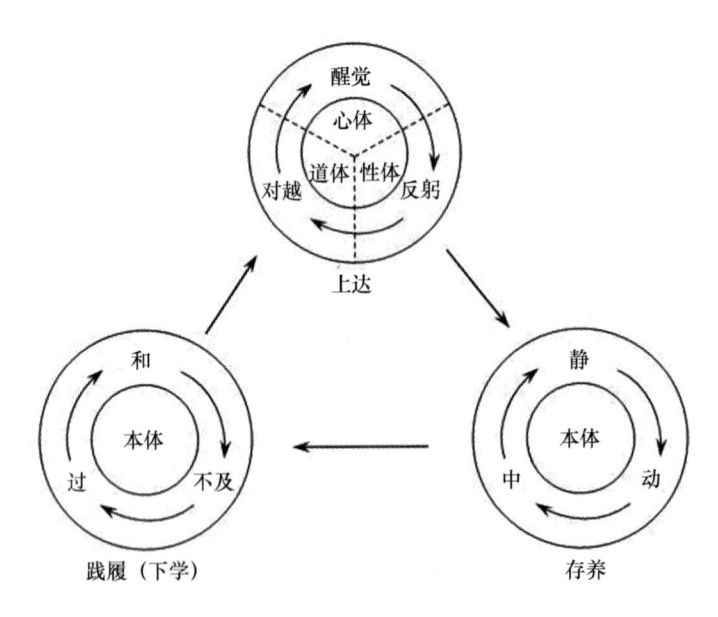

图1　工夫下手处

三　本体三境

儒家所谓之本体，并非近代以来反向格义之产物①，而是指工夫所抵达的、对实体本来体状的体证，如梨洲云："心无本体，工夫所至，即其本体。"② 此本体实为境界。所谓境界，它并不指向人产生之前的宇宙，而是人心所理解即生成的宇宙，是人以智的直觉与世界相互交融的体证结果。与上述工夫三个阶段相对应，先秦儒家之本体可分为三层境界，即欲仁斯至境、民胞物与境、天命流行境。

（一）欲仁斯至境

孔子云："仁远乎哉！我欲仁，斯仁至矣。"（《论语·述而》）这是人看见世界后所抵达的第一层本体境界。它对应的是心体。凡庸驭于气质之性，大率终生为奴而不自知。"死生有命，富贵在天"（《论语·颜渊》），人面对气质之性，是永不自由的。故孔子云"富而可求也，虽执鞭之士，吾亦为之，如不可求，从吾所好"（《论语·述而》）。人间的英雄豪杰仿佛天下无敌，所向披靡，其欲望的冲撞力越大，仿佛外部世界越在避让，其实这种投刃皆虚只是小体心所生成的妄相，真实的世界并未与自己发生联系，而得此妄相，鲜不遽亡，正如孔门所谓的"羿善射，奡荡舟，俱不得其死然"（《论语·宪问》）。若有朝一日，那大体心苏醒，理解到人在宇宙中的地位、作用与意义，责任、权力与利益，久被遮蔽的天地之性当即决堤而来，统率那气质，则生命方进入自由的主人翁状态。此天地之性，正是仁。此仁，当下即在，完具自足，可超越生死、凌驾气质，"杀身以成仁"（《论语·卫灵公》），无不证明其自由状态。

---

① 参见刘笑敢《反向格义与中国哲学研究的困境》，载《中国哲学与文化》第 1 辑，广西师范大学出版社 2007 年版；张汝伦《邯郸学步，失其故步：也谈中国哲学研究中的反向格义问题》，《中西哲学十五章》，上海书店出版社 2008 年版。

② （明）黄宗羲：《明儒学案·自序》，中华书局 1985 年版，第 9 页。

（二）民胞物与境

第二层本体境界对应的是性体。此境界体认到包括人在内的万物，各自具有存在的尊严、价值，皆应享受元亨利贞的自我完成之过程与结果，各得其止。横渠的"民胞物与"① 非常恰当地表达出这种境界。

其一，民胞境。个体与个体之间，族群与族群之间展开竞争，此是作为人自身的物种正义，无可厚非。但是孔子认为，百物皆有生的权利，何况乎人，故此竞争当是有序竞争，其目标当是："人不独亲其亲，不独子其子；使老有所终，壮有所用，幼有所长，矜寡、孤独、废疾者皆有所养；男有分，女有归。"（《礼记·礼运》）故要遵守以下原则。一是要寻求最佳的为政途径，以臻善治，使所有人的德行、才能、尊严、价值得到最佳的成长、发挥与体现。在《论语》中，此种境界典型地如孔子自述其志："老者安之，朋友信之，少者怀之。"（《论语·公冶长》）此将人分为老人、青壮年（朋友）和少儿三者。老者已完成自己，是其所是，为五十、六十、七十之境界，故安矣。青壮年正是人生展开之过程，当三十、四十之境界，"人而无信，不知其可也"（《论语·为政》），"自古皆有死，民无信不立"（《论语·颜渊》），故当以诚信经纬人我，而立于斯世。少者则为"成人"之始，正当十五之境，故当怀之，即予以良好的抚养与教育。二是必须照顾到弱势群体，对其予以尽可能多的扶助关爱。后来《孟子·梁惠王下》云"老而无妻曰鳏，老而无夫曰寡，老而无子曰独，幼而无父曰孤；此四者，天下之穷民而无告者；文王发政施仁，必先斯四者"；《礼记·王制》云"少而无父者谓之孤，老而无子者谓之独，老而无妻者谓之矜，老而无夫者谓之寡。此四者，天民之穷而无告者也，皆有常饩。喑、聋、跛、躃、断者、侏儒、百工，各以其器食之"等便详发此义。

其二，物与境。大化流行，天地万物浑然一体生生不息，人超

---

① （宋）张载：《张载集·正蒙》，第62页。

越他物的地方在于，可以自觉地在取得其他物种以生存的同时保持其不使灭绝，即仁道地取食。故孔子"钓而不纲，弋不射宿"（《论语·述而》）。此要求仁及草木禽兽之原则后来成为孔门之共识。如《孟子·梁惠王上》云："数罟不入池，鱼不可胜食也；斧斤以时入山林，材木不可胜用也。"《礼记》更是频繁及此，如《礼记·曲礼》云："国君春田不围泽，大夫不掩群，士不取麛卵。"又，《礼记·王制》云："天子、诸侯无事，则岁三田……田不以礼，曰暴天物。天子不合围，诸侯不掩群。……獭祭鱼，然后虞人入泽梁。豺祭兽，然后田猎。鸠化为鹰，然后设罻罗。草木零落，然后入山林。昆虫未蛰，不以火田。不麛，不卵，不杀胎，不殀夭，不覆巢。……五谷不时，果实未孰，不鬻于市。木不中伐，不鬻于市。禽兽鱼鳖不中，不鬻于市……禁止伐木；毋覆巢，毋杀孩虫、胎夭、飞鸟，母麛毋卵。"又，《礼记·月令》云："乃修祭典，命祀山林川泽，牺牲毋用牝；禁止伐木；毋覆巢，毋杀孩虫、胎夭、飞鸟，母麛毋卵"；"田猎、罝罘、罗网、毕翳、喂兽之药，毋出九门"。又，《礼记·郊特牲》云："故天子牲孕弗食也，祭帝弗用也。"《荀子·王制》亦云："圣王之制也：草木荣华滋硕之时，则斧斤不入山林，不夭其生，不绝其长也。鼋鼍鱼鳖鳅鳝孕别之时，罔罟毒药不入泽，不夭其生，不绝其长也。"故《中庸》总结云："能尽人之性，则能尽物之性，能尽物之性，则可以赞天地之化育。"又云"天之所覆，地之所载；日月所照，霜露所队。凡有血气者，莫不尊亲，故曰配天"。此是人的最终完成，凡有血气者，莫不尊亲，即民胞物与境，已是超越人此一物种，而达万物，故曰配天。

（三）天命流行境

体证"民胞物与境"后再向上溯，则抵达第三层本体境界，逻辑上此是再度回到"四时行焉，百物生焉"之道体，是为天命流行境。此既是实体，又是本体。实体下贯，本体上达，起点回到终点，完成一个循环圈。然此既是既济，更是未济。它对应的是道体。我们以《论语·述而》"天生德于予"章为例。鲁哀公二年（前493）孔子困于宋，司马桓魋欲杀之，孔子脱险后乃发长叹"天生德于予，桓魋其如予何"。"德"本有天命义。① 孔子素重天命，如云"五十知天命"（《论语·为政》），"畏天命"（《论语·季氏》），"不知命，无以为君子"（《论语·尧曰》）等。然孔子之天命，又非先民所理解的神谕，而是指上达天命流行境所领受担当之责任。孔子深知人能在凭工夫返回仁性本体之后，更纯化之、扩充之，而提撕上扬，阶及天命流行境，证取天地境界之完全自由，从而发其德命，率其禄命，故虽畏之然"不怨"（《论语·宪问》）。此境界即"四时行焉，百物生焉"。一则孔子体证到人存在的本来面目，不论个体还是群体，皆由天赋性命，均应如此"行""生"之天境，拥有其天然的不可剥夺的生存发展权利，以完成其元、亨、利、贞的生命过程，故诠"仁"为"爱人"（《论语·颜渊》）。二则孔子由此天境之并行不悖，体证到人间亦应有此和谐秩序，然对照现实世界却是礼崩乐坏、生灵涂炭，故生出对天下苍生之莫大责任与休戚与共之感，而欲将此大责任心向下发用、向外开出，客观化为一秩序，因革损益，以创建制度，以易滔滔天下为有道人间。故孔子之"造次""颠沛必于是"（《论语·里仁》），曾子之"任重道远"（《论语·泰伯》），皆在此下语。观人类诸教主圣擘，其立教传道，莫不如此。再如"吾与点也"，所谓"莫春者，春服既成，冠者五六人，童子六七人，浴乎沂，风乎舞雩，咏而归"（《论语·先进》）。此处截取理想人生的一个珍贵片断，吾人之生命未受到内在欲望之驱使、外在公权之压迫而异化，所发皆中节，极高明而道中庸，与世界进行最充分的交流，从而参与到宇宙的大化流行中，这正是《中庸》"天地位焉、万物育焉"的一个缩影，也即《易传》所云的"乾道变化，各正性命"。

上述工夫三境界，欲仁斯至境如火始燃，其是黑暗中的一点光

---

① 参见晁福林《先秦时期"德"观念的起源及其发展》，《中国社会科学》2005年第4期。

明之迸击，是一团大心之活火，由此燃开整个生命。民胞物与境是方而智，此是仁心平面的铺开，以忠恕去成就人民万物，以共达天境。天命流行境则圆而神，此是仁心立体地撑出，从而参赞天地之化育。

与境界对应的是气象三变，如《论语·子张》所记的"子温而厉，威而不猛，恭而安"，"望之俨然，即之也温，听其言也厉"，囿于篇幅，不赘。

略论梁漱溟对"直觉"的使用

王若曦

摘　要："直觉"的使用在梁漱溟以《东西文化及其哲学》为代表的早期文本中,是使用频繁而含义丰富的。以佛教的量论为参照,梁漱溟赋予"直觉"以认知的功能:一方面"直觉"构成了感觉和概念之间的中间环节,从而成为构成认识的必要成分;另一方面梁漱溟亦以"直觉"来理解《周易》,而期待中国文化发展出一种新的形而上学;乃至于其"文化三期说"的本体论基础——"意欲",亦是由"直觉"的认知功能所成立的。在儒家道德哲学的方面,仁和良知被解释为一种敏锐的"直觉"。而在以《人心与人生》为代表的后期文本中,"直觉"的使用范围被大大缩小了。尽管保留了道德"直觉"的内涵,但前此具有认知功能的"直觉"却不再被提起了:从"直觉"出发的《周易》解释和形而上学未得其发展;前此由"直觉"成立的"意欲"本体被消化在以经验观察为论证途径的新的本体概念"生命本性"之中;前此道德实践中一任"直觉"的自然气质,被补充了更多的不懈向上的主动成分。

关键词：梁漱溟；直觉；意欲

作者简介：王若曦，扬州大学哲学系讲师（江苏扬州 225009）。

略论梁漱溟对"直觉"的使用

梁漱溟思想兼具儒佛两种资源,其前后期理论形态又存在着较大差异。基于梁漱溟思想的这种特点,儒与佛、早期与后期,成为讨论梁漱溟思想的基础性坐标系。在此坐标系中,"直觉"从一个含义丰富、频繁使用的重要概念,逐渐消隐了其身形。这一过程是梁漱溟调整其思想体系——特别是对本体思想及儒佛关系的调整中的一个剪影,亦是梁漱溟思想中尚未被充分认识的一面。

一 《东西文化及其哲学》的"直觉"使用

(一)"直觉"使用的佛教背景

《东西文化及其哲学》中对"直觉"的使用,可以分为佛教一面和儒学一面来讨论。在佛教的一面中,与一般认识中以取消能所的认识作为"直觉"认识不同,"直觉"在梁漱溟是作为一种介于感觉和概念思维之间的认识能力而出现的。尽管在前后期思想中,梁漱溟都强调一种佛教的形而上学,即此中是要取消能见所见、见分相分的。但在这种形而上学中,正常的认识是被完全取消的,自然也容不下"直觉"在其中发挥作用——在那里剩下的只有"现量"的认识。也正是从梁漱溟在其早期思想中通过"现量"和"比量"来显出"直觉"的作用这里,才能真正进入梁漱溟使用"直觉"的语境。

1. 感觉、概念思维之间的认识基础

《东西文化及其哲学》中,梁漱溟首先建立了"现量"——感觉、"比量"——概念思维①的同一关系。"直觉"在其间,是作为一种介于感觉和概念之间的认识能力出现的。

---

① 梁漱溟这样介绍"比量"的作用:"我们构成知识第一须凭借现量,但如单凭借现量——感觉——所得的仍不过杂多零乱的影像,丝毫没有一点头绪,所以必须还有比量智将种种感觉综合其所同、简别其所异,然后才能构成正确明了的概念。所以知识之成就,都借重于现量、比量的。"梁漱溟:《梁漱溟全集》第1卷,山东人民出版社1989年版,第399—401页。

知识是由现量和比量构成的,这话本来不错。但是在现量与比量之间还应当有一种作用,单靠现量和比量是不成功的。因为照唯识家的说法,现量是无分别、无所得的——除去影像之外,都是全然无所得,毫无一点意义,如是从头一次见黑无所得,则累若干次仍无所得,这时比量智岂非无从施其简、综的作用?所以在现量与比量中间,另外有一种作用,就是附于感觉——心王之"受""想"二心所。"受""想"二心所是能得到一种不甚清楚而且说不出来的意味的,如此从第一次所得。黑的意味积至许多次,经比量智之综合作用贯穿起来,同时即从白、黄、红、绿……种种意味简别清楚,如是比量得施其简、综的作用。然后才有抽象的意义出来。

"受""想"二心所对于意味的认识就是直觉。故从现量的感觉到比量的抽象概念,中间还须有"直觉"之一阶段,单靠现量与比量是不成功的。这个话是我对于唯识家的修订。①

这里梁漱溟所谈的"直觉"的作用,可略分为"受""想"两方面。"受"的方面包括对苦、乐、适意、不适宜等意味的把握。事实上,婴儿从分娩的温度变化、第一次呼吸就伴随着"受"的适与不适。这种先于认识的"受"是区别之所在,是一事一物之所以是一事一物的理由。这是梁漱溟所强调的"直觉"通过"受"成立的对于"意味"的认识。在"受"的基础上,"想"的一面进一步关涉具体概念的成立。"受"与"想"——梁漱溟称为"直觉",使感觉成为有意义的,从而能够进一步成立不同体的概念。"直觉"使照片似的一体的感性认识,在认识中分裂成各种事物并彼此区别。

此处梁漱溟从一个静态的认识片段开始分析,认为在无分别的感觉照片和分析综合思维中间,须有"直觉"参与才使认识得以可能。此处引入叔本华《作为意志与表象的世界》对悟性和直观的讨论为参考,或可在理解上有所助益。在叔本华那里,概念的意义建

---

① 梁漱溟:《梁漱溟全集》第 1 卷,第 399—400 页。

立在和直观表象的联系上，直观表象中所以成立一物之为一物，是从作用、从因果性质上，以悟性的能力认识到的。

> 但是，时间和空间假若各自独立来看，即令没有物质，也还可直观地加以表象；物质则不能没有时间和空间。物质是和其形状不可分的，凡形状就得以空间为前提。物质的全部存在又在其作用中，而作用又总是指一个变化，即是一个时间的规定。不过，时间和空间不仅是分别地各为物质的前提，而是两者的统一才构成它的本质；正因为这本质，已如上述，乃存于作用中、因果性中。
>
> ……
>
> 物质或因果性，两者只是一事，而它在主体方面的对应物，就是悟性。悟性也就只是这对应物，再不是别的什么。认识因果性是它唯一的功用，唯一的能力；而这是一个巨大的、广泛包摄的能力；既可有多方面的应用，而它所表现的一切作用又有着不可否认的同一性。反过来说，一切因果性，即一切物质，从而整个现实都只是对于悟性，于悟性而存在，也只在悟性中存在。悟性表现的第一个最简单的，自来既有的作用便是对现实世界的直观。①

从经验的角度讲，从一张照片中分辨出一物之为一物，当然有过去的经验——表现为作用和因果性的——参与其中。所以梁漱溟称"直觉"所认识的是一种"活形势"，亦可以从这个角度去理解。②

---

① 梁漱溟：《梁漱溟全集》第1卷，第5—7页。
② 如前所述，《东西文化及其哲学》论"直觉"对"活形势"的认识还有"受"的一面，是要再进一步谈到审美乃至文化的根本精神的："西方化是由意欲向前要求的精神产生'塞恩斯'与'德谟克拉西'两大异彩的文化。一家民族的文化原是有趋往的活东西，不是摆在那里的死东西。所以，我的说法是要表现出他那种活形势来……"梁漱溟：《梁漱溟全集》第1卷，第353页。又，"他们只去看文化的呆面目而不留意其活形势——根本精神，不晓得一派文化之所以为一派文化者固在此。而不在彼"。梁漱溟：《梁漱溟全集》第1卷，第524页。

你要揭开重幕，直认唯一绝对本体，必须解放二执，则妄求自息，重幕自落，一体之义，才可实证。这就是唯识家所贡献于形而上学的方法。所以这头步二步都无非往这面做去：沉静！休歇！解放！所幸感觉器官上还有这一点暂而微的现量是真无私、纯静观的。只要你沉静、休歇、解放，其用自显。譬如头一步的现量就是私利的比非量都不起了，所以看飞动的东西不见飞动。飞动是一种形势、意味、倾向而已，并不是具体的东西，现量无从认识他。因为现量即感觉中只现那东西——或鸟或幡——的影像，这影像只是一张相片。当那东西在我眼前飞动假为一百刹那，我也就一百感觉相续而有一百影片相续现起。在每一影片其东西本是静的，那么，一百影片仍只有静的东西，其飞动始终不可见。必要同时有直觉等作用把这些影片贯串起来，飞动之势乃见，这与活动电影一理。所以不见飞动，为直觉不起独有现量之证。

　　到次一步的现量是解放到家的时候才有的，那时不但虚的飞动形势没了，乃至连实的影片也没了，所以才空无所见。因为影片本是感觉所自现，感觉譬如一问，影片即其所自为之一答，你如不问，自没有答。当我们妄求时，感官为探问之具，遇到八识变的本质就生此影像，乃至于得到大解放，无求即无问，什么本质影像也就没了，于是现量直证"真如"——即本体。①

同样在这里，叔本华和梁漱溟的差异也显现出来。在叔本华处，悟

---

　　① 又如梁漱溟说："（一）头一步现量……倘能做到，便是这头一步的现量。以何为做到之验呢？就是看飞鸟，只见鸟（但不知其为鸟）而不见飞；看幡动，只见幡（但不知其为幡）而不见动。（二）次一步现量：倘能做到头一步时就会慢慢到了这一步，这还是顺着那个来，不过比前更进一步的无私，更进一步的静观；然而无私静观亦至此不能再进了。这以何为验呢？就是眼前面的人和山河大地都没有了！空无所见！这空无所见就是见本体。在唯识家叫作'根本智证真如'。"梁漱溟：《梁漱溟全集》第1卷，第477页。

略论梁漱溟对"直觉"的使用

性虽然在个体有时会缺乏从而产生错误的认识,但错误是从悟性不足而来;对于悟性本身——对于悟性对作用、因果的领悟来说,叔本华是予以肯定的。而在梁漱溟看来,只有"现量"可以成就可靠的认识,是真实的解脱知见赖以产生的途径。至于经由"直觉"和"比量"成立的概念认识,其意义是有限的,它是一种主观的施设。在佛教传统中,这首先意味着真理是不可思议乃至不可言传的,使用语言概念是一种无可奈何的妥协;其次施设——使用概念的角度——是多样而不可以固执的。

> 盖现量所认识为性境,影像与见分非同种生,所以影须如其质,并不纯出主观,仍出客观;而比量所认识为独影境,影与见分同种生无质为伴,所以纯由主观生。至于直觉所认识为带质境,其影乃一半出于主观,一半出于客观,有声音为其质,故曰出于客观,然此妙味者实客观所本无而主观之所增,不可曰全出客观,不可曰性境,只得曰带质而已。譬如我们听见声音觉得甚妙,看见绘画觉得甚美,吃糖觉得好吃,其实在声音自身无所谓妙,绘画自身无所谓美,糖的自身无所谓好吃;所有美、妙、好吃等意味都由人的直觉所妄添。所以直觉就是"非量",因为现量对于本质是不增不减的,比量亦是将如此种种的感觉加以简、综的作用而不增不减得出的抽象的意义,故此二者所得皆真,虽有时错,然非其本性;唯直觉横增于其实则本性既妄,故为非量。①

所以严格来说"直觉",属于一种非量——某种意义上说,是一种错误。但这种否定是以佛教的终极真理为参照下的否定,并不妨碍日常生活中出现如动词——如飞、跑,行、住、坐、卧;如形容词——美、善等;乃至于成立"意欲"——在一种文化的根本精神方向的意义上。在这里,在"直觉"对于"活的形势"、审美意味

---

① 梁漱溟:《梁漱溟全集》第1卷,第401页。

的认识上,结合梁漱溟强调的"直觉"在"现量""比量"之间的成立知识的必要作用,似乎隐约有这样的倾向可以推论:即非如语法之构成,动作总是某物的动作;形容词总是某物的形容词。毋宁说某物之为某物,实际上是由于其有某种意味——或是动的意味,或是美的意味,从而才得以有所分别,而显现出来的。①

而种种所谓的"意味",或者是动也好,美也好,总是一种对"我"而言的意味。而此处作为主体的"我"的成立,亦是由"直觉"而认识的。

2. 意欲与宇宙:"直觉"所把握的"我"

在"我"的认识上,梁漱溟首先说明"我"不应该被理解为形躯的"我"。

> 他的错误始则是误增一个我,继则妄减一个我。"我"是从直觉认识的,(感觉与理智上均无"我")但直觉只认识,无有判断。尤不能区划范围(感觉亦尔)。判断区划,理智之所事也,而凡直觉所认识者只许以直觉的模样表出之,不得著为理智之形式。现在,他区划如许空间、如许时间为一范围而判立一个"我";又于范围外判"我"不存;实误以直觉上的东西著为理智之形式也。质言之,"我"非所论于存不存,更无范围,而他全弄错了,且从这错的观念上有许多试想,岂不全错了么!②

---

① 基于"直觉"对"活的形势"的认知功能,梁漱溟另有一种对《周易》的理解,并基于此理解有一对中国之形而上学的期望:"我们认识这种抽象的意味或倾向,是用什么作用呢?这就是直觉。我们要认识这种抽象的意味或倾向?完全要用直觉去体会玩味。才能得到所谓'阴''阳''乾''坤'……还有我们更根本重要应做的事,就是去弄清楚这种玄学的方法。他那阴阳等观念固然一切都是直觉的,但直觉也只能认识那些观念而已,他并不会演出那些道理来:这盖必有其特殊逻辑,才能讲明以前所成的玄学而可以继续研究……则为此一派文明之命根的方法必然是有的。只待有心人去弄出来罢了。此非常之大业,国人不可不勉!"梁漱溟:《梁漱溟全集》第 1 卷,第 443—444 页。

② 梁漱溟:《梁漱溟全集》第 1 卷,第 430—431 页。

这里梁漱溟从认识方式上，论证从时空上把握形躯的"我"是一种误用。这一方面让人联系起叔本华对身体之特殊性质的讨论——一面是表象；一面是意志；另一方面也让人想起1958年新儒家宣言中对内、外两种文化把握方式的讨论。但梁漱溟在这里则更为激烈——这里也显出了佛教的影响。"我"在佛教语境是敏感的，形躯的"我"亦是虚妄的。当然，对形躯"我"的否定也可以与儒家"大其心则能体天下之物""仁者与物同体"的传统相联系，如后期梁漱溟在《人心与人生》中所展示的那样。

那么非由理智从时空上区划，而是用"直觉"把握的"我"是怎样的呢？梁漱溟称之为"意欲"。

> 这个差不多成定局的宇宙——真异熟果——是由我们前此的自己而成功这样的：这个东西可以叫作"前此的我"或"已成的我"；而现在的意欲就是"现在的我"。①

这样一种意欲的"我"，和宇宙、世界的关系就不仅仅是观察者和它表象的关系，而且更是一种意味的关系——是宇宙对"我"的意义如何，是"我"对宇宙的要求如何。

> 生活即是在某范围内的"事的相续"。这个"事"是什么？照我们的意思，一问一答即唯识家所谓一"见分"一"相分"——是为一"事"。一"事"，一"事"，又一"事"……如是涌出不已，是为"相续"。为什么这样连续地涌出不已？因为我们问之不已——追寻不已。一问即有一答——自己所为的答。问不已答不已，所以"事"之涌出不已。因此生活就成了无已的"相续"。这探问或追寻的工具其数有六：即眼、耳、鼻、舌、身、意。凡刹那间之一感觉或一念皆为一问一答的一"事"。在这些工具之后则有为此等工具所自产出而操之以事寻

---

① 梁漱溟：《梁漱溟全集》第1卷，第377页。

问者,我们叫他大潜力,或大要求,或大意欲——没尽的意欲。①

也正是因为"我"的要求,才得到这样的一问一答的、相续的、"我"的宇宙。所以在这种宇宙观中,"我"和"宇宙"其实是一体的。这是梁漱溟在《东西文化及其哲学》,在"直觉"上所成立的"我"和宇宙的真相。

> 生活、生物非二,所以都可以叫作"相续"。生物或生活实不只以他的"根身"——"正报"——为范围。应统包他的"根身""器界"——"正报""依报"——为一整个的宇宙——唯识上所谓"真异熟果"——而没有范围的。这一个宇宙就是他的宇宙。盖各有各自的宇宙——我宇宙与他宇宙非一。抑此宇宙即是他——他与宇宙非二。照我们的意思,尽宇宙是一生活,只是生活,无宇宙。由生活相续,故而宇宙似乎恒在,其实宇宙是多的相续,不似一的宛在。②

进一步,依托于这种由"直觉"所把握到的"我",这种宇宙观、生物观、生活观,这种意欲的本体③,梁漱溟给出了他著名"文化三期说"的早期形态:意欲一往无前地索取,成立如西方广大繁富的物质文明;意欲反向欲取消自身,成立印度文化中的佛教形态;基于对意欲的调和持中,成立中国儒家文化:"我们说第二条路是意欲自为调和持中,一切容让、忍耐、敷衍也算自为调和,但惟自得乃真调和耳。"④ 所谓意欲的"调和持中",即是要对自己的欲求做一种预先的打理,使其不过分地逐求于声色犬马。所谓"养心莫善于寡欲",止

---

① 梁漱溟:《梁漱溟全集》第 1 卷,第 376—377 页。
② 梁漱溟:《梁漱溟全集》第 1 卷,第 376 页。
③ 参见王若曦《真如与生生——梁漱溟本体思想的演进轨迹及其思考》,《孔子研究》2016 年第 6 期。
④ 梁漱溟:《梁漱溟全集》第 1 卷,第 480—481 页。

息了纷攘的欲求，就为进一步转入自得之境创造了条件。

至此，"直觉"的认识能力结合佛教背景，所成立的"意欲"自我，亦是宇宙之本体，就在于工夫层面上与儒学的一面发生了联系。

（二）"直觉"使用的儒学背景

《东西文化及其哲学》中，梁漱溟提出了其著名的观点，亦是仁的现代化解释之一，敏锐的"直觉"是仁，其实亦是良知。

> 孔子之一任直觉。于是我们再来看孔子从那形而上学所得的另一道理。他对这个问题就是告诉你最好不要操心。你的根本错误就是找个道理打量计算着去走。若是打量计算着去走，就调和也不对，不调和也不对，无论怎样都不对；你不打算计量着去走，就通通对了。人自然会走对的路，原不须你操心打量的。遇事他便当下随感而应，这随感而应，通是对的。要于外求对，是没有的。我们人的生活便是流行之体，他自然走他那最对最妥帖最适当的路。他那遇事而感而应，就是个变化，这个变化自要得中，自要调和，所以其所应无不恰好。所以儒家说："天命之谓性，率性之谓道。"只要你率性就好了，所以就又说这是夫妇之愚可以与知与能的。这个知和能，也就是孟子所说的不虑而知的良知，不学而能的良能，在今日我们谓之直觉。

> 这种求对、求善的本能、直觉，是人人都有的，故孟子说："人皆有不忍人之心……所以谓人皆存不忍人之心者；今人乍见孺子将入于井，皆有怵惕恻隐之心，非所以内交于孺子之父母也，非所以要誉于乡党朋友也，非恶其声而然也。"又说："恻隐之心人皆有之，羞恶之心人皆有之，恭敬之心人皆有之，是非之心人皆有之。恻隐之心仁也，羞恶之心义也，恭敬之心礼也，是非之心智也，仁义礼智非由外铄我也，我固有之也。"这种好善的直觉同好美的直觉是一个直觉，非二，好德，好色，是一个好，非二，所以孟子说："口之于味也有同

嗜焉，耳之于声也有同听焉，目之于色也有同美焉。至于心独无所同然乎？心之所同然者何也？谓礼也，义也，圣人先得我心之所同然耳；故礼义之悦我心，犹刍豢之悦我口。"这种直觉人所本有，并且原非常敏锐，除非有了杂染习惯的时节。你怎样能复他本然敏锐，他就可以活动自如，不失规矩。

孔子所谓仁是什么？此敏锐的直觉，就是孔子所谓仁。①

这种"一任直觉"的工夫，让人的所作所为直从性上发出，发挥良知良能而从容中道。此固是儒家境界，所谓"风乎舞雩""从心所欲不逾矩"，皆有此意。然而"鸢飞鱼跃"的放开，却始终必须与"戒慎谨严"的一面相伴不离。在《东西文化及其哲学》中，此即表现为"一任直觉"的工夫和前述调理意欲的工夫的互相补充。在意欲的环节上，梁漱溟对意欲的活动状态做了"向外""向内"与"逐取""自得"之分，并将两种状态分别描述为"欲"与"刚"。

> 大约欲和刚都像是很勇敢地往前活动；却是一则内里充实有力，而一则全是假的——不充实，假有力，一则其动为自内里发出，一则其动为向外逐去。②

所以在《东西文化及其哲学》中，成德工夫有两个方面：其一是不加计虑，"一任直觉"；其二是"回省调理"，使意欲持中而自得。前者是一片天机、自然流行，后者则是对自我之向外逐求倾向的一种警醒。"一任直觉"的工夫与前述意欲的调和持中成为两种相互补充的关系。

同时，工夫的互补是与本体上的张力共存的。如前所述，调理意欲的工夫，其宇宙是以意欲为本体，从意欲的要求中产生的；而作为敏锐的"直觉"的良知，亦是仁的发用，在《东西文化及其哲学》的儒学一面是自有其本体的。

---

① 梁漱溟：《梁漱溟全集》第1卷，第453页。
② 梁漱溟：《梁漱溟全集》第1卷，第537页。

> 这一个"生"字是最重要的观念。知道这个就可以知道所有孔家的话。孔家没有别的,就是要顺着自然道理,顶活泼顶流畅地去生发。①
>
> 于是我们可以断言孔家与佛家是不同而且整整相反对的了。……他所提出的"无生"不是与儒家最根本的"生"是恰好反对的吗?所以我心目中代表儒家道理的是"生",代表佛家道理的是"无生"。②
>
> 儒家所奉为道体的,正是佛家所排斥不要的,大家不可以不注意。③

如前所述,意欲之自问自答是现象界之所以生灭不已的源头,故而为其本体;而在此之外,更有不生灭的真如作为清净的解脱本体,即此处梁漱溟所谈论的"无生"的道理。在《东西文化及其哲学》中,以意欲为本体的线索是明晰的:意欲是作为认识能力的"直觉"所把握的"我",由此"我"之要求而有"我"之宇宙,由对此意欲要求的态度的不同而有中西印各自的代表文化,由意欲的调理、自得而有刚健儒家的气质。但在刚健、"生"之道体等儒家文化的一面,本体的面目与线索并没有在《东西文化及其哲学》中清晰地呈现出来。由此则难免有种种疑惑:在《东西文化及其哲学》中,"生"之道体就是意欲吗?或是意欲经过调和之后的自得境界,对应于"生"的道体呢——这样的话,在意欲和"生"之间的关系又究竟是怎样的呢?

二 《人心与人生》:意欲的变形与"直觉"的消隐

意欲连同源于其要求而与其为一体的宇宙,是为"直觉"所把握之"我"。如前所述,此在《东西文化及其哲学》中是显明而重

---

① 梁漱溟:《梁漱溟全集》第1卷,第448页。
② 梁漱溟:《梁漱溟全集》第1卷,第448页。
③ 梁漱溟:《梁漱溟全集》第1卷,第449页。

要的。令人讶异的是，如此重要的"意欲"以及"直觉"的概念，在梁漱溟后期著作《人心与人生》中，几乎消失不见了。这当然意味着梁漱溟在其思考中有了新的理解，并依此对其理论做了大幅度的调整和安排。

（一）作为意欲之替代的心性结构

与《东西文化及其哲学》中以意欲作为本体概念的主线不同，《人心与人生》重构了"生明本性"——"主动性"（亦可表现为"主宰性"）——"自觉"（亦可表现为良知）等一系列的本体概念。

这些本体概念说起来，只是一事，而在不同的阶段不同的方面，则有不同的表现。例如在人心"自觉"之前，种种生命本性的运动只表现为争取主动、主宰，争取灵活和自由——这是心一面的意欲①、要求，有此种要求于是有生物在身体构造、技能上的层层演化——然此都是处于心灵"自觉"之前，而属于自发阶段的。进入"自觉"阶段，生命的刚健本性即有了新的表现形式——亦只有新的表现形式才是真正发挥了生命的本性，此中自有苟日新又日新日日新之新新不已之意。具体来说，新的生命本性表现形式就是一方面外用，成就知识；另一方面内用成就是非之心与恻隐之心。在《人心与人生》中的一系列本体概念及其关系，大致如下图所示。

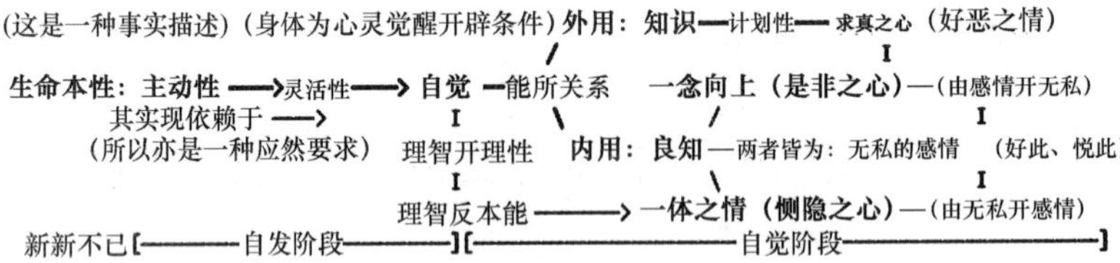

```
(这是一种事实描述)(身体为心灵觉醒开辟条件) 外用：知识——计划性——求真之心（好恶之情）
                                                     |                        |
生命本性：主动性——→灵活性——→自觉——能所关系——一念向上（是非之心）—（由感情开无私）
   其实现依赖于——→              |                                             |
        (所以亦是一种应然要求)  理智开理性   内用：良知——两者皆为：无私的感情  （好此、悦此）
                                |                                              |
                            理智反本能——→一体之情（恻隐之心）—（由无私开感情）
新新不已【————自发阶段————】【——————————自觉阶段——————————】
```

图1 心性本体结构图

生命本性的纵贯性质，是通过主动性到灵活性，再到"自觉"

---

① 此非《人心与人生》用语，是通过相同的作用而对梁漱溟早期思想观念的借用。

外用，即知识、计划性，"自觉"内用即通过良知的两个面即一念向上、一体之情这样一系列概念的展开得到的。在这一系列概念中，主动性是一种事实，它开出了后续的灵活性、计划性乃至"自觉"，又是一种理想，它对人提出时时刻刻要实现自觉能动性，体现生命本性的要求。

梁漱溟"生命本性"概念对其他一系列概念的开出关系叙述如下：主动性通过细胞、机体的一系列分工与集权，让机体的部分愈加倾向机械而整体愈加倾向灵活，展现在身体上就是经历发头、发脑、发皮质的过程，这是主动性开出灵活性之义。发头、发脑、发皮质为"自觉"的开出提供了机体的基础，大脑与神经中枢的进一步分工集权就开出了"自觉"，"自觉"是生命发展的一个质变，至此主动性的自发阶段告一段落而转入"自觉"阶段。"自觉"顺从本能或兴趣向外看，对物而用而要求制宰乎物，在心物关系中争取主动，就是主动性开出知识与计划性；主动性向内而用，对己身而用而要求制宰乎身，在身心关系中争取主动，就是主动性开出无私的感情。这种内用的自觉在梁漱溟亦称良知、独知。无私的感情的开出在梁漱溟存在多种途径，其一作为是非之心、好恶之情的一念向上，是直接承续主动性的奋进而来的，体现为不断要求争取主动和自由。它一方面与"自觉"外用的知识系统相接，表现为求真之心、恶伪之情，进而帮助知识系统成就广大繁复的人类知识世界；另一方面与"自觉"内用的一体之情连接，而表现为对恻隐之心、一体之情之好和对麻木不仁、感情不通之恶。其二是一体之情和恻隐之心。就这条线索说，它又有其脱离于是非之心、好恶之情的独立的由来，即通过理智反本能而开出理性的路线，具体在机体就表现为大脑皮质与神经的主动性内抑制作用，这种内抑制让人不断冷静，从而将感情与身体的本能冲动隔断开来，与本能冲动相隔断的感情质变为无私的感情。梁漱溟用通风透气的比喻来描述情感的自然流出：身体的愈发精巧、细密、繁复，使生命自由活动的余地愈以开辟，随着空隙的开辟，无私的感情便从中流出了。

我们不难注意到，是非之心、恻隐之情（一念向上）与恻隐之心、一体之情在梁漱溟心性本体论的架构中，是有着并行的开出线路的，就一念向上的线索来说，不妨说是由"无私而开感情"；就一体之情的线索来说，则是"无私而开感情，感情又再开无私"。两者所共有的"无私而开感情"阶段，是生命不断入于冷静而反乎本能的过程。略有不同的是，在一念向上的线索里，更强调冷静是在计算中沉淀的；而在一体之情的线索里，更强调冷静与身体进化的关系。说一体之情尚有"感情再开无私"阶段，是因为恻隐之心、一体之情在梁漱溟的表述中，有其开端与扩大的过程："所以昔人说'宇宙内事，即己分内事'。人类理性，原如是也。然此无所不到之情，却自有其发端之处。即家庭骨肉之间是。爱伦凯（Ellen Key）在《母性论》中说，小儿爱母为情绪发达之本，由是扩充以及远；此一顺序，犹树根不可朝天。中国古语'孝弟为仁之本'，又曰'亲亲而仁民，仁民而爱物'，其间先后、远近、厚薄自是天然的。"① 这就是由感情而再开无私。特别值得一提的是，在梁漱溟，冷静是与"无所为"联系在一起的，而本能、冲动则是囿于"个体生存、种族繁衍"之两大问题而"有所为"的，梁漱溟特重此反本能而无所为之义，"无所为"亦就是"无私的感情"之"无私"。

生命本性对一系列概念的开出只是梁漱溟所言之"事实如此"，我们亦应注意到生命本性亦是不断被此一系列概念的实现所实现，并对一系列概念不断提出其实现之要求，这是梁漱溟所言之"理想"。"人心与人生非二也，理想要必归合乎事实"，如果说生命本性是梁漱溟心性本体论的纵观线索，那么这理想与事实的双向关系就是线索的线索。

生命本性之主动性从自发阶段转入自觉阶段后，便产生了"懈"与"不懈"的问题，正是懈怠的可能，让生命本性作为一种要求和"理想"的意义进一步得到凸显。作为能觉的自觉和作为所觉的一念向上、一体之情，是梁漱溟所言的人心，也是生命本性发

---

① 梁漱溟：《梁漱溟全集》第3卷，山东人民出版社1990年版，第136页。

展至今所达到的最高峰,是生命本性的理想状态。作为实现生命本性的一种使命,梁漱溟强调生活中的"不懈"工夫,只有尽到这种"不懈"的工夫,才能一方面实现生命本性,另一方面开出一体之情,于"通性"和"一体性"中不断"彻达"。特别值得一提的是,"不懈"工夫的重要性,在梁漱溟处是与生命本性新新不已的特质联系在一起的。生命本性的一动,在梁漱溟处是只属于当下,一过去便不是的。由这种新新不已,我们进一步说梁漱溟的生命本性之动有一种转化性:其当下一动,是属于心的、生命的,亦是从世间外乍加入世间的;而这当下一过去,那一动就成为气质或习惯。就这转化而成的气质与习惯来说,其作用可能是积极或消极而未有一定,关键就看下一刻是否仍是不懈,是否仍是生生不已、新新不住。

(二) 意欲的消化与其隐形留存

介绍过《人心与人生》在一系列本体概念上的新安排,进一步就可以讨论《东西文化及其哲学》中的本体性的概念——意欲,以及"直觉"等在后期梁漱溟思想中转化成了哪些成分。此涉及前期、后期梁漱溟思想的转化问题,所涉及的内容固是多方面的。

前此讨论中提到,在《东西文化及其哲学》中,意欲与儒家生生不息的"生之道体",其关系是模糊的。到了《人心与人生》,意欲不再作为本体性的概念出现,此一问题似乎也随之取消了。

其实不然。从作用上分析,意欲解释了何以宇宙与一个具体的生命是一体,而每一个生命有着各自的宇宙。在这一方面,即宇宙与个体生命的关系方面,《人心与人生》并没有做出新的解释。这就意味着意欲的"作用",在《人心与人生》中很可能是一种隐形的、保留的形态。进一步考察,则可以发现与《东西文化及其哲学》中的宇宙表述类似的,存在于《人心与人生》中的对"各自世界"的表述。在《东西文化及其哲学》中,梁漱溟是这样表述宇宙的"多":

> 生活、生物非二……这一个宇宙是他的宇宙。盖各有各自的

宇宙——我宇宙与他宇宙非一。抑此宇宙即是他——他与宇宙非二。照我们的意思，尽宇宙是一生活。只是生活，初无宇宙。①

在《人心与人生》中，梁漱溟是这样描述"各自世界"的：

质言之，动物由于物种不同，其所生活的世界是各不相同的，莫认为是在同一世界内生活。……因此可以说，社会文明不同等者，其世界即不相等；在个体生命，其资质不相等者，其发育成长不等者，乃至其官能健全或健康状况不等者，便各自生活在各自世界中。②

若进一步追问《人心与人生》此处，每一个体乃至各个物种之间，何以有着不同的世界，其回答则正在于"生命本性"——这一替代意欲而出现的本体性概念——其发挥之不同。所以在作用上，在联系着生命个体与其宇宙是为一体，在且各有各的宇宙的意义上，意欲的作用得以保留，并为新的本体概念"生命本性"所消化而成为其中的一部分。

这里最根本重要的是自我更新之自我，生命之为生命在此。吾书开首便讲自动性、能动性，其动是有主体地动，不同于风之动、水之动。佛家以人生为迷妄；共所以为迷妄者，即在"我执"上。我执于何见？如佛家说，本来清净圆满，无所不足者（宇宙本体），乃妄尔向外取足；即在此向外取足上见出了外与内，亦即"物"与"我"相对的两方面，而于内执我，向外取物，活动不已焉。从原生物一直发展到人类出现，要无非从"我"这里发展去的。——就发展出万象纷纭偌大世界来。③

---

① 梁漱溟：《梁漱溟全集》第 3 卷，第 376 页。
② 梁漱溟：《梁漱溟全集》第 3 卷，第 707 页。
③ 梁漱溟：《梁漱溟全集》第 3 卷，第 712 页。

若能对梁漱溟贯通于《东西文化及其哲学》和《人心与人生》的"我"的论说有所把握,此一段既可以说是前期之"意欲"概念与后期之"生命本性"①相联系的明证了。

但之所以说新的本体概念"生命本性",是消化了"意欲"而使之成为自己的一部分,则在于《人心与人生》特别地区分了性体的自发阶段与自觉阶段。经此区分,在动物性上,生物固然是意欲地取求;而在人性上,在人之所以为人乃在于自觉的角度上,"意欲"实不足以称"性",而唯有知识之翻新、念头之提撕、恻隐之发动才可称性。这其实是《东西文化及其哲学》中模糊的"意欲"与"生之道体"关系的显明。

在人来说,意欲与性体是明显相分离的;在动物则不明显,因为动物其欲求主动、灵活,实与其生存繁衍问题密不可分,所以性体在自发阶段在动物上,亦可表现为意欲——在进化论的视阈中,此种意欲为心灵的开出准备了身体上的条件;而在人类则与动物不同,不必事事为稻粱、为私利而谋,故可以成就纯粹之知识与道德,亦只此堪称率性、尽其心性。

(三)后期梁漱溟对"直觉"的取舍和补充

1."直觉"良知义的保留与认知义的消隐

与"意欲"概念的消化和隐形却实际地留存不同,在《人心与人生》中,梁漱溟对"直觉"的使用,其范围确实缩小了。如前所述,"直觉"在认识上的作用,在沟通"现量""比量"而成就知识上的作用,不再被强调了;尽管"意欲"在作用上被实质性地保留,但不再强调这种意欲的"我"乃是由"直觉"所把握的。②"直觉"在《人心与人生》中,实际上仅在良知发用的意义上使用了。

---

① 生命本性其自发阶段表现为主动性,或称主宰性、自动性、能动性等。
② 《人心与人生》的论证方式,采用了经验观察一路,具体地结合生物学、心理学的时代新发展而为人的心性做说明。此处亦有可能是一种"直觉"与经验的双重论证的并存,尚未细考。

> 麦独孤的错误，表面不相同而其实则相同。表面不相同者：麦书力斥人心特有一种道德直觉（良心）之说为神秘不科学，否认人性本善……殊不知道德之唯于人类见之者，正以争取自由、争取主动、不断地向上奋进之宇宙生命本性，今唯于人类乃有可见。说"无所为而为"者，在争取自由、争取主动之外别无所为也。①

> 此即是说：当其活动能力将在后天知识进步而得无尽地开拓之时，就隔断了不假思索、不靠经验知识的直觉功能之路。然在宇宙生命最大透露的人心即密迩生命本原矣，又何难返本归原，得其豁通无碍乎?②

在《东西文化及其哲学》中所用的丰富的认知意义上的"直觉"，在《人心与人生》消隐不见了。而作为良知、作为仁之发用的敏锐之"直觉"，则得到了保留。③ 对于不再使用"直觉"概念一事，梁漱溟是自觉而为之的。

> 第二个重要的悔悟是在本书第四章末尾，说"西洋生活是直觉运用理智，中国生活是理智运用直觉，印度生活是理智运用现量"之一段。这一段的意思我虽至今没有改动，但这一段的话不曾说妥当，则我在当时已一再声明："这话乍看似很不通……但我为表我的意思不得不说这种拙笨不通的话……"

---

① 梁漱溟：《梁漱溟全集》第3卷，第605页。
② 梁漱溟：《梁漱溟全集》第3卷，第699页。
③ 需要说明的是，这种使用在后期梁漱溟文本中是少见的。此与梁漱溟在与艾恺的访谈中所表示的对"敏锐之直觉"的有限肯定亦是相应的："当时在那个书里头，我说'孔子说的仁是什么呢？是一种很敏锐的直觉'……现在我知道错了，它只是近似，好像是那样，不很对，不真对。这个不真对，可也没有全错啊，也不能算全错……一方面是可以这么说，可浅可深。如果你就是从浅的一面来懂它，那是不够的。"梁漱溟：《梁漱溟全集》第8卷，山东人民出版社2005年版，第1145页。

"读者幸善会其意,而无以词害意。"不料我一再声明的仍未得大家的留意,而由这一段不妥当的说话竟致许多人也跟着把"直觉""理智"一些名词滥用误用,贻误非浅,这是我书出版后,自己最歉疚难安的事。现在更郑重声明,所有这一段话我今愿意一概取消,请大家不要引用它或讨论它。①

正是由于"直觉"概念其本身含义的丰富性,梁漱溟自觉到种种讨论中实在容易引起误用和混淆,故而有此声明。由于不再强调"直觉"对"活的形势"的认知作用,由此在早期梁漱溟思想中成立的"意欲"变形为《人心与人生》中心性论的一部分;随着在《人心与人生》中梁漱溟对"直觉"的审慎使用,《东西文化及其哲学》中提及的易的形而上学与佛教量论亦未能在后期梁漱溟思想中有进一步的开展和呈现,这不能不说是一种遗憾。

2. 从"直觉"到"自觉"

与后期梁漱溟不再强调"直觉"的认知义、早期"意欲"本体消隐的同时,梁漱溟早期思想中的"一任直觉"的工夫思想,也补充了"自觉"和"向上"的一面。

> 道德者人生向上之谓也。②
> 有失其向上奋进之生命本性,那便落于失道而不德。③
> 问题只在一则懈一则不懈。一息之懈便失道而不德。④
> 无外向上奋进曾不稍懈而已。是则问题只在懈不懈,岂不明白乎?⑤

生命的本性在于奋进,而其工夫首先在于奋斗的不懈。其实早在

---

① 梁漱溟:《梁漱溟全集》第1卷,第323页。
② 梁漱溟:《梁漱溟全集》第3卷,第720页。
③ 梁漱溟:《梁漱溟全集》第3卷,第721页。
④ 梁漱溟:《梁漱溟全集》第3卷,第724页。
⑤ 梁漱溟:《梁漱溟全集》第3卷,第575页。

《东西文化及其哲学》中,就已经有"奋斗"的思想在悄然孕育,只是在早期梁漱溟思想中,"奋斗"同时有着"有欲"和"无欲"两个维度。在"无欲"的层次上,奋斗是良知良能充分凸显后的自然而然的行动;在"有欲"的层面上,奋斗就表现为一种意欲的逐求。而到了《人心与人生》,"奋进"已得到纯化而成为"道"之所在——奋进是生命的本性、是纯粹的善的根据,而不再承担着解释"恶"的功能。

秉承奋进的本性,生命就可以不断地创化、翻新自己的形式。在梁漱溟看来,正是因为人类始终秉承着生命"奋进"的本性,才终于进化出了能够自觉的人心。而人心的"自觉",也就是生命本性的直接体现:

> 明辨是他的本性。明辨就是觉,觉就是开,就是向上,就是生命。①
> 德育之本在启发自觉向上,必自觉向上乃为道德之真。②

"奋进"是生命的一种"向上"的态势,此种态势又因"自觉"而更显可贵。在梁漱溟看来,尽其性就是要不懈,也就是要自觉,自觉也是人一直以来尽其生命本性而获得的特征。但自觉只是一种可能而不是必然:当一个人的自觉昏昧不灵时,即其懈怠之时,他生命的本性就没有得到发挥和呈现。正是在这种不懈的意义上,梁漱溟称生命就是向上,就是明辨,就是自觉。"向上""自觉""良知"在《人心与人生》中均为梁漱溟对性体在不同方面的表述:"良知"就是一种人心内蕴的"自觉","自觉"也就体现了生命的独立自主而不流俗、不懈怠,即人生向上,是生命本性的活动与呈现。

最值得注意的是,在《东西文化及其哲学》中,敏锐的"直

---

① 梁漱溟:《梁漱溟全集》第3卷,第1025页。
② 梁漱溟:《梁漱溟全集》第3卷,第724页。

觉"即良知；而在《人心与人生》中，伴随着"直觉"概念使用频率的降低，"自觉"亦被建立起与良知的同一性。试看以下的对比：

> 这个知和能，也就是孟子所说的不虑而知的良知，不学而能的良能，在今日我们谓之直觉。①
> 我这里所说人心内蕴之自觉，其在中国古人即所谓"良知"又或云"独知"者是已。②

良知在梁漱溟早期思想中是敏锐的"直觉"；在后期思想中则在保留这种情感维度的同时，更补充了"人生向上"一义，由此而充满了积极主动的色彩。在"直觉"与"自觉"之间，有着纯任自然和不懈向上的实践气质的不同——这是梁漱溟思想前后期思想中的一个重要转变。

三 结语

综上所述，"直觉"在梁漱溟以《东西文化及其哲学》为代表的早期文本的使用中，是使用频繁而含义丰富的：以"直觉"对"活的形势"的把握，在认知的意义上，一方面"直觉"构成了感觉和概念之间的中间环节，从而成为构成认识的必要成分；另一方面梁漱溟亦以"直觉"来理解《周易》，而期待中国文化发展出一种新的形而上学；乃至于其"文化三期说"的本体论基础——"意欲"，亦是由"直觉"的认知功能所把握到的。在儒家道德哲学的方面，仁和良知被解释为一种敏锐的"直觉"——恻隐之心的活动，就是此"直觉"之发用。

在以《人心与人生》为代表的后期文本中，"直觉"的使用范

---

① 梁漱溟：《梁漱溟全集》第 3 卷，第 453 页。
② 梁漱溟：《梁漱溟全集》第 3 卷，第 655 页。

围被大大缩小了。尽管保留了道德"直觉"的内涵,前此具有认知功能的"直觉"却不再被提起了:从"直觉"出发的易学解释和形而上学未被其发展;前此由"直觉"成立的"意欲"本体被消化在以经验观察为论证途径的新的本体概念"生命本性"之中;前此道德实践中一任"直觉"的自然气质,被补充了更多的不懈向上的主动成分。通过将"直觉"置于儒学与佛学、前后期梁漱溟的坐标系中,一方面在梳理梁漱溟思想的"直觉"切面的同时,另一方面也为梁漱溟思想的讨论与再认识提供了新的问题增长点。

《东方哲学与文化》稿约

　　《东方哲学与文化》是由老子道学文化研究会、南京大学道学与东方文化研究中心共同主办的学术集刊。每年出版两辑,向国内外发行。

　　本刊旨在繁荣和推进包括中国传统文化在内的东方学研究,构建具有鲜明特色的东方哲学与文化研究的学术平台,开展专题和比较研究,发掘东方文明的精神内涵与时代价值。

　　本刊常设栏目包括:理论前沿、专题研究(道学研究、佛学研究、儒学研究、印度哲学研究、犹太教研究、日本哲学研究等)、比较研究、书评讯息等。

　　本刊来稿以1万—1.5万字为宜,要求观点明确、论证严谨、语言流畅。来稿请附中英文题目、中英文摘要(200—300字)、中英文关键词(3—5个),作者简介及地址、邮箱、电话等联系方式,国外学者须注明国籍。

　　本刊来稿请采用夹注和脚注两种注释方式,引文、注释务必校对无误,参考文献请附文末。

　　1. 夹注,适用于在正文中征引常见古籍,格式如(《庄子·逍遥游》)。

　　2. 脚注,请使用①、②、③……标示,每页重新编号。

　　(1) 引用古籍示例:(清)姚际恒:《古今伪书考》卷三,光绪三年苏州文学山房活字本,第9页a。

　　(2) 引用专著示例:朱伯崑:《易学哲学史》,北京大学出版

社 1986 年版，第 100 页。（国外作者加国籍，译著在书名后加译者，西文专著书名用斜体）

（3）引用期刊论文示例：汪桂平：《平安清醮与傩仪——谈道教与民俗文化之关系》，《世界宗教研究》2004 年第 3 期。（西文期刊论文加引号，期刊名用斜体）

（4）引用文集中文章示例：杜维明：《从"文化中国"的精神资源看儒学发展的困境》，载《杜维明文集》第 5 卷，武汉出版社 2002 年版，第 469 页。

本刊实行匿名审稿制，审稿期限一般为三个月。三个月后如未接到采用通知，作者可自行处理。因本刊人力所限，恕不办理退稿，请自留底稿。

来稿文责自负，切勿一稿多投，本刊不承担论文侵权等方面的连带责任。对采用的稿件本刊有权删改，不同意删改者请申明。

投稿一经录用即奉稿酬。本刊电子邮箱：orientalstudies@126.com。

本刊通信地址：江苏省南京市栖霞区仙林大道 163 号南京大学哲学系 313 室《东方哲学与文化》编辑部，邮编，210023，联系电话：025 - 89681610。

《东方哲学与文化》编辑部